复旦大学 吴礼权 著

语言策略秀

（修订版）

Expressing Skills in Chinese

暨南大學出版社
JINAN UNIVERSITY PRESS

中国·广州

图书在版编目（CIP）数据

语言策略秀（修订版）/吴礼权著. —广州：暨南大学出版社，2013. 12
ISBN 978 - 7 - 5668 - 0558 - 4

Ⅰ. ①语… Ⅱ. ①吴… Ⅲ. ①语言运用—研究 Ⅳ. ①H0

中国版本图书馆 CIP 数据核字（2013）第 086666 号

....

语言策略秀

著　　者　吴礼权

出 版 人　徐义雄
策划编辑　杜小陆
责任编辑　周明恩
责任校对　黄　斯
出版发行　暨南大学出版社（广州暨南大学　邮编：510630）
网　　址　http：//www. jnupress. com　http：//press. jnu. edu. cn
电　　话　总编室（8620）85221601
　　　　　营销部（8620）85225284　85228291　85228292（邮购）
排　　版　弓设计
印　　刷　佛山市浩文彩色印刷有限公司
开　　本　787mm×960mm　1/16
印　　张　14.5
字　　数　280 千
版　　次　2013 年 12 月第 1 版
印　　次　2013 年 12 月第 1 次
定　　价　35.00 元

内容简介

孔子有名言："言之无文，行而不远"；《周易·系辞上》有云："鼓天下之动者，存乎辞"；荀子则说："言语之美，穆穆皇皇"；汉代学者刘向更明确宣示："辞不可不修，说不可不善"；南朝文论家刘勰说得更是煽情："一人之辩，重于九鼎之宝；三寸之舌，强于百万之师。"这些说法，并非夸张其词，揆之于史，多所不诬。

中国历代先哲不仅认识到美辞的重要性，提倡美辞，而且中国历代包括当代的贤哲确有不少在美辞创造方面取得了令人瞩目的成就。我们常说"历史的经验值得借鉴"，其实中国历代贤哲的语言智慧何尝不值得我们好好借鉴和学习呢？

将自己所欲推销的思想理念或所欲畅发的情感情绪圆满地表达出来并为人所理解，使之产生情感的共鸣，是我们每一个"语言动物"都力图企及的目标。但是，要想实现这一理想的语言交际目标，就必须掌握一定的语言运用规律，也就是要了解相关的有效的语言表达策略。

那么，相关的有效的语言表达策略有哪些呢？复旦大学语言学教授与博士生导师吴礼权博士所著《语言策略秀》一书所概括的中国古今贤哲所创造的十一类成功的表达策略，犹如兵法上的"三十六计"，会让您从中得到深刻的启示。全书总结语言运用规律、概括表达策略科学全面，阐释语言表达与接受的心理机制启人心智，解析先哲时贤语言文本的精义奥蕴犹如庖丁解牛。叙妙语掌故如数家珍，讲表达理论头头是道，论策略学理言之凿凿。

不管读者诸君是想成为政治家、外交家，或者成为学者文人，或者做个吃"开口饭"的广播电视节目主持人，抑或是只想做个平平淡淡但不希望生活也平平淡淡的普通人，都会有一个共同的愿望：使自己的言说精彩动人，使自己的文章魅力无边！

那么，如何企及这一目标呢？《语言策略秀》一书会给您以深刻的启示，让您如饮醍醐，茅塞顿开。

目 录

引　言

　　志有之，言以足志，文以足言；不言，谁知其志？言之无文，行而不远。晋为伯，郑入陈，非文辞不为功。

　　这是两千多年前大圣人孔子的名言，载于《左传·襄公二十五年》。晋文公时代，郑国侵入小国陈。当时，晋国是霸主（大概相当于今天的"世界警察"美国，春秋时代先后逞强的"春秋五霸"大抵是这个角色），见此，就出来干预，向郑国问罪，说你郑国怎么可以这么干，以大欺小。这是对的，既然是霸主就应该主持国际正义。郑国虽也是当时的大国，但只能算是二流国家，如果外交上通不过晋国这一关，不能给晋国一个合理的说法，势必会受到晋国的干预，那么郑国自己就有危险了。好在当时郑国名卿子产是个善于辞令的外交家，对此事巧妙地回答了晋国的质问，使郑国免于晋国的讨伐，没有受到孤立。孔子针对此事，就说了上述这段话。这段话的意思，如果用现代白话来说，大致是：你有想法（或曰思想、志愿、志向），可以用语言表达出来，用文字将语言记录下来。你不说，谁知道你的想法和见解呢？但是，说得没有文采，表达得不好，则不能流传开去，不能产生好的社会效果。晋国是霸主，郑国侵入陈国，如果不是郑国子产对晋国的质问有巧妙的回答，那么郑国就有麻烦了。孔子说这段话是有感而发，目的在于强调重视表达策略，将自己的思想情感圆满地表达出来，力图企及尽可能好的表达效果的重要性。其中的"言之无文，行而不远"，成为千古名言，也是后世强调语言表达策略，讲求达意传情适切性的理论根据。

　　孔子不仅在理论上强调重视语言表达策略的重要性，还特别重视躬行实践。据《论语·先进》记载，孔子教学生分为四科：德行、言语、政事、文学，其中言语科的宰我、子贡二人就是以语言表达见长。如子贡（即端木赐），跟孔子学习结业（那时不会有什么毕业不毕业，也不会颁发什么学士、硕士、博士学位之类，孔子办的是私学，就算是当时有这种花样，我想孔子是个务实的人，也不会讲究这一套虚的）后，曾先后在国外——鲁国和自己的祖国卫国做官，常常出使各国，在当时的国际外交上很出风头。历史上有一种说法，说他常常与诸侯"分庭抗礼"。有一次，鲁国有危险，子贡游说吴国、齐国等国家，说服了吴王出兵伐齐救鲁，可谓"一人之辩强于百万之师"。不仅如此，子贡还是个很有成就的商业家（虽然他就学于孔子时，孔子没有给他开设经济学课程，更未曾读过什么 MBA 之类的劳什子），曾在鲁国与曹国间倒腾物品（那时没有国有企业，不可能是官倒），发了大财，历史上说他"富至千金"。（这在当时可不得了，如果当时也有诸如今天美国《财富》杂志之类，子贡肯定名列国际巨富榜）子贡能"富至千金"，也能说明问题。我们都知道，做生意要会吆喝，这是粗话，用今天的时尚语言叫做长于"营销策略"，这就要能说会道，说服别人买你的东西。可见，子贡确实是语言天才，是善于运用语言表达策略的才俊。

孔子不仅强调了语言表达策略的重要意义，而且还培养出了诸如子贡这样杰出的语言人才，使后世贤哲加深了对语言表达策略重要性的认识。所以，西汉末年的经学家刘向对此就特别强调，还提出了一个口号，叫做"辞不可不修，说不可不善"（《说苑·善说》），并举历史事实论证了自己的观点：

> 夫辞者，人之所以自通也。主父偃曰："人而无辞，安所用之。"昔子产修其辞而赵武致其敬，王孙满明其言而楚庄以惭，苏秦行其说而六国以安，蒯通陈其说而身得以全。夫辞者，乃所以尊君、重身、安国、全性者也。故辞不可不修，而说不可不善。

这段话的意思用今天的白话来说，大致是：语言文辞是人用以传情达意的工具。主父偃（西汉武帝时任中大夫。汉武帝实行有名的"推恩令"使诸侯势力越来越小，几乎名存实亡，对维护西汉王朝的封建中央集权和促进国家统一稳定及发展强盛，功绩甚巨，此一政策即是采自主父偃的政治学说）说："人如果没有（好的）语言文辞能力，怎么用他呢？"以前子产（春秋时代郑国大夫，善言辞，注重听取人民意见，有政绩名望）讲究语言表达策略令大国的晋大夫赵武（即赵文子，亦称赵孟，后执掌晋国朝政）深为敬重；王孙满对于楚庄王的非分之想明言警告，使楚庄王惭愧而退兵（王孙满为周大夫，因为春秋时代周公礼法崩坏，诸侯犯上作乱，不把周王放在眼里，"春秋五霸"之一的楚庄王，于公元前 606 年率兵北上攻陆浑之戎，陈兵于周王朝京都洛邑之郊向周王朝中央政府耀武扬威。王孙满遂奉周定王之命到楚兵营劳军。楚庄王狼子野心毕露，就问王孙满周王朝祖庙鼎之尺寸规模。王孙满心知其有觊觎周王朝中央政权之意，于是就严词警告说："周德虽衰，天命未改，鼎之轻重，未可问也。"楚庄王惭愧而退兵）；苏秦（战国时代纵横家，他最初主张"连横"，想帮助秦国攻打六国，秦惠王未接受他的意见，他便转向"合纵"，曾挂六国相印，联合六国对抗秦国）推行其"合纵"之说联合抗秦，齐、楚、燕、韩、赵、魏等六国得以安宁；蒯通（西汉初年著名谋士。陈涉起兵反秦后，陈涉部将武臣攻取赵地，蒯通游说范阳令徐公归降，使武臣不战而得赵地三十余城。后来，又游说韩信取齐地，并以相面为借口，劝韩信背刘邦而自立为帝）因为善于陈述其见解而屡次使性命得以保全。语言是用以尊君重身、安定国家和保全性命的重要工具。所以，说话不能不讲究表达策略，说话不能不努力企及好的表达效果。

刘向认为"辞不可不修，说不可不善"的理由是语言表达关乎"安国"、"全性"的大问题。对照一下历史，仔细想想，刘向的说法确实不算夸大其词。"安国"（安定国家）方面，例子很多。如宋人司马光《资治通鉴》卷一九四记唐太宗事，有这样一段文字：

> 上尝罢朝，怒曰："会须杀此田舍翁！"后问为谁。上曰："魏征每廷辱我！"后退，具朝服立于庭，上惊问其故。后曰：<u>"妾闻主明臣直，今魏徵直，由陛下之明故也。妾敢不贺！"</u>上乃悦。

唐太宗李世民是中国历史上非常有名的皇帝之一，他所创造的"贞观之治"业绩世所共知，并为历代人们所津津乐道。其实，熟悉历史的人也会知道，唐太宗这一丰功伟绩的取得实际上与他有很多贤臣辅佐是密不可分的。在这些贤臣中，尤以魏征最为有名。唐太宗即位之初任命他为谏议大夫，贞观三年为秘书监，参与朝政。后一度任侍中，封郑国公。一生曾先后向唐太宗忠言直谏两百余事，以犯颜直谏而闻名。曾上太宗《谏太宗十思疏》，太宗以之为座右铭。太宗是个明君，能够深察魏征的忠心，所以听得进他的直谏，也十分倚重他。魏征死后，太宗十分悲伤，认为失去"人鉴"。虽然唐太宗是明君，但有时也会受不了魏征的直谏。上述文字记载就说明"唐太宗与魏征之间，原本并非一般所想象的如鱼得水，相契无间"，[①] 矛盾也会时有发生。一次魏征又犯颜直谏，搞得太宗很尴尬。太宗很生气，罢朝回到后宫还余怒未消，忍不住大骂："一定要把这个乡巴佬杀了！"长孙皇后一听太宗说出这番狠话，知道肯定有大臣惹他生气了。就问他："是谁敢惹皇上生气？把皇上气成这样？"太宗说："还有谁？不就是那个魏征！他每次都要在朝廷之上令我难堪！"长孙皇后没说什么，忙退下换了一套礼服立于后庭。太宗觉得奇怪，便问她何故要换这身行头。长孙皇后说："我听说皇上英明，大臣就忠直。现在魏征忠直，这是因为皇上您英明开明的缘故。我怎么敢不向您表示祝贺呢？"太宗一听，转怒为喜，觉得有理。可见，唐太宗能听得进魏征的忠言直谏，也是有个过程的，其中长孙皇后这个贤内助的功劳不可小估。我们都应该承认，凡是人都有自尊，有虚荣心，喜欢听顺耳话、好话和

---

① 沈谦：《修辞学》，台湾空中大学 1996 年版，第 138 页。

恭维话，不喜欢听逆耳的批评，这是人之常情。皇帝也是人，而且因为他是天下至尊，听惯了恭维话，所以一般来说更难以听进逆耳之言。魏征忠心耿直，但他不注意表达策略，所以常常惹得唐太宗生气。这次太宗气生大了，要杀他了。幸亏长孙皇后贤明，又注意表达策略的运用，她没有直言说："皇上，魏征直言，虽然让您面子上过不去，但他是一片忠心，您不能杀这样的忠臣。"而是选择了折绕的表达策略（后文有专门论述），说魏征直话直说的行为是因为皇上的英明开明所致，有英明开明的皇上才可能有犯颜直谏的大臣。长孙皇后是通过夸赞太宗的方法而把自己的意思婉转地表达出来，让太宗情感情绪上比较愉快，所以能听进意见，最后能容忍魏征的直谏行为。如果长孙皇后没有采用有效的表达策略，就不能保住魏征的性命，最起码不能让太宗继续听进魏征的忠言直谏，大家都对太宗说恭维话，都去拍马逢迎，那么，岂有唐太宗的英明，岂有"贞观之治"的奇迹？所以，长孙皇后的上述一番话，由于表达策略运用得好，确实产生了"安国"的巨大效果。类似的例子，历史上很多。如《战国策·赵策四》所记左师触龙说服赵太后让太子长安君出质于齐，齐国出兵相助得以解除秦兵压境、赵国面临灭亡危机的史实，是大家都熟知的。赵国最终能解除国家危机，靠的也是左师劝谏赵太后采取了有效的表达策略。如果犯颜直谏，那是不能解决问题的，国家肯定要出现危机甚至灭亡的。可见，说话尤其是在中国封建时代劝谏帝王选择恰当有效的表达策略是多么重要，说它是关乎"安国"的大问题，一点也不夸张。

表达策略的选择运用，关乎"全性"（保全性命）问题，在中国历史上也是很突出的。如《韩诗外传》记春秋时代晏子谏齐景公事，就很典型：

> 齐有得罪于景公者，景公大怒。缚置之殿下，召左右肢解之，敢谏者诛。晏子左手持头，右手磨刀，仰而问曰："古者明王圣主，其肢解人，不审从何肢解始也？"景公离席曰："纵之，罪在寡人！"

帝王之尊，不可冒犯。可是却偏偏有人敢得罪齐景公，这人真是不知死活。你一老百姓，干吗要得罪国君呢？这就怪不得齐景公要大怒了。所以，景公把他绑到殿下，令左右用肢解的酷刑来杀他。景公怕大臣劝谏，所以就有言在先，谁敢劝谏替那可恨的兔崽子求情，就连他一起杀。这下子谁也不敢劝谏了。景公名臣晏子觉得景公这样干不妥当，但又不能直说。所以他就顺水推舟，自己亲自动手替景公行刑。他一手按住那人的头，一手磨刀，俨然很愤怒的样子。拉好行刑的架势后，他故意仰头问景公说："古代明王圣主，他们肢解罪人，不知道先从哪里下刀？"景公一听晏子这话，立即离座说："把他放了，这是我的错！"晏子就问了景公那么简单的一句，不仅救了那行将被肢解的人，而且还让景公自己离座认错。那么，晏子何以有如此本事呢？这是因为晏子在"顶风"劝谏时运用了一个有效的表达策略——折绕，迂回曲折地将自己所要表达的意思表达出来，让景公自己思而得之：肢解臣民只有昏君暴君才做得出，如果自己要做被千古唾骂的昏君暴君，就肢解那个得罪自己的人，并杀了劝谏的大臣。如果想做明王圣主，就不应该这么干。景公是个相当开明、头脑清醒的君王，所以他很快就破译了晏子话中的弦外之音，放了那个"罪民"，同时向晏子认错。如果晏子不注意表达策略，不用折绕的策略来表情达意，而是直话直说："只有昏君暴君才用肢解酷刑，您不能用这种酷刑对付臣民。如果您这样做，就会成为被千古唾骂的昏君暴君。"那么，不但救不了那个行将被肢解的人，而且连自己的小命也要搭上。由此可见注意表达策略的重要性，好的表达策略的运用确实能有"全性"（保全生命）的重大意义。

注意表达策略，选择比较有效的措辞，不仅可以取得诸如上述"安国"、"全性"的特殊效果，有时还会因为表达策略运用得好，话说得好听而改变表达者的前途命运，为自己开辟一个全新的人生境界。比方说，宋人吴曾《能改斋漫录》卷十一记载有这样一个故事：

> 曹衍，衡阳人。太平兴国初，石熙载尚书出守长沙，以衍所著《野史》缴荐之，因得召对。袖诗三十章上进，首篇乃《鹭鸶》、《贫女》两绝句，盖托意也。……《贫女》云："自恨无媒出嫁迟，老来方始遇佳期。满头白发为新妇，笑杀豪家年少儿。"太宗大喜，召试学士院，除东宫洗马，监泌阳酒税。

北宋时代的曹衍，衡阳人，本也是饱学之士，可是因为种种原因，未能仕进，所以一直郁郁不得志。幸亏他有一位好友石熙载官至尚书，对他颇是推重。石熙载出任长沙太守时，以曹衍所著的《野史》向宋太宗赵光义推荐，引起宋太宗兴趣，因而召见曹衍，让他应对。曹衍晋见宋太宗时带了三十首诗进献皇上，首篇是《鹭鸶》、《贫女》两首绝句，都是托物言志之作。其中《贫女》诗说："自恨无媒出嫁迟，老来方始遇佳期。满头白发为新妇，笑杀豪家年少儿。"太宗读了大喜，于是在学士院召见并考试曹衍，认为他确实有才，遂授予他东宫洗马（东宫官属，太子出而为前导），并监管泌阳酒税。那么，曹衍何以一首诗就讨得宋太宗欢心，加官晋爵，由一介平民而进入太子东宫为高官呢？这是因为他的《贫女》诗写得好，运用了一种名曰"双关"的表达策略，表层语义是说一个女子因为无媒而迟嫁，白发时才为新妇，为年少人所笑；深层语义是说自己虽然有才，可是以前因无人引荐，所以至今未能得官，为国家效力，一展平生抱负。诉说的是自己的怀才不遇的怨情，但却表达得婉转含蓄，怨而不怒，让宋太宗思而得之。很明显，曹衍不直说本意，是故意在自己的表达与宋太宗的解读接受之间制造"距离"。"事实上，表达者曹衍的这个'距离'留得相当妙，一来臣下与皇帝之间有一个身份地位的'距离'，臣下对皇上说话特别是抱怨，若直白而锋芒毕露，这是不礼貌的；二来表达者借贫女晚嫁来委婉地表达心意的主要目的是要在皇上面前露一手，使皇上知道自己确是有才，不是凭空发怀才不遇的牢骚；三来表达者委婉其辞而不直白本意，也是表明他相信皇上是有才的英主，能够意会到其话外之音的。这实际上是对皇上才能的肯定。由于这个'距离'留得恰到好处，接受者心领神会，意会到了表达者的'言外之意'、'弦外之音'，从而在内心深处感受到一种'余味曲包'的含蓄美。"① 太宗是皇上，官职有的是，只要一高兴，随便给一个位置，不就结了吗？给个官职对皇上来说是小事一桩，可对于曹衍，可就改变了其一生的命运，从此开创了一个幸福快乐的人生。由此可见，注意表达策略的运用是何等重要！

要想做大官，实现治国平天下的宏大抱负，自然要注意语言策略。如果想要做外交官，那就更要注意语言策略了，不然就不仅是个人的官位俸禄不保，还会有辱君命、有辱国家尊严。如《晏子春秋》卷六记载了这样一个历史故事：

> 晏子将使楚。楚王闻之，谓左右曰："晏婴，齐之习辞者也，今方来，吾欲辱之，何以也？"左右对曰："为其来也，臣请缚一人过王而行，王曰：'何为者也？'对曰：'齐人也。'王曰：'何坐？'曰：'坐盗。'"晏子至楚，王赐晏子酒，酒酣，吏二缚一人诣王。王曰："缚者曷为者也？"对者曰："齐人也，坐盗。"王视晏子曰："齐人固善盗乎？"晏子避席对曰："婴闻之，橘生淮南则为橘，生于淮北则为枳，叶徒相似，其实味不同，所以然者何？水土异也。今民生长于齐不盗，入楚则盗，得无楚之水土使民善盗耶？"王笑曰："圣人非所与熙也，反取病焉。"

这段话用现代白话来说，就是这样一个意思：春秋时代，齐国的首相（齐卿）晏婴要出访南方大国楚国。楚王听说了消息，立即对他的左右（诸如外交部长、国务秘书、国家安全助理之类的亲信）说道："晏婴，是齐国很会说话的人，现在就要来我国访问了，我想侮辱侮辱他，看看他能咋的？你们有什么好主

① 吴礼权：《委婉修辞研究》，复旦大学博士学位论文，1997年，第54页。

意?"楚王左右一听,也来了精神,立即就有人投其所好,献了一个"妙计"道:"大王,等晏子来时,请求大王让我捆绑一人从您面前经过。届时,大王您就问我:'这人是干什么的啊?'我回答说:'是个齐国人。'大王您再问:'因为犯什么罪被抓起来的啊?'我就回答说:'因为盗窃。'"定"计"之后,楚王就与他的心腹们等着看好戏了。不久,晏子终于越千山、涉万水,克服无数交通险阻来到了楚国之都。楚王听闻,立即接见,并假装隆重地设国宴予以欢迎。宴会开始后,楚王频频殷勤劝酒。待到酒过三巡,楚王觉得差不多了,他自己也喝得耳热意畅,神情也有些飘飘然了。于是,他就暗示左右依"计"而行。一会儿,就见两个官差模样的人捆押了一个人来到楚王面前。楚王假装惊讶地问道:"这个人为什么被绑呀?他干了什么勾当?"官差说:"他是齐国人,因为犯了盗窃罪。"楚王"哦"了一声,然后装模作样地看看晏子,问道:"齐国人生性就爱盗窃吗?"晏子一听楚王相问,连忙从座位上站起,按照外交礼仪绕席而进,恭恭敬敬地回答楚王道:"我听说有这样一回事:橘生在淮河以南是橘,生于淮河以北,则变成枳。橘与枳,其实只是叶子相似,果实和味道则都完全不同。那么,为什么会这样呢?这是水土不同的缘故。现在,齐国的小民生长在齐国不盗窃,跑到楚国就犯这毛病,是不是楚国的水土有问题,易使齐国小民入楚就偷盗呢?"楚王一听这话,知道自己失"计"了,遂连忙见坡下驴,尴尬地自打圆场说:"圣人毕竟是圣人,是不能随便开玩笑闹着玩的,寡人这是自讨没趣了。"

读了这则故事,也许读者马上在心里就有这样一个疑问:为什么晏子寥寥数语,就能粉碎楚王君臣精心策划的诡计,让楚王丢了面子还要道歉,使齐国在外交斗争中得分呢?

其实,仔细寻思一下,原因很简单:就是因为晏子具有高度的语言智慧,创造性地运用了"比喻"表达策略的结果。对于楚王的挑衅,他"没有采取'针尖对麦芒'式的硬碰硬反驳策略,而是以'四两拨千斤'的方式,通过橘枳水土异而果实味道异的事实来比喻说明人品因环境不同而变化的道理,巧妙地把'球'弹回给楚王,婉约含蓄地指明了这样一层意思:如果真有齐人到楚国为盗的话,那么也是因为您楚王治下的楚国民风不好,老百姓受环境影响才变坏的。真是让楚王吃了亏还说不得。其实外交斗争只要有智慧,运用适当的修辞策略,完全可以在谈笑间使'樯橹灰飞烟灭'的,不必靠恶形恶状的争吵才能获胜"。[①]关键在于表达者有没有语言智慧,会不会运用恰当的语言策略。

我们的古人善于言辞,很注意传情达意中的语言策略,也很会运用恰当的语言策略,因此在中国历史上,历朝历代都不乏诸如晏子这样杰出的外交人才。但

---

① 吴礼权:《传情达意:修辞的策略》,吉林教育出版社 2004 年版,第 7~9 页。

是，正如清人赵翼《论诗五绝》所云："江山代有才人出，各领风骚数百年。"
现代的中国，要说善于运用语言策略的外交家，那就更多了，而且也比古代晏子
之类的外交家更胜一筹。谓予不信，请看下面一例：

> 某外交场合，日使刁难王宠惠博士，……又有一次，一位欧洲贵妇
> 问王："听说你们中国人结婚，都凭媒人撮合，彼此先不认识，这如何
> 做得夫妻？应该像我们这样，由恋爱而婚姻，才会美满幸福。"王答道：
> "我们的婚姻，好比一壶水放在火炉上，由冷而热，逐渐沸腾。夫妻初
> 不相识，日久生情，且越来越浓，故少见离婚现象。你们则相反，结婚
> 时如一壶开水，婚后慢慢冷却，因此你们的离婚案如此之多。"

这是载于余世存所编《常言道——近代以来最重要的话语录》一书中的一
则故事。众所周知，在中国古代，由于封建礼教禁止男女交往，因此几千年来中
国的男女都没有恋爱自由，男女结婚一直是秉承"父母之命"与"媒妁之言"。
这一点，确是不可否认的历史事实，我们中国人也从不忌讳这一点。但是，在外
交场合，外国人以此来说事，那就是别有用心了。作为中国的一个外交家，王宠
惠（毕业于美国耶鲁大学，曾任中华民国临时政府外交总长、国民政府司法院
长、外交部长、代理行政院长等职）当然知道那位欧洲贵妇一番话的用意。但
是，在外交场合，作为一个外交官，他的应答酬对既要维护国家尊严，又要表现
出外交家的风度。所以，王宠惠没有用生硬的说理方式来应对那位贵妇，而是选
择了"比喻"修辞策略，巧妙地以水壶烧水作比，以结婚后家庭的稳定程度为
比较视角，生动有力地说明了中国人"先结婚后恋爱"的模式比西方人"先恋
爱后结婚"的模式有更大的优越性。如此，既巧妙地贬斥了西式婚姻，赞扬了中
式婚姻，为中国人争了光，也以形象生动的语言化解了外交尴尬，表现了一个外
交家的幽默与风度。

说到这里，也许有人会说：我既不想当政治家，也不想当外交家，何必一定
要讲究什么语言策略呢？

如果这样想，那肯定是大错特错了。因为，即使你压根儿就没有想过要做什
么政治家、外交家，而只是想做一个平平凡凡的普通人，你也得讲究语言策略。
比方说，生活中你得与人打交道吧？如果你不是自绝于人世，只要你还得与人来
往，你就得考虑如何与人进行良性互动，尽量减少生活中与人产生言语交际的冲
突，从而使人际关系得以融洽，最起码可以使自己活得自在些、活得体面些。谓
予不信，笔者这里倒有一个现实的例子：

　　客人：<u>再来一客牛排，另外给我一个镇纸。</u>
　　侍者：请问你要镇纸做什么？
　　客人：<u>你刚才端来的那盘牛排被风吹走了。</u>

　　这是发生在台湾一个西餐店里的故事。① 西餐店太讲究营利而将牛排做得太薄，客人对此感到不满，这也是人之常情。但是，这位时尚的食客并没有像我们日常所见的普通客人那样气呼呼地与营业员吵架，而是说了上述一番话，既毫不留情地对西餐店的经营作风进行了批评，但又不失温文尔雅的绅士风度，同时还让人觉得非常幽默，不得不非常感佩。那么，何以如此呢？无他！乃善用语言策略之故也！上面他所说的两句话，实际用到了两种语言策略。第一句运用了"设彀"，即先设语言圈套（要镇纸），引起侍者好奇之问；第二句运用了"夸张"，极言牛排之薄。
　　如果你不想，也没本事做一个挣钱多的白领时尚人士，也没机会到高级场所显示绅士风度，只想靠自己的辛苦劳动吃上一口饭，做一个最底层的本分的劳动者，那你也仍然得懂语言策略，仍然应当注意语言策略。否则，你连一口饭也混不上嘴。比方说，你到街头摆个小摊，吆喝着卖点小玩意，你不懂语言策略，抓住路人的心，让他们看你的小玩意一眼，做成生意，那你就没戏了，只好干瞪眼，喝西北风了。比方说，我们走在上海的商业街上，常常会听到这样一句吆喝买卖的口号：

　　<u>走过路过，不能错过</u>。请顾客进来看看，……

　　不知不觉，顾客就会停下匆匆的脚步，朝他们的小店看一眼，说不定还真的走进那只能容下一两人的小店，最后还真做成了生意呢。
　　那么，这句口号为什么会吸引顾客呢？原因很简单，它用了一个叫"同异"的语言策略，让"走过"与"路过"、"错过"三个同中有异的词并置，从而强化刺激接受者的大脑皮层，让人留下深刻印象。
　　说到做小生意的需要吆喝需要讲究语言策略，不禁使我想起好几年前我在上海五角场附近听到的一个卖牙签的小贩吆喝的一句口号：

　　<u>要想生活好，牙签少不了。</u>

---

　　① 沈谦：《修辞学》，台湾空中大学 1996 年版，第 120 页。

很多人听了他的这句吆喝，都停下来看他一眼，也看他的牙签一眼，他的牙签还真的卖得很好。

那么，他的这句吆喝口号何以有如此的魅力呢？无他，乃是他善于运用语言策略之故也。他所运用的这个语言策略，就是中国人都喜欢也最熟悉的"协韵"策略，让"好"与"了"两个韵母相同的字前后呼应，从而产生一种朗朗上口、便于记忆的效果。

我们都知道，人是高级动物。他们除了与一般动物一样，有饿了要吃、渴了要喝、困了要睡等生存要求之外，还有好名、好权、好利之心。但是，不管怎么高级，毕竟还是动物。因此，人除了上述的要求外，还有一个与一般动物完全一样的基本要求：性生理要求。关于这一点，我们的前贤早就说得非常明白了。《礼记》中早就有了这样的说法："饮食、男女，人之大欲存焉。"① 孟子也说过："食、色，性也。"② 所谓"男女"、"色"，指的就是人类的"性生理要求"。这一要求，是人作为动物的本性，就如人要吃饭一样正常。正因为我们的古人早就有了这样的认识，所以，中国很早就有了"男大当婚，女大当嫁"的说法，就是一个男人与一个女人到了一定的年龄，就应该把他们捆绑到一起，让他们过上正当的"性生活"。这一点，既与一般动物有了区别，又显出了人类的高级，不像一般动物，只要发情了，雌的肯或者不肯，雄的都可以随时随地上了。人类要想过"性生活"，那得先恋爱（中国古代包办婚姻例外），要男欢女爱才行。因此，现今的时代，要想恋爱，要想结婚，那也不是件容易的事啊！男人想骗个老婆，女人想诳一个老公，得有本事。特别是男人，那就更不容易了。因为当今社会，男女比例已经失调，再加上许多有本事的男人又多吃多占，一般男人想找个老婆，那就更难了。因此，而今男人要想赢得女人的芳心，那是要有本事的，除了物质方面的外，还要有精神方面的，即要会打动她的心，让她开心。所以，男人之间有句话："老婆是骗来的。"意思是说，婚前要会花言巧语。古人有诗说男人坏是"枕前发尽千般愿"，现在在婚前还没就枕前就要发尽千般愿了。然而这发愿发誓的，也得讲究语言策略，要说得好，说得你想"骗"的女人开心，她才会最终打定主意，跟你这"死鬼"结婚。老婆骗回来之后，就要过日子了。这过日子，就更不简单了。因为它实在，天长日久，琐琐碎碎。因此有人说："结婚之前是首诗，结婚之后就是一首散文了。"因为生活就是生活，不可能天天都花前月下，浪漫迷人。如果两人都不会挣钱，那么就会应了中国的那句老话："贫贱夫妻百事哀"，日子够你受的。假如日子还能勉强过得下去，可是人

---

① 《礼记·礼运》。
② 《孟子·告子上》。

到中年，男人谢顶，青春不再，也不能风光潇洒了；而女人呢，则人老珠黄，如果又不善于修饰打扮，那真正变成了上海人所说的"老菜皮"了。① 如此，这夫妻的感情危机就来了。加上现在新《婚姻法》已经实行，离婚不再需要单位领导开证明了，人的观念也变了，如果男人是弱势的一方，那么这时你就会被老婆一脚踢开。不过，如果你没钱，也没本事，但你有智慧，能说会道，能讨老婆欢心，那么老婆也许会将就地跟你这个"死鬼"继续过下去。比方说，有这样一个故事，就是如此：

> 某人刚三十多岁，就已经开始谢顶，但他不以为然，摸着自己空前绝后的脑袋，对妻子说："我这就叫聪明绝顶。"
> 妻子不以为然地反驳道："照你这么说，凡是剃了光头的都是聪明人喽？"
> "那不是，那是自作聪明。"

这是高胜林《幽默技巧大观》中所记的一则爱情幽默，② 虽然未必真有其事，但现实生活中若真有这样的男人，想必是任何女人都愿意愉快地跟这个"死鬼"厮守一生的。那么，为什么呢？我们都知道，"男人谢顶，总是显老，当然没有满头青丝来得青春潇洒了。这位男人很知趣，知道谢顶不好看，他怕老婆嫌弃他，就自我解嘲，幽了自己一默：'我这就叫聪明绝顶'，运用的是'别解'修辞策略，将成语'聪明绝顶'作了一个非同寻常的新解，新颖别致，出人意表，所以能逗老婆一笑。可是，当老婆用别人剃光头来反驳他的话时，他又有新词：'那是自作聪明。'又是运用'别解'修辞策略，贬低了别人，抬高了自己，还很幽默。你说他老婆还能说他什么？这样的老公即使真的没有本事，长得也不俊，最起码还蛮有趣，跟他一起过活，穷开心也行啊"！③

上面我们谈的都是"说"，其实"写"也是需要讲究语言策略的。如钱钟书的小说《围城》中有这样一段文字描写：

> 汽车夫把私带的东西安置了，入座开车。这辆车久历风尘，该庆古稀高寿，可是抗战时期，未便退休。机器是没有脾气癖性的，而这辆车倚老卖老，修炼成桀骜不驯、怪癖难测的性格，有时标劲像大官僚，有

---

① 吴礼权：《传情达意：修辞的策略》，吉林教育出版社2004年版，第12页。
② 此例转引自高胜林：《幽默技巧大观》，上海科学技术文献出版社2002年版，第61页。
③ 吴礼权：《传情达意：修辞的策略》，吉林教育出版社2004年版，第13页。

时别扭像小女郎，汽车夫那些粗人休想驾驭了解。它开动之际，<u>前头咳嗽，后面泄气，于是掀身一跳</u>，跳得乘客东倒西撞，齐声叫唤，孙小姐从座位上滑下来，鸿渐碰痛了头，辛楣差一点向后跌在那女人身上。<u>这车声威大震，一口气走了二十里，忽然要休息了</u>，汽车夫强它继续前进。如是者四五次，<u>这车觉悟今天不是逍遥散步，可以随意流连，原来真得走路，前面路还走不完呢！它生气不肯走了</u>，汽车夫只好下车，向车头疏通了好一会，在路旁拾了一团烂泥，<u>请它享用，它喝了酒似的，欹斜摇摆地缓行着</u>。每逢它不肯走，汽车夫就破口臭骂，此刻骂得更利害了。骂来骂去，只有一个意思：<u>汽车夫愿意跟汽车的母亲和祖母发生肉体恋爱</u>。骂的话虽然欠缺变化，骂的力气愈来愈足。

这段文字描写赵辛楣一行五人前往国立三闾大学就职途中所乘的老爷汽车的情状，读之意趣盎然，幽默生动，令人印象深刻，久久难忘。之所以有此特殊效果，是因为作家在此运用了三种表达策略。一是比拟，将无生命的汽车当作有性格、有情感、有脾气的人来写："这辆车久历风尘，该庆古稀高寿"、"而这辆车倚老卖老，修炼成桀骜不驯、怪癖难测的性格"、"前头咳嗽，后面泄气，于是掀身一跳"、"这车声威大震，一口气走了二十里，忽然要休息了"、"这车觉悟今天不是逍遥散步，可以随意流连，原来真得走路"、"它生气不肯走了"、"请它享用，它喝了酒似的，欹斜摇摆地缓行着"。二是比喻，写汽车性能不稳的样子是"有时标劲像大官僚；有时别扭像小女郎"。这些比拟、比喻策略的运用，使本来平淡的汽车性能不稳、破烂不堪还在使用的情状鲜活生动，意趣横生，令人拍案叫绝。三是折绕，将汽车夫骂汽车的粗话折绕地写成："汽车夫愿意跟汽车的母亲和祖母发生肉体恋爱"，含蓄蕴藉，而又幽默诙谐，令人忍俊不禁。如果不运用上述三种表达策略来叙写，而是理性地写成："汽车已经很破旧，性能不稳定，开起来很颠，乘客都被颠得东倒西歪。发动机又常常出问题，汽车夫不时要下来修理，气得他破口大骂粗话。"那么，读者对于这段文字就不会有什么印象，也不会体会到赵辛楣一行路途的艰难困窘。可见，注意表达策略的运用，确实能使文章添彩不少，妙笔生花不是虚语。

由上述几个方面，我们可以清楚地见出重视表达策略并适应特定的情境要求选择运用恰当的表达策略对于提高语言表达效果、对于圆满地表达我们意欲表达的情感思想的重要意义。因此，掌握一些基本的语言表达策略，对于我们任何人都是必要的。

正是基于这一认识，本书分别就如何实现某一特定交际目标进行了分析论述。用以分析的文本都是前贤创造的经典言语作品，相信读者通过本书粗略的归纳分析，可以从中领悟到如何运用表达策略的真谛，并举一反三，使自己的语言表达更生动，更精彩，使自己也成为一个妙语生花、妙笔生花的智者，成为一个广受欢迎、魅力无穷的语言大师，成为一个思想情感推销的成功者。

第一章　状难写之景，如在目前：
形象传神的策略

所谓番茄炒虾仁的番茄，在北平原叫作西红柿，在山东各处则名为洋柿子，或红柿子。……这种东西，特别是在叶子上，有些不得人心的臭味——按北平的话说，这叫作"青气味儿"。所谓"青气味儿"，就是草木发出来的那种不好闻的味道，如楮树叶儿和一些青草，都是有此气味的。<u>可怜的西红柿，果实是那么鲜丽，而被这个味儿给累住，像个有狐臭的美人。</u>

这是老舍《西红柿》中的一段文字，相信读者一读之下，便会印象深刻。那么，为什么呢？

别无他因，乃是由于老舍善用"比喻"语言策略，将本是平常的西红柿及其"青气味儿"给人的感受，出人意表地比作是"有狐臭的美人"。这一比喻，不仅新颖独特，而且形象传神。于是，本是平淡的事情，顿然生动起来，陡然引发读者无尽的遐想与兴味。

相反，老舍上面所说的这个意思，如果不采用"比喻"策略，而是用最经济的语言与平常的表达，就是："西红柿样子好看，可惜味道难闻，所以不受欢迎。"若此，则意思是说到说透了，但读者可能一读而过，不会留下什么深刻印象的，更不会为之拍案叫妙。为什么？原因很简单：表述太平淡，无由引发接受者的接受兴味。

由此可见，在我们的言说写作中，讲究不讲究语言策略，那是效果大有不同的。

老舍妙语生花的水平，尽管并不是我们人人都可以达到的，但是，只要善于学习，并掌握一定的语言表达策略，那么，在我们的说写表达中，就能够做到表达形象传神。"状难写之景，如在目前"、"达难言之意，尽在唇吻"，也并不是痴人说梦，遥不可及的。

那么，如何达到这一表达目标呢？下面我们不妨介绍几种常见的且被无数先贤的语言实践证明是行之有效的语言策略。

一、比喻：绅士的讲演，应当是像女人的裙子，越短越好

> 有一次，我参加在台北一个学校的毕业典礼，在我说话之前，有好多长长的讲演。轮到我说话时，已经十一点半了。我站起来说："绅士的讲演，应当是像女人的裙子，越短越好。"大家听了一发愣，随后哄堂大笑。报纸上登了出来，成了我说的第一流的笑话，其实是一时兴之所至脱口而出的。（林语堂《八十自叙》）

这是林语堂在其《八十自叙》中的一段话。我们都知道，林语堂是中国现代著名的文学大师，也是有名的幽默大师。他的幽默之语很多，其中，尤以"绅士的讲演，应当是像女人的裙子，越短越好"一句传播最为广泛，成为"最为大众所熟知的名言"。[①]

那么，这句话为什么会成为"大众所熟知的名言"呢？

这是因为林语堂先生运用了一个非常有效的表达策略，这个策略便是比喻。

所谓"比喻"，就是通过联想将两个在本质上根本不同的事物由某一相似性特点而直接联系搭挂到一起，从而使其语意表达具有形象、生动、传神效果的一种语言表达策略。修辞学上名之为"比喻"格。

上述林语堂先生的话之所以成为名言，为人所称妙，关键就在于他出人意表地将"绅士的讲演"与"女人的裙子"这两个在本质上根本不同的事物经由"短好，短易引人回味思索"这一相似点联系搭挂到一起，形象生动地说明了这样一个道理："绅士的讲演应该简明扼要，要给听众留下回味的余地，才能令听众有意犹未尽的美感。如果绅士的讲演啰唆冗长，说了半天还不知所云，徒然浪费听众时间，那定然会让听众生厌的。"假若林博士真的用这样理性、直接的语言来表达他所要表达的意思，虽然语意表达很充足，道理说得很透彻，却成了令人头大乏味的说教，不能成为名言妙语为人传诵了。如果林语堂先生这样说："绅士的讲演，越短越好"，尽管表达更简洁，语言更经济，但却像女人穿的超短裙短到了没有的地步，也顿失韵味了。

比喻作为一种表达策略，是人们普遍会使用的语言策略。但是，要运用得好却是不易的。我们之所以赞赏林语堂先生的这个妙喻，是因为他比得好，喻得妙。他的上述比喻，如果我们也以比喻的策略来表达，它就像女人穿的超短裙，短得恰到好处，韵味无穷。首先，喻体的选择特别高妙。用"女人的裙子"作喻体来与本体"绅士的讲演"匹配，一般人根本想不到，出人意表，这一点就

---

① 沈谦：《林语堂与萧伯纳——看文人的妙语生花》，台湾九歌出版社 1999 年版，第 74 页。

高人一筹。其次，更仔细地分析，"绅士"对"女人"，自然；"演讲"对"裙子"，新颖。再次，"绅士的讲演"与"女人的裙子"相联系，搭挂合理。因为演讲者的演讲说得简洁，意思点到为止，往往会给人留下回味的空间；女人之所以要穿裙子是要突出其形体美，如果裙子过长就没有这种效果。所以西方乃至全世界有超短裙（也就是时下流行的那种叫做 Miniskirt 的，汉语译为"迷你裙"，真是妙不可言）的风行。这种超短裙短得恰到好处，既可以尽现女性特别是青年女性的形体美，又足以让男性想入非非而为之意乱情迷，心摇神荡。林语堂先生是受过西方教育的学者，曾获美国哈佛大学比较文学硕士、德国莱比锡大学语言学博士学位，又是个生性浪漫且幽默的作家，所以才会出人意表地拿"女人的裙子"来作比。不仅比得新颖，而且比得合理、自然，将本是平淡的话说得意味盎然。这就是林语堂先生的高明处，堪称妙语生花，让人为之精神一振。

作为一种表达策略，比喻有很复杂的表现形态，但一般认为可以归纳为"明喻"、"暗喻"、"略喻"、"借喻"、"博喻"等五种基本模式[①]。

所谓"明喻"，就是本体、喻体和喻词同时出现的一种比喻模式。最典型的格式是"A 像 B"。其中，A 即是本体，B 是喻体，"像"为喻词。喻词的作用犹如联系本体与喻体的桥梁。喻词很多，除了"像"外，常见的还有"好像"、"好比"、"如同"、"仿佛"、"若"、"如"、"好似"、"似"等等。有时，这些喻词还与"一样"、"似的"、"一般"等词配合使用。

"明喻"在比喻中最为常见，因为形式比较完备，也比较易于为接受者所了解。如钱钟书《围城》中有一段文字云：

> 方鸿渐看唐小姐不笑的时候，脸上还依恋着笑意，像音乐停止后袅袅空中的余音。许多女人会笑得这样甜，但她们的笑容只是面部肌肉柔软操，仿佛有教练在喊口令："一!"忽然满脸堆笑，"二!"忽然笑不知去向，只余个空脸，像电影开映前的布幕。……

这里，有两个比喻。一是"唐小姐不笑的时候，脸上还依恋着笑意，像音乐停止后袅袅空中的余音"，是描写唐小姐停笑时的脸面表情之美好。其中，"唐小姐不笑的时候，脸上还依恋着笑意"是本体，"音乐停止后袅袅空中的余音"是喻体，"像"是喻词，两者的相似点是"有让人回味、愉悦之感"。二是"许多女人会笑得这样甜……忽然笑不知去向，只余个空脸，像电影开映前的布幕"，是说其他女人停笑时面部表情之难看。其中"许多女人会笑得这样甜……忽然笑

---

① 沈谦：《修辞学》，台湾空中大学 1996 年版，第 2 页。

不知去向，只余个空脸"是本体，"电影开映前的布幕"是喻体，"像"是喻词，两者的相似点是"有让人失望之感"。这两个比喻文本都是"明喻"一类，生动形象地再现了两种女人不同的笑以及给人的不同的审美感受，让人既印象深刻，又回味无穷。

所谓"暗喻"（又称"隐喻"），是本体、喻体和喻词同时显现，但常以"是"、"变成"之类为喻词的一种比喻模式。如王禄松《那雪夜中的炭火》一文有云：

> 骀荡播动中的爱心是火把，辉焰炽烈；
> 横受琢磨中的爱心是宝石，玲珑光亮！

上述两句都是"暗喻"。其中"骀荡播动中的爱心"是本体，"火把"是喻体，"是"是喻词，两者的相似点是"辉焰炽烈"；"横受琢磨中的爱心"是本体，"宝石"是喻体，"是"是喻词，两者的相似点是"玲珑光亮"。这两个比喻形象地写出了人类爱心之珍贵，真切地表达了作者对人类需要爱心的热烈呼唤之情。

所谓"略喻"（又有人称之为"对喻"、"引喻"、"扩喻"、"类比"），是本体和喻体同时出现，但喻词隐略的一种比喻模式。如汉末曹操《步出夏门行·龟虽寿》中有名句云：

> 老骥伏枥，志在千里；烈士暮年，壮心不已。

这四句诗实际上是个比喻。其中"烈士暮年，壮心不已"是本体，"老骥伏枥，志在千里"是喻体，喻词隐略不现。作者以千里马老而志在千里来比喻有志之士迟暮之年仍不忘为国家建功立业，贴切、自然，生动地再现了作者作为一个志存高远、壮志凌云的一代英雄的鲜活形象。

所谓"借喻"，就是本体和喻词皆不出现，只出现喻体的一种比喻模式。如沈谦《我的朋友胡适之》一文中有这样一段文字：

> 胡适揭开文学革命的序幕，提倡白话文学，宣扬民主与科学，推出德先生（Democracy）与赛先生（Science），鼓动新思潮，开风气之先，居功奇伟。曾经遭受到若干保守人士的攻讦，开始还讲道理，后来演变成人身攻击，胡适虽然修养不错，终究按捺不住，脱口而出："狮子和老虎向来是独来独往的，只有狐狸跟狗才联群结党！"

胡适的妙语其实是两个比喻，"狮子和老虎向来是独来独往的"、"只有狐狸跟狗才联群结党"各是一个"借喻"。前句省略了本体"我"和喻词"像"；后者省略了本体"你们"和喻词"像"。这两个比喻，前者形象地写出了作者德才的超群，自负而不露声色；后者骂结伙对自己进行人身攻击的保守派人士，形象而含蓄，骂人不带脏字，不失大学者的风度。

所谓"博喻"（又称"莎士比亚式比喻"），就是用两个以上的喻体与一个本体匹配，从不同方面不同角度说明或描写同一个本体的比喻模式。如梁实秋《音乐》一文有云：

> 最令人难忘的还有所谓天籁。秋风起时，树叶飒飒的声音，一阵阵袭来，如潮涌；如急雨；如万马奔腾；如衔枚疾走。风定之后，细听还有枯干的树叶一声声的打在阶上。

这段描写秋风吹树叶而发出的声音，即是一个博喻。本体是"树叶飒飒的声音"，喻体是"潮涌"、"急雨"、"万马奔腾"、"衔枚疾走"，四个喻体共同描写说明本体；喻词是"如"。秋风吹树叶的飒飒声，本是一个很难描写的抽象事物，但作者运用博喻以不同喻体从不同角度将之写得形象具体，逼真可感，读之让人留下永不磨灭的印象。

比喻作为一种语言表达策略，它的基本表达效果是形象、生动、传神。但是细细推究起来，一般认为比喻有"可以把未知的事物变成已知"、"把深奥的道理说得浅显"、"把抽象的事物说得具体"、"把平淡的事物说得生动"[①]等表达效应。

比喻有化未知为已知的效应，如台湾作家林燿德《树》一文有云：

> 坚实的树瘿，纠结盘缠，把成长的苦难紧紧压缩在一起，像老人手背上脆危而清晰的静脉瘤块，这正是木本植物与岁月天地顽抗后所残余下来的证明吧。

什么叫"树瘿"？它是怎么样的东西？可能很多人都不知晓。但是作家通过比喻"坚实的树瘿，纠结盘缠，把成长的苦难紧紧压缩在一起，像老人手背上脆危而清晰的静脉瘤块"这样一描写，接受者就可想象出"树瘿"大致是什么样子的了，因为喻体所描写的"老人手背上脆危而清晰的静脉瘤块"是人所常见

---

① 胡裕树主编：《现代汉语》（增订本），上海教育出版社1999年版，第459～460页。

的。这样一比，不仅生动形象地再现了"树瘿"的情状，也将未知的事物顷刻间化为已知事物而为接受者所了知。

比喻有将深奥的道理说得浅显的效应，如王禄松《那雪夜中的炭火》一文有云：

> 卑圻说："对于一个在苦难中的人说一句有帮助性的话，常常像火车路轨上的转折点——倾覆与顺利，仅差之毫厘。"

这里作者所引卑圻的话，即是一个将深奥的道理说得浅显的好比喻。它的意思是说，一个人在苦难之时需要有人说句有帮助性的话加以鼓励或指点，他才能顺利渡过人生的难关，重新开创一个幸福的人生；如果他不能得到这种有帮助性的话的鼓励或指点，他可能会从此一蹶不振，人生可能是个悲情的结局。这是一个很少有人能看透的人生道理，也是不易表述清楚的深奥道理。可是卑圻上述的一个比喻，以"火车路轨上的转折点的毫厘之差可能造成火车倾覆与顺利两种根本不同的后果"来说明"对于一个在苦难中的人说一句有帮助性的话可以改变一个苦难中的人的人生命运的重要性"，不仅将深奥抽象的道理说得形象，而且浅显易于明白。这便是比喻可以将深奥的道理说得浅显的表达效应。

比喻有化抽象为具象的效应，如台湾作家艾雯《渔港书简》有云：

> 昨夜我在海潮声中睡去，今朝又从海潮声中觉醒。海不曾做梦，但一个无梦的酣睡，在一个被失眠苦恼了数月的人，不啻是干裂的土地上一番甘霖。

被失眠苦恼了数月的人突然有一个无梦的酣睡，那种情形是什么样子本是一个十分抽象而难以述说的生理和心理体验，可是经作家以"不啻是干裂的土地上一番甘霖"为喻体这么一比，原本抽象的生理和心理体验顿然变得具体可感可知，让接受者也深受感染，体验到一种从未体味过的生理和心理快慰。这就是比喻化抽象为具象的独特效应。

比喻有化平淡为生动的效应，如台湾学者沈谦教授在他的《修辞学》中曾讲过这样一个故事：

> 有一回，我到华视录教学节目，遇见华视教学部主任周奉和，见他笑口常开，在电视台如此复杂的环境里，颇得人缘，向他请教有什么妙方，他笑了笑说：

"做什么事，采低姿势总是比较安全顺当，飞机低空飞行，连雷达都探测不到！"

如何为人处世，确是人生的一大学问。台湾华视教学部主任周奉和所说的"凡事采低姿态易于处好人际关系"的处世原则不失为一种处世的人生智慧。对于这一处世原则的表述，如果理性、直接地表述为："做什么事，采低姿势总是比较安全顺当"，虽然道理也很深刻，但表述得过于平淡，难以给人留下深刻的印象。而以比喻"做什么事，采低姿势总是比较安全顺当，飞机低空飞行，连雷达都探测不到"来表述，由于比得新颖而出人意表，但又合理自然，原本平淡的话顿然变得生动，成为过耳不忘的至理名言隽语，真是令人叹服！

除此以外，比喻还有另外三种表达效应，只是此前很少有人注意到。这三种另类的表达效应是：

一可以化具象为抽象，别开生面。如朱自清《荷塘月色》一文中有这样一段文字：

月光如流水一般，静静地泻在这一片叶子和花上。薄薄的晨雾浮起在荷塘里。叶子和花仿佛在牛乳中洗过一样；又像笼着轻纱的梦。

一般说来比喻多以具象比抽象，但朱自清这里将"薄薄晨雾中的荷花和荷叶"比作"笼着轻纱的梦"，这是逆向操作，突破了常规的比喻文本建构的思维定式，化具象为抽象，但表达效果上仍不失生动形象之妙，同时还另具一种别开生面的妙趣。

二可以别具嘲弄讽刺之兴味。如钱钟书《围城》中有一段文字说：

韩学愈得到鸿渐停聘的消息，拉了白俄太太在家里跳跃得像青蛙和蛤蟆，从此他的隐事不会被个中人揭破了。

方鸿渐在欧洲留学时不好好读书，毕业回家时因要满足岳父和父亲的虚荣心，便向一个爱尔兰骗子买了一张"美国克莱登大学"博士文凭。为此方鸿渐心中很是不安，所以在应聘国立三闾大学教授时，他没有填写这个假博士学历。可是历史系教授韩学愈却比方鸿渐胆大皮厚，还在方鸿渐面前称说"克莱登大学"是个贵族大学，说自己那位白俄太太是美国人，以此印证他学历的货真价实。尽管方鸿渐自己心中有鬼也不便说什么，但韩学愈毕竟怕方鸿渐真的揭了他的老底。因此当方鸿渐被陆子潇、李梅亭告发有亲"共产主义"的思想问题而被校长高松年解聘时，韩学愈就放下了心中的石头。所以，他会和白俄太太在家高兴得手舞足蹈了。作家在描写韩学愈高兴的情状时以"跳跃得像青蛙和虼蚤"来比喻，既形象地再现了韩学愈夫妇除去心头之患的兴奋情状，又含而不露地嘲弄讽刺了韩学愈小人得志、幸灾乐祸的丑恶心理。这就是比喻别具嘲弄讽刺之兴味的独特效应。

三可以别具含蓄婉约的效应。如杨绛《记钱钟书与〈围城〉》一文有云：

> 自从1980年《围城》在国内重印以来，我经常看到钟书对来信和登门的读者表示歉意；或是诚诚恳恳地奉劝别研究什么《围城》；或客客气气地推说"无可奉告"；或是既欠礼貌又不讲情理的拒绝。一次我听他在电话里对一位求见的英国女士说："假如你吃了个鸡蛋觉得不错，何必认识那个下蛋的母鸡呢？"我直耽心他冲撞人。

钱钟书对于求见的那位英国女士所说的话："假如你吃了个鸡蛋觉得不错，何必认识那个下蛋的母鸡呢"是个省略了本体和喻词的比喻，属于上面我们所说的借喻。本体应该是"如果你觉得《围城》写得不错，那就好好研究小说，何必一定要见写《围城》的作者呢？"由于本体和喻词都省略了，这个比喻在表达效果上就既形象生动，又别具婉约含蓄的韵味，不至于使求见者太难堪。

比喻有诸多独特的表达效果，所以古今中外的表达者都喜欢在说写中运用比喻这一表达策略。但是，运用比喻这一策略，我们要想达到预期的表达效果，应该注意这样三个基本原则。

一是新颖性原则。

所谓"新颖性"原则，就是在选择喻体与本体进行匹配时，喻体与本体之间除了要在本质上根本不同外，两者之间要有一定"距离"。也就是说，要将本来不相干的本体与喻体长距离拉配在一起，使其匹配能出人意表。如钱钟书《围城》中有这样一段文字：

> 鸿渐把辛楣的橡皮热水袋冲满了，给她暖胃，问她要不要喝水。她喝了一口又吐出来，两人急了，想李梅亭带的药里也许有仁丹，隔门问他讨一包。李梅亭因为车到中午才开，正在床上懒着呢。他的药是带到学校去卖好价钱的，留着原封不动，准备十倍原价去卖给穷乡僻壤的学校医院。一包仁丹打开了不过吃几粒，可是封皮一拆，余下的便卖不了钱，又不好意思向孙小姐算账。虽然仁丹值钱无几，他以为孙小姐一路上对自己的态度也不够一包仁丹的交情；而不给她药呢，又显出自己小

气。他在吉安的时候，三餐不全，担心自己害营养不足的病，偷打开了
一瓶日本牌子的鱼肝油丸，每天一餐以后，吃三粒聊作滋补。鱼肝油当
然比仁丹贵，但已打开的药瓶，好比嫁过的女人，减了市价。

　　李梅亭与孙小姐同到国立三间大学就职，一路同行，既算同事又是同伴，可
孙小姐病了想他给几粒仁丹，他也舍不得，李梅亭的无情吝啬的形象于此活脱脱
地跃然纸上。其中"鱼肝油当然比仁丹贵，但已打开的药瓶，好比嫁过的女人，
减了市价"，尤为这段文字的妙笔，它是一个比喻。作者将"打开的药瓶"比作
"嫁过的女人"，本体与喻体之间的距离就相当远，两者匹配得出人意表，表达
形象而幽默，还带点中国传统男人的刻薄，令人发噱。如果作者选择"打开的酒
瓶"或"打开的罐头"来作喻体，本体与喻体就显得距离太近，新颖性就没有
了，自然在表达效果上就逊色了不少。关于比喻要体现"新颖性"原则，在此
想到英国著名作家王尔德的名言："第一个用花比女子的是天才，第二个用花比
女子的是庸才，第三个用花比女子的是蠢材。"王尔德说得很清楚："譬喻要求
新颖，有创造性，不宜流于陈陈相因的陈腔滥调。"① 上述比喻很好地体现了比
喻所应遵循的"新颖性"原则。
　　二是自然性原则。
　　所谓"自然性"原则，就是选择喻体与本体相匹配时，喻体要与本体匹配
得合理，两者之间确有相似点，不生硬，不勉强。如旅美台湾作家庄因《春愁》
中有段文字说：

　　　美国佬酷爱玫瑰，制成各种化肥助其早熟，于是乎弄得枝粗叶肥，
花团巨硕，且高可过人。其冶艳缭乱，搔首弄姿，就跟美国大姐丰胴健
脯而失娉婷娟秀一样，是不禁看的。

　　作家写到美国的玫瑰花的枝粗叶肥，花团巨硕，高可过人，且冶艳缭乱，搔
首弄姿的样子，用丰胴健脯的美国大姐为喻体来匹配作比，十分形象生动，但由
于就近取譬，自然顺畅，丝毫没有为喻而喻的生硬勉强的痕迹，体现了比喻所应
遵循的"自然性"原则。
　　三是贴切性原则。
　　所谓"贴切性"原则，就是表达者所作的比喻要得体，要正确地传递出自
己心中真正要表达的真实意思，不能言不由衷，言不达意，效果要与动机相一

① 沈谦：《修辞学》，台湾空中大学 1996 年版，第 20 页。

致，产生好的接受效果。如钱钟书《围城》中有段文字说：

> 张先生跟外国人来往惯了，说话有个特征——也许在洋行、青年会、扶轮社等圈子里，这并没有什么奇特——喜欢中国话里夹杂无谓的英文字。他并无中文难达的新意，需要借英文来讲；<u>所以他说话里嵌的英文字，还比不得嘴里嵌的金牙，因为金牙不仅妆点，尚可使用，只好比牙缝里嵌的肉屑，表示饭菜吃得好，此外全无用处</u>。

买办张吉民在旧上海美国人开的花旗洋行做事，自以为比国人高一等，所以说话里常夹杂无谓的英文以标明自己的身份。作者对这种人很反感，所以有上述"他说话里嵌的英文字，还比不得嘴里嵌的金牙，因为金牙不仅妆点，尚可使用，只好比牙缝里嵌的肉屑，表示饭菜吃得好，此外全无用处"这样一个比喻以贬斥之。这个比喻不仅生动形象，而且表意中鲜明地传递出了作者对张吉民这种假洋人的做派行为的厌恶之情，读之令人称妙称快，接受效果很好，体现了比喻应遵循的"贴切性"原则。

应该指出的是，我们上面所说的比喻三原则是相互联系，密不可分的，并不是有些比喻要遵循"新颖性"原则而不要遵循"自然性"、"贴切性"原则，有些比喻可遵循"自然性"原则而不必遵循"新颖性"、"贴切性"原则。应该说，真正好的比喻文本应该同时符合上述所讲的比喻三原则，其中贴切性尤其重要。也就是说，新颖、自然固然重要，但都应该以贴切为终极目标。否则，效果会适得其反。这里我们举一个清代游戏主人《笑林广记》中记载的笑话为证，作为我们这一观点的注脚：

> 有上司面胡者与光脸属吏同饭。上台须间偶带米糁，门子跪下禀曰："老爷龙须上一颗明珠。"官乃拂去。属吏回衙，责备门子："你看上台门子何等伶俐，汝辈愚蠢不堪重用。"一日两官又聚会吃面，属吏方举箸动口，有未缩进之面挂在唇角。门子急跪下曰："小的禀事。"问禀何事，答曰："<u>爷好张光净屁股，多了一条蛔虫挂在外面。</u>"

一个大胡子上司和一个光脸下属一起吃饭。上司因为一口大胡子，吃饭时米粒粘到胡须中。上司的随从觉得这样走出去会影响自己老爷的形象，所以就提醒老爷将粘在胡须上的米粒拂去，但又不好直说使老爷难堪，于是就用了一个比喻说："老爷龙须上一颗明珠。"老爷一听就明白，忙拂去米粒。光脸属吏觉得上司的随从伶俐会说话，给自己的老爷脸上争光，所以回到自己办公室就责备自己的随从不及上司的随从，是不堪重任的蠢货。光脸属吏的随从也觉得自己没有给自己的老爷争光很惭愧，所以就暗暗下决心，要替自己的老爷在上司面前挣些面子。所以待到光脸属吏再次与大胡子上司一起吃面时，光脸老爷的随从就迫不及待地要表现口才了。光脸老爷一口面还未吃进嘴里，他的聪明随从就有"绝妙好词"了。光脸老爷以为这次该自己露脸了，所以他的随从说有事要禀，他马上让他说。不意他的随从却说出"爷好张光净屁股，多了一条蛔虫挂在外面"的话，这下光脸老爷的脸没露，却出了大丑，不知他的随从回去如何命运，真是替他担忧！这个故事中的两个门子的话都是运用了比喻表达策略，但是两人的比喻效果高下优劣一目了然。大胡子上司的门子的比喻："老爷龙须上一颗明珠"，将自己老爷的胡子比龙须，将胡须中黏着的米粒比作明珠，虽然喻体选择得都有些老生常谈，并无多少新颖性，但是比得自然、贴切，既婉转地提醒了自己的老爷应该要做的事项，又顺带赞美了自己的老爷一番，所以效果特好。而光脸属吏的门子的比喻"爷好张光净屁股，多了一条蛔虫挂在外面"，将自己老爷的脸比作屁股，将老爷未吃进而挂在嘴角的面条比作屁股上挂着的蛔虫，喻体选择不好，而且这两个喻体所说事项都不宜在吃饭时提及，而那门子却偏偏"哪壶不开提哪壶"。虽然喻体选择得新颖，出人意表，但不自然，更不贴切，本应要赞扬自己的老爷，结果却骂了自己的老爷，言不达意，是个非常失败的比喻。可见，比喻的三原则的关系是应该恰当处理的。

二、比拟：春风她吻上了我的脸，告诉我现在是春天

　　春风她吻上了我的脸，告诉我现在是春天。

　　这是台湾的一首流行歌曲中的两句。1999年6月，我应邀从日本赴台湾参加由台湾中国修辞学会和台湾师范大学举办的"第一届中国修辞学学术研讨会"，会余走在台北街市时，从一家唱片店播放的歌曲中听到这么两句，加之由一位女子嗲声嗲气地唱出，韵味特足，不由你不深受感染，所以至今还记忆犹新。我相信，很多人听到这两句唱词后，都会印象深刻，长存脑海的。

　　那么，这两句流行歌曲的唱词何以有如此的魅力呢？这是由于它的语意表达运用了一种有效的表达策略，这策略便是比拟。

　　所谓"比拟"，是表达者因移情作用将物我贯通交融为一体，使无生命之物或非人类生物具有有生命之人的情状，或者使有生命之人具有无生命之物或非人类生物的特质，从而使表达增添生动性、形象性的一种语言表达策略。据此，我们可以将比拟分为两大类：一是"拟人"，即将无生命之物比作有生命之人；二

是"拟物"，即将有生命之人比作无生命之物或非人类之物。

比拟表达策略中"拟人"的运用特别常见普遍，上述两句歌词即是典型的拟人表达策略运用。"春风"是一种空气流动的自然现象，它不是人，它没有"嘴"，自然不能"吻上了我的脸"，也不可能对着"我"的耳朵"告诉我现在是春天"。很明显，这是词作者因移情作用而将我的情感移注于物，从而使物我交融一体。这样的表达虽然从逻辑上看是说不通的，但却反逻辑而无理而妙，使表达生动形象，语言灵动飞扬，给人留下深刻的印象，让人咀嚼再三，回味无穷，遐思不已，于欣赏接受中享受到无尽的审美情趣。《诗经》中有诗句说："有女怀春，吉士诱之。"我想，听到上述两句感性的歌词，即使是不怎么敏感的人也会顿生感觉，对春天的来临撩起诸多遐想，并由"吻上了我的脸"的词句的撩拨挑逗而情不自禁，想入非非。可是，如果不以上述拟人的策略来表达，直接、理性地将其意思表述为："春风吹在了我脸上，让我感知到是春天"，那么接受效果肯定大打折扣，要想给人留下多少印象也不是那么容易的，让人深受感染自然也是不可能的。可见，拟人的表达策略作用实在不可低估。

说了上述台湾的两句流行歌曲词句之妙，这里不禁想起20世纪"五四"新文学运动的先驱者之一刘复（刘半农）的那首著名的《情歌》：

> 天上飘着些微云，
> 地上吹着些微风，
> 啊！微风吹动了我头发，
> 教我如何不想她？
>
> 月光恋爱着海洋，
> 海洋恋爱着月光。
> 啊！这般蜜也似的银夜，
> 教我如何不想她？
> 水面落花慢慢流，
> 水底鱼儿慢慢游。
> 啊！燕子你说些什么话？
> 教我如何不想她？
>
> 枯树在冷风里摇，
> 野火在暮色中烧，
> 啊！西天还有些儿残霞，

　　<u>教我如何不想她?</u>

　　作者刘半农是中国现代史上一位十分有个性的传奇式学者和文学家。他"原本在上海写鸳鸯蝴蝶小说，民国六年蔡元培接掌北京大学，聘他为文科教授，从此摇身一变，而成为文学革命的大将"。"民国九年携眷赴欧留学，先到英伦，后转至法国，获语言学博士，留学的动机是见北大学生傅斯年、罗家伦纷纷渡洋，唯恐自己落伍。"这首《情歌》是作者1920年9月4日作于英国伦敦。后来著名语言学家兼作曲家赵元任教授为之谱曲，于是便"成为脍炙人口的流行歌曲《教我如何不想她》，传诵广远，迄今未衰"。这首诗之所以成为一首传唱不已的流行歌曲，是因为作者创制了一个"她"字（是中国文字学史上"她"字的创始人），以致很多人都犯了一个美丽的错误，把"她"误认为是作者心中的情人。其实，作者诗中的"她"是指"中国"，不是指人。"据当时与刘半农同在欧洲留学的赵元任表示：诗中的'她'，代表赵元任和刘半农在海外日夜思念的祖国。"① 可是，这一历史真相，当时却很少有人了知，以致还出现了这样一个有趣的历史插曲：刘半农"曾到北平女师大演讲，前排女生曾窃窃私语：'怎么会是一个老头子!'《教我如何不想她》的主角，想当然耳，理应是风度翩翩的俊男，未免令人失望。刘半农非但不以为忤，且以'教我如何不想她，可否相与吃杯茶。原来如此一老叟，教我如何再想他'自嘲"。② 作者的风趣幽默可见。了解到历史的真相，我们对于这首《情歌》之所以妙传天下的因由就易于看清了。它的妙处是拟人策略运用得好，

　　它将祖国比作"情人"，不仅使作者心中的祖国更具形象性，深切地凸显了作者对祖国的刻骨思念之情，同时也给接受者以更多的遐想与想象，扩张了诗作的审美价值。还有诗中的"月光恋爱着海洋"、"海洋恋爱着月光"、"燕子你说些什么话"三句也是生动的拟人，更增添了诗作的形象性、生动性的表达效果。因此，它不能不被人传诵，不能不让人难忘。

　　拟人策略除了常见的将无生命之物比人外，还有将非人类生物比人的。如钱钟书《围城》中有这样一段文字：

　　　　当天晚上，一行五人买了三等卧车票在金华上火车，明天一早可到鹰潭，<u>有几个多情而肯远游的蚤虱一路陪着他们。</u>

---

　　① 沈谦：《林语堂与萧伯纳——看文人的妙语生花》，台湾九歌出版社1999年版，第47～49页。
　　② 沈谦：《林语堂与萧伯纳——看文人的妙语生花》，台湾九歌出版社1999年版，第54页。

赵辛楣一行五人同赴国立三闾大学就职，路上在金华一家叫做"欧亚大旅社"的小旅馆住宿，被店中的蚤虱咬得体无完肤，离开金华还有蚤虱跟在身上追咬不已。作者为了描写那家旅店蚤虱之多之厉害，就运用了拟人表达策略，将蚤虱随身追咬他们五人说成"有几个多情而肯远游的蚤虱一路陪着他们"，非人类生物的蚤虱竟然有了人类的情感、行为情状——"多情"、"肯远游"、"陪（人）"，表达顿然生动起来，而且形象性也特别强，给人留下的印象也就特别深刻了。

比拟策略中的"拟物"也不少见，也有很好的表达效果。如鲁迅《忽然想到》（七）一文中有段文字说：

> 我还记得中国的女人是怎样被压制，有时简直并羊而不如。现在托洋鬼子学说的福，似乎有些解放了。但她一得到可以逞威的地位如校长之类，不就雇用了"掠袖擦掌"的打手似的男人，来威吓毫无武力的同性的学生们么？不是利用了外面正有别的学潮的时候，和一些狐群狗党趁势来开除她私意所不喜欢的学生们么？<u>而几个在"男尊女卑"的社会生长的男人们，此时却在异性的饭碗化身的面前摇尾，简直并羊而不如。</u>

这段文字写于1925年5月，是鲁迅抨击北洋政府时代北京女子师范大学校长杨荫榆及其总务长吴沆压制迫害学生的暴行。其中"几个在'男尊女卑'的社会生长的男人们，此时却在异性的饭碗化身的面前摇尾"，即是运用了将人比物的拟物策略。人无尾巴，自然不能"摇尾"，鲁迅这里这样说，是将吴沆之流比作了狗，不仅十分形象生动地再现了吴沆之流在有权势的异性面前献媚取宠的丑态，而且表达了自己对吴沆之流极端愤慨之情。如果作者的表意达情不以拟物策略来进行，那么表达效果不可能这样好。

比拟表达策略的运用确实有非常好的效果，但应该遵循两项基本原则：一是要比得新颖，二是要拟得贴切。如上述将"春风"比作能吻脸、能耳语诉说的人，就比得新颖，堪称好比拟；上述鲁迅将吴沆之流拟作"摇尾乞怜取媚的狗"，拟得贴切，表达了自己鲜明的情感情绪态度，也是好比拟。

三、摹状：车辚辚，马萧萧，行人弓箭各在腰

> <u>车辚辚，马萧萧，行人弓箭各在腰。</u>耶娘妻子走相送，尘埃不见咸阳桥。牵衣顿足拦道哭，哭声直上干云霄。……

这是唐代大诗人杜甫的名作《兵车行》中的开头一段文字。这首诗意在批评朝廷当局所实行的开边和长期对外用兵而苦累人民的政策，体现了当时民众普遍的反战情绪。开头这几句就已鲜明地体现了这一思想。其中"车辚辚，马萧萧"两句生动逼真地再现了当时将士出征时车马喧嚣的真实情景，让人如闻其声，仿佛回到一千多年前的唐朝，置身于长安咸阳桥送行的人流中，不禁唏嘘不已。

杜甫开篇辟首的这两句诗，何以有如此独特的艺术魅力？

这是与杜甫所运用的表达策略有关。杜甫这里所运用的语言表达策略，就是修辞学上所谓的"摹状"。

所谓"摹状"（或称"摹绘"、"摹拟"），是一种摹写自然界或其他事物情状以获得叙写的形象性和逼真性的语言表达策略。这种策略可以突破时空的界限，在表达上有令人如临其境，如闻其声，如见其状等亲历感效果。摹状作为一种表达策略，大体上可以区分为"摹声"、"摹色"、"摹形"、"摹态"、"摹味"等五类。[①] 上述我们所说的杜甫《兵车行》开首两句运用的是摹状策略中的"摹声"一类。

"摹声"一类是摹状策略中最常见、最常用的，表达效果也特别好。如张守仁《从傍晚到黄昏》一文中有这样一段文字描写：

> 进入园区，面前奔窜着松鼠，有黑色的、灰色的、黄色的……<u>它们吱吱吱叫着</u>，像淘气的孩子似的，<u>在雪杉、枫树的枝干间嗖嗖嗖地攀援、跳跃</u>，一只大松鼠，眨着黑眼睛，弯耸着弧形大尾巴，从树干上蹿下来，在我脚边飞掠而过。

这段文字是写加拿大湖湾公园中松鼠之多，与人类相亲之可爱情状。其中"它们吱吱吱叫着"、"在雪杉、枫树的枝干间嗖嗖嗖地攀援、跳跃"，就是运用了"摹声"的策略来写松鼠的叫声和在树间攀援、跳跃之声，让人如闻其声，仿佛身临加拿大的湖湾公园，大洋彼岸人与自然和谐相处的幽境如在目前，令人心旷神怡，不禁生出无限的向往之情。

运用"摹色"、"摹态"的，也很多。如台湾作家季季的《油菜花和炊烟》一文有云：

> 我只知道我的童年是真的有油菜花和炊烟的：<u>油菜花黄艳艳摇曳在</u>

---

① 汪国胜等编：《汉语辞格大全》，广西教育出版社1993年版，第324页。

广漠的田野，而炊烟从每一家的烟囱袅袅飘向天空。

这段文字是身处喧嚣的大都市台北的作者对童年乡野田园生活的深情回忆。其中"油菜花黄艳艳摇曳在广漠的田野"，运用的是"摹色"表达策略，用"黄艳艳"来摹写油菜花的金黄欲滴的鲜艳颜色，令人眼前为之一亮；"而炊烟从每一家的烟囱袅袅飘向天空"，运用的则是"摹态"表达策略，用"袅袅"来摹写乡野炊烟缭绕上腾的样子，令人心静气闲。如此"摹色"与"摹态"结合，一幅生动的田园风光历历在目，生活于钢筋水泥丛林中、远离大自然的现代都市人读之不知要生出多少向往之情，从中获取到一种可望而不可即的审美情趣。

运用"摹形"的，如叶永烈《生死未卜》一文有云：

> 几十个年头过去了，施宏乐变成了秃顶的老人，眉间深深地印着"川"字纹，额头深深地印着"三"字纹，眉毛、胡子像一根根银丝。

这段文字是"用汉字'川'和'三'来描写人物的面部皱纹"，[1] 属于"摹形"表达策略的运用。它将施宏乐历经岁月的沧桑与磨难而老迈的面容更形象而真切地呈现出来，让人如见其人，为之感喟不已。

"摹味"的策略也有运用，如杨雄《葱翠三月》一文中有云：

> 我平时最喜欢吃油茶。糯米粑、黄豆、花生和麻油筋等十几样茶崽崽，又香又脆，再拌以花椒末、葱丝等佐料，经金黄的滚烫的茶叶水一泡，吃到嘴里，香喷喷，热辣辣的，麻酥酥的，顿时从头到脚，浑身都觉得轻快、惬意，每每一碗下肚，还要迫不及待从竹凳上跳起，再来一碗。

这段文字写油茶泡茶崽崽的美味，写得极富感性。其中，"'香喷喷'和'热辣辣'、'麻酥酥'是分别摹绘气味和味道的感觉的"，[2] 属于"摹味"策略的运用。它真切而形象地写出了油茶泡茶崽崽的独特美味，令人如闻其香，如尝其辣，如味其酥，不禁为之垂涎三尺。读此美文，感觉上何尝逊于亲尝一碗油茶泡茶崽崽呢？

摹状表达策略的运用，关键在于摹声、摹色、摹态、摹形、摹味都要逼真形

---

① 汪国胜等编：《汉语辞格大全》，广西教育出版社1993年版，第328页。

② 汪国胜等编：《汉语辞格大全》，广西教育出版社1993年版，第330页。

象，也要自然，不可勉强为之，否则就"画虎不成反类犬"了。上述所举摹状文本，都是相当成功的，值得借鉴。

四、示现：暮春三月，江南草长

暮春三月，江南草长。杂花生树，群莺乱飞。见故国之旗鼓，感平生于畴日。抚弦登陴，岂不怆悢！所以廉公之思赵将，吴子之泣西河，人之情也！将军独无情哉？想早励良规，自求多福。

这是南朝梁代丘迟《与陈伯之书》中的一段文字。《与陈伯之书》是丘迟写给陈伯之劝其归顺梁朝的书信。"陈伯之，梁时为江州刺史，于梁武帝天监元年叛降北魏，官持节散骑常侍，都督淮南诸军事。天监四年，武帝命临川王萧宏率军北伐，伯之领兵相抗。时丘迟为宏记室，宏命其作书与伯之。"①丘迟遂给陈伯之写了一封信，劝其弃暗投明，重回梁朝为国效力。由于丘迟书信写得极其巧妙，"信中以陈氏的前途为出发点，并以乡国之情来打动陈的心灵。行文情理并至，极富感染力。陈氏接书后，读之深受感动，遂从寿阳率众归顺了梁朝。由此，在中国历史和文学史上留下了一段佳话"。②由于这一特定背景，丘迟此文，历来备受人们赞叹。台湾学者沈谦教授曾评价说："此为千古劝降文之压卷作，一封书信，兵不血刃，化干戈为玉帛，使陈伯之拥兵八千归降梁朝。其所以幡然悔悟，弃暗投明，端赖丘迟之文章精彩绝伦，足以打动对方的内心。这封书信脍炙人口，传诵一千五百年，为人所津津乐道者，缘于其感染力足以竦动人心。喻之以理，不如动之以情。文中最为人所赞颂者，于利害相喻之时，忽然插入'暮春三月，江南草长，杂花生树，群莺乱飞。见故国之旗鼓，感平生于畴日。抚弦登陴，岂不怆悢'一段警策文字，所以江南美景，动其乡思，缓迫之势，俾以情动之。'将军独无情哉？'掌握了人性之微妙处——情关，攻心为上，一举破解了对方的心防。此文动人因素固多，最精彩的关键处，即为善用'示现'笔法，将江南美景与对方抚弦登陴的怆悢之情景描绘得状溢目前，跃然纸上。"③沈教授的分析，确是精到之言。丘迟的这段文字确是因为"示现"策略运用得好才深切感动了陈伯之的。

那么，何为"示现"？

---

① 朱东润主编：《中国历代文学作品选》（中编第二册），上海古籍出版社1982年版，第452页。

② 吴礼权：《修辞心理学》，云南人民出版社2002年版，第56~57页。

③ 沈谦：《修辞学》，台湾空中大学1996年版，第205页。

所谓"示现"，就是说写时把事实上并不闻不见的事情说得如在眼前一般，令人有一种如临其境，如见其人，如闻其声的亲切感的语言表达策略。它可分为三类：一是"追述的示现"，就是"把过去的事迹说得仿佛还在眼前一样"；二是"预言的示现"，就是"把未来的事情说得好像已经摆在眼前一样"；三是"悬想的示现"，即是"把想象的事情说得真在眼前一般，同时间的过去未来全然没有关系"。①

上述丘迟所写的"暮春三月，江南草长，杂花生树，群莺乱飞"，即是运用了"悬想的示现"策略，将写作时并不见的江南美景写得如在目前，从而引发接受者陈伯之的想象，勾起无限的乡国之思，所以他才毅然率部归顺梁朝，回到日思夜梦的江南故土。可见悬想示现策略的运用，作用是何等之大！

追述的示现，在表达中运用得最为普遍，往往叙述历史上的人事都要触及，表达效果非常好。如李国文《从严嵩到海瑞》一文中有这样一段文字描写：

> 当然，海瑞也付出了代价，据《明史》，朱厚熜拿到等于骂他不是东西的上疏时，气得跳脚，一把摔在地上，喝令左右："马上给我把这个姓海的逮捕，别让他跑了！快，快！"
>
> 在皇帝身边的宦官回他的话："都说这个人是有名的痴子，他为了上书，准备好了要坐牢杀头，先就买了一具棺材，和妻子泪别，家里的童仆也早吓得各自走散，看来他是不打算逃跑的。"
>
> "抓起来！"嘉靖吼。

这段文字所写的嘉靖皇帝接到海瑞痛斥时政腐败的奏章后大发雷霆的情节，并非作者李国文亲眼所见，而是作者根据《明史》记载而来，由于作者运用了追述示现的表达策略，配合以现代白话语所进行的叙述，将四百多年前嘉靖皇帝被海瑞上书激怒的形象以及嘉靖与太监对话的情景鲜活、生动地呈现于我们面前，让我们如见嘉靖盛怒之面容，如闻嘉靖与太监对话之声音，仿佛我们就置身于事件发生的第一现场，觉得格外亲切有味。如果不以追述的示现策略来表达，这种独特的效果就难以企及。

预言的示现也颇多见，表达效果也好。如《孟子·梁惠王上》中有一段孟子与齐宣王的著名对话：

> 王曰："吾惛，不能进于是矣！愿夫子辅吾志，明以教我。我虽不

---

① 陈望道：《修辞学发凡》，上海教育出版社1997年版，第124~125页。

敏，请尝试之。”

　　曰：“无恒产而有恒心者，惟士为能。若民，则无恒产，因无恒心。苟无恒心，放辟邪侈，无不为己。及陷于罪，然后从而刑之，是罔民也。焉有仁人在位，罔民而可为也！是故明君制民之产，必使仰足以事父母，俯足以畜妻子，乐岁终身饱，凶年免于死亡；然后驱而之善，故民之从之也轻。今也制民之产，仰不足以事父母，俯不足以畜妻子，乐岁终身苦，凶年不免于死亡：此惟救死而恐不赡，奚暇治礼义哉！王欲行之，则盍反其本矣！<u>五亩之宅，树之以桑，五十者可以衣帛矣；鸡豚狗彘之畜，无失其时，七十者可以食肉矣；百亩之田，勿夺其时，八口之家，可以无饥矣；谨庠序之教，申之以孝悌之义，颁白者不负戴于道路矣。老者衣帛食肉，黎民不饥不寒，然而不王者，未之有也。</u>”

　　孟子向齐宣王推销自己“保民而王”的主张。齐王说：“我老了，糊涂不中用了，希望夫子明而教我如何做，我会努力尝试实践你的主张。”孟子说：“没有固定产业可以赖以生活但有安居守分善心的人，只有士可以做到。像老百姓，就不一样了，他们没有固定的产业，就不能保有安居守分的善心了。如果没有安居守分的善心，就会不守法度，什么违法之事都能做得出。等到他们犯了罪，然后按罪处罚他们，这好比是张网罗致人民。哪有仁君在位，张网罗致人民而有作为的呢？所以英明的君主规定人民的财产，一定使他们上可以赡养父母，下可以抚养妻儿老小，丰年吃得饱，坏年成能免除死亡。然后才可能让他们守法向善，他们实践起来也容易。现在规定老百姓的产业，上不足以赡养父母，下不足以抚养妻儿老小，丰年吃不饱，荒年免不了死亡。这样救命尚且不足，哪有工夫治礼义呢？大王您要实行仁政，何不返回根本，从解决人民的温饱的基础工作做起呢？如果这样做了，那么，老百姓每个男丁五亩宅地，都栽上桑树，五十岁的人就都可以穿上丝绸的衣服了；鸡猪狗等家畜，饲养不失其时，七十岁的人就都可以吃肉了。每个男丁分得的百亩田地，当局不侵占他按时耕作的时间，八口之家，就不会饿肚子了。重视学校教育，告诫他们孝顺父母敬重兄长的道理，头发半白的长者不让他们背东西顶东西奔走在路上了。老人穿绸吃肉，少壮之人温饱安乐，这样而不能称王天下的，是不会有的。”这里，孟子所说的“五亩之宅，树之以桑，五十者可以衣帛矣；鸡豚狗彘之畜，无失其时，七十者可以食肉矣；百亩之田，勿夺其时，八口之家，可以无饥矣；谨庠序之教，申之以孝悌之义，颁白者不负戴于道路矣。老者衣帛食肉，黎民不饥不寒”，并不是孟子说话时就存在的社会现实，而是孟子预言齐王实行他的“保民而王”的主张后可能实现的远景，是孟子运用“预言的示现”表达策略所构拟出的一幅如诗如画的封建时代人人憧憬的小康社会的美好情景，让人陶醉不已。孟子的话之所以能说动齐宣王，关键就在于他运用的表达策略——预言的示现极为成功，即使我们今天听之也要为之动情动心，不由得你不听从他的主张。

示现表达策略的运用，主要看运用者的想象力如何，同时也要注意运用得合理、恰当，不能过分。追述的示现如果运用不合理，会给人不符合历史真实之感；预言的示现和悬想的示现如果想象发挥得不合理，会给人虚无缥缈不可信之感，自然要人感动是不易达到的。

五、列锦：琴剑茅台酒，诗书冻顶茶

　　琴剑茅台酒，诗书冻顶茶。

这是台湾学者沈谦教授自题书室聊以自娱的联语，它由亮轩题台湾著名女作家张晓风盹谷联语"岁月端溪砚，诗书冻顶茶"改写而来。"张晓风在天母山上的樱谷，购置了一间小屋，取名'盹谷'，除了自家人偶尔去'打个盹儿'之外，经常招待朋友。房子不大，却很迷人，还有许多可爱的小玩艺儿，烧水的是外表陶制的灶形电炉，泡茶的是艺术家的手拉胚，窗前挂的是从象脖子上解下来的木制风铃，床头桌上，有各种奇石，还有席慕容的画，楚戈、亮轩的字……""亮轩的对联，与屋里的情境与气氛，正相契合。"①不管是亮轩题张晓风"盹谷"小屋的对联"岁月端溪砚，诗书冻顶茶"，还是沈谦改亮轩对联而成的"琴剑茅台酒，诗书冻顶茶"的联语，都是各由三个名词或名词性词组构成的两个句子，没有任何动词或其他词绾合，不符合汉语句子构成的规律，但却读之令人拍案叫好。这是何故？这是因为作者运用了一种叫做"列锦"的语言表达策略。

所谓"列锦"，就是一种"以名词或以名词为中心的定名词组，组合成一种多列项的特殊的非主谓句，用来写景抒情，叙事述怀"②的语言表达策略。这种表达策略的运用，就像电影"蒙太奇"一样，每一个名词或名词性词组所呈现的都是一个特定的景象，形象性特别强，而且众景象所组合的大景象则因接受者不同而变幻无穷，给人以无限的欣赏美感。上述亮轩题张晓风"盹谷"小屋的联语，名词"岁月"与"端溪砚"之间，名词"诗书"与"冻顶茶"之间都没有任何动词绾合，它们之间语法上或逻辑上的联系都没有明显地标示出来，每一个名词或名词性词组都是一幅景象，由各幅景象组合的景象则更是意象无穷，让

---

① 沈谦：《修辞学》，台湾空中大学 1996 年版，第 463 页。
② 谭永祥：《汉语修辞美学》，北京语言学院出版社 1992 年版，第 224 页。

人可以展开想象的翅膀，咀嚼到无穷的意味。如果按平常的语法和逻辑规范来表达，说成："岁月消磨了端溪砚，看诗书喝着冻顶茶"，语尽意尽，形象感也不强。而"岁月端溪砚，诗书冻顶茶"，荡开语法和逻辑的规约，直接以画面呈示，形象生动地展示了"蕰谷"小屋之雅和作为屋主的女作家张晓风的优雅，令人神往。而沈谦自题聊以自娱的联语"琴剑茅台酒，诗书冻顶茶"，由于改"岁月"为"琴剑"，改"端溪砚"为"茅台酒"，既能形象地见出沈谦教授书室不同于女作家张晓风小屋的风格，更能形象地呈现沈谦教授沉静之中见潇洒，儒雅之中有豪放的真性情，让人企慕不已。同时，从对偶的角度看，"茅台酒"对"冻顶茶"，一烈，一淡；一阳刚，一沉静；一大陆名酒，一台湾名茶，真是妙趣天成。所以说，沈谦教授的这一改，堪称点铁成金。如果沈谦教授的联语换成平常的表达，便是"弄琴剑喝茅台酒，看诗书喝冻顶茶"，虽然也是雅事，但读起来没有感觉，既无多少形象感，也无多少机趣情味。可见，列锦表达策略的运用作用确非一般的表达可比。

说到沈谦教授联语之妙，我们便情不自禁地想到元代曲作家马致远的《天净沙·秋思》：

枯藤老树昏鸦，小桥流水人家，古道西风瘦马。夕阳西下，断肠人在天涯。

这首曲子说尽了游子天涯飘零的凄凉之情。"枯藤"、"老树"、"昏鸦"、"小桥"、"流水"、"人家"、"古道"、"西风"、"瘦马"这九个名词所构成的三个句子，每一句都只是三个名词并置，各名词之间无任何动词或其他词从语法上或逻辑上将其绾合，但却如电影"蒙太奇"一样，每个名词即是一个景象镜头，而众镜头的组合，即成就了一幅旷古未有的凄凉画面：黄昏时，荒郊外，枯藤缠老树，乌鸦绕树三匝，凄厉的叫声令人顿起无限的凄凉之感；一位游子骑着一匹瘦马正走在西风紧吹的古道之上。真是无限凄凉意，尽在此画中。其表达的形象性、生动性、含蓄性，都非任何其他表达策略可比，堪称写景抒情的绝妙好辞，"千载谁堪伯仲间"？

列锦表达策略的运用有很好的效果，但是是否能运用得好，关键在于运用者的功力，即想象力与逻辑思考力，几个名词的并置表面上看是漫不经心，实则有深刻的逻辑联系在其中，结构上不合语法规约，内涵却深刻隽永，妙趣横生。因此，我们要学习运用列锦表达策略，应该深刻体悟上述要点，切不可学其皮毛，仅仅将一些名词简单地堆砌在一起，抽去各名词间的动词或其他词语就算完事。若此，就会适得其反，结果是不仅不能取得好的表达效果，还会文理不通。

第二章　整中见纪律，平衡悦耳目：
形式美创造的策略

> 风声雨声读书声，声声入耳；
> 家事国事天下事，事事关心。

这是明代著名学者顾宪成（1550—1612）为无锡东林书院所写的楹联。数百年来，其在中国民众中流传之广泛，对一代又一代中国知识分子心系国家、忧思天下的"社会良心"角色的塑造所起的巨大影响，都是尽人皆知的。

那么，这副楹联何以有如此巨大的影响呢？

究其原因，一是源于它思想上的深刻性，二是源于它形式上的美感性。

众所周知，明朝中期开始，社会矛盾加剧，政治日益黑暗，吏治愈益腐败。万历以后更甚，阉党魏忠贤势力的做大横行，更加剧了明朝的内忧外患。为此，顾宪成等东林党人虽被排除在"庙堂"之外，处于"江湖之远"，但他们并不因此放弃对国家、对社会的责任。于是，他们结社讲学，在野议论朝政，自觉担负起"社会良心"的角色。正因为如此，他们的言行在历史上得到了肯定。即看上面顾宪成所写的东林书院的那副楹联，我们便可看出东林党人那种忧国忧民、以天下兴亡为己任的阔大胸怀。它不仅显现了读书人的气节与抱负，令中国的历代知识分子引以为自豪，而且"更为传统知识分子树立了为学做人的典范，不只是刻在东林书院的门楣，更烙印在无数士人的心版上"。[①]

这副楹联，除了文字本身所折射出来的中国知识分子独特的人格魅力令人印象深刻以外，还有它形式上所造就的掷地有声的内质，也是让人难忘的重要原因。因为它运用了一种中国最常见、最传统的语言策略——对偶，以整齐匀称的形体特征与朗朗上口的声音韵律，强化了人们的接受印象。

熟悉中国文学史者皆知，中国人向来有一种讲究并欣赏对偶的传统与心理。这一方面与人类共通的审美观（平衡对称即有美感）有关，另一方面也与汉语的特点有关。我们都知道，"人类都喜欢对称平衡，对称平衡是一个基本的美学原则，古今中外，概莫能外。这是有学理根据的。我们看自然界，人体各部位是

---

① 沈谦：《修辞学》，台湾空中大学 1996 年版，第 470 页。

对称平衡的，树叶以中茎为界对称地分为两半，雪花的晶体是对称的，蝴蝶和蜻蜓的两翅是对称的等，不一而足。由于受自然界现象的启发，人类就逐渐体认到事物现象对称形式的合理性，并在肯定其合理性的同时逐渐确立了对称的独特审美价值。逐渐地，对称观念便自然而然地被人类引入到绘画、雕塑、建筑、音乐、文学等艺术创造活动之中，并在人类的一种定式心理作用下得以凝固加强，一切都以对称平衡为美。根据心理学的实验研究证明，对称平衡的事物往往能够引起人生理上的一种左右平衡律动的快感，所以就有美感产生。由于这种审美观的确立和根深蒂固的影响，人们在语言运用中也就有了这种追求对称平衡的心理与爱好。所以，世界很多语言中都有追求对称平衡的语言形式出现，叫'对偶'。这在汉语中，英语中或其他各语言中都存在。不过，在汉语中更甚。这一来由于中国人尤其偏好对偶，凡事喜欢成双成对，送礼要送双的，结婚办喜事要挑双日，平常说到'才子'必想到'佳人'，说到'青山'一定想到'绿水'。这是一种特有的尚偶民族情结。除此心理因素之外，汉语本身的条件也起了推波助澜的作用。汉语是一个字一个音节，在古代汉语中单音节词占绝对优势，一个词往往就是一个字，加上汉语语法上弹性比较大，不像印欧语言那样语法严密，所以汉语做对偶很容易。比方说杜甫《秋兴八首》第八首中有'香稻啄余鹦鹉粒，碧梧栖老凤凰枝'，对得非常工整，读来朗朗上口，非常有韵味。如果照此译成英文或其他语言，语法上就成问题了，音韵上、形式长短上也都很难做到整齐平衡。正因为汉民族尚偶心理和汉语特有的有利条件，在中国人的说写中追求对称平衡的修辞现象就司空见惯了"。①

在汉语中，企及"整齐见纪律，平衡悦耳目"的接受效果，除了"对偶"之外，还有诸如"排比"、"互文"等多种语言策略，都是可以殊途同归的。下面我们就分而述之。

一、对偶：两个黄鹂鸣翠柳，一行白鹭上青天

> 两个黄鹂鸣翠柳，一行白鹭上青天。
> 窗含西岭千秋雪，门泊东吴万里船。

这是唐代大诗人杜甫的《绝句四首》（其三），是一首有名的写景诗，作于"安史之乱"平定和故人严武重镇成都之后，写景中折射出诗人的无比欣悦之情，历来为人传诵，甚至儿童启蒙读物也常常选这首诗。

---

① 吴礼权：《传情达意：修辞的策略》，吉林教育出版社 2004 年版，第 176 页。

如果要问原因，相信很多人都会有一个朴素的回答：朗朗上口。

那么，它何以会朗朗上口呢？这是因为它运用了对偶的表达策略。

所谓"对偶"，就是表达者在说写时有意以字数相等、句法结构相同或相似的两个语言单位成双作对地排列在一起，通过齐整和谐的视听觉美感形式实现达意传情的最佳效果的语言表达策略。一般说来，对偶可以从形式上分为"严对"和"宽对"两类。

"严对"，要求字数相等、词性相同、句法结构也相同、平仄相对。另外，辞面上不能有重复的字词。如上述杜甫的四句诗，即是两个"严对"。"两个黄鹂鸣翠柳，一行白鹭上青天"，在句法上是主谓结构相对，其中的两个主语"两个黄鹂"与"一行白鹭"都是"数词＋量词＋名词"的偏正结构整齐相对。"黄鹂"与"白鹭"又是鸟类相对；两个相对仗的谓语"鸣翠柳"与"上青天"，则皆是"动词＋宾语"的短语，且相对仗的两个宾语都是"形容词＋名词"的相同形式。句法结构与词性相对工整，声音上也平仄相对。"两个黄鹂鸣翠柳"是"仄仄平平仄仄仄"；"一行白鹭上青天"是"仄平仄仄仄平平"。根据律诗"一、三、五不论"的门法，这两句的声音对仗是工整的。"窗含西岭千秋雪，门泊东吴万里船"，在句法结构上都是"状语＋动词＋宾语"的形式，十分工整。词性相对也很整齐，"门"与"窗"是宫室类名词相对；"含"与"泊"是动词相对；"西岭"与"东吴"是地点相对，其中"西"与"东"又是方向词相对；"千秋"与"万里"是数量词相对；"雪"与"船"是名词相对。声音形式上，"窗含西岭千秋雪"是"平平仄仄平平仄"；"门泊东吴万里船"是"仄仄平平仄仄平"，十分齐整。正因为如此，这四句诗才会给人整齐平衡、朗朗上口的视听觉美感效果，历来为人所传诵。

所谓"宽对"，是指构成对偶的语言单位只要在字数上相等、句法结构上相似（有些甚至不同），至于相对的词性是否相同，声音上是否平仄相对，字面上是否重复，要求不严。如杨闻宇《混沌小语》中有云：

钱财是绣龙的外套，地位是雕花的坐椅。

这两个句子就是"宽对"。两个相对的句子在句法结构上相同，相对的词性中有的相同，如"钱财"与"地位"是名词相对，"绣龙"与"雕花"是偏正词组相对，"绣"与"雕"是动词相对，"龙"与"花"是名词相对；有的词性则不相同，如"外套"中的"外"与"坐椅"中的"坐"，一是名词，一是动词，不是同类。声音上的平仄相对也没有做到。另外，辞面上两句中各有"是"、"的"二词在同一句法结构位置上重复。尽管如此，但整体上，这个对偶文本还是给人一种形式齐整、声音悦耳的效果。

对偶，从意义上进行分类，一般认为可以分为"正对"、"反对"、"串对"（或称"流水对"）三类。①

所谓"正对"，就是构成对偶的两个语言单位"在意义上相似、近似，或相互补充、相互映衬"。② 如杨闻宇《混沌小语》有云：

> <u>童心慧眼，侠骨柔肠</u>，为作文根基。

其中"童心慧眼，侠骨柔肠"，即为"正对"，两句在意义上相互补充、相互映衬，不仅意义表述完足，而且视听觉上有一种整齐和谐的美感效应。

所谓"反对"，就是构成对偶的两个语言单位在意义上相反或相互对立。如王松禄《那雪夜中的炭火》有云：

> 世态炎凉，人情浅薄，在"万事如转烛"的无常运命中，<u>锦上添花易，雪中送炭难</u>；<u>落井下石易，狂流引渡难</u>。

这段文字中的"锦上添花易，雪中送炭难；落井下石易，狂流引渡难"是两个对偶，且都是"反对"。它们从正反两个方面将世态人情的炎凉和浅薄揭示得十分深刻全面，形式上有齐整和谐的美感效果，有助于接受者加深对内容的印象和理解。

所谓"串对"，是指构成对偶的两个语言单位在意义上有承接、因果、条件、转折等关系，两个语言单位不能彼此互相独立表意，而必须相互依存才能表达完整的意义。"因串对两联顺势而下，有如行云流水一般，故又称'流水对'。"③ 如唐代诗人王之涣《登鹳雀楼》诗：

> 白日依山尽，黄河入海流。
> <u>欲穷千里目，更上一层楼</u>。

其中"欲穷千里目，更上一层楼"，即是"串对"，两句在语意上有条件关系。它不仅形式工整和谐，语意表达更是充满了深刻的哲理，形式内容俱美，所

---

① 汪国胜等编：《汉语辞格大全》，广西教育出版社 1993 年版，第 124 页。
② 李定坤：《汉英辞格对比与翻译》，华中师范大学出版社 1994 年版，第 417 页。
③ 汪国胜等编：《汉语辞格大全》，广西教育出版社 1993 年版，第 130 页。

以成为千古传诵的名句。

对偶是一种很有效的语言表达策略，在中国古代讲究作诗特别是格律诗的时代，它有很多门法，对偶的分类特别多，也特别细。今天我们已不作格律诗了，对形式的要求也没有那么多了。所以，这里就不一一介绍了。尽管我们今天不作格律诗了，作白话新诗也不怎么讲究这一套了，但对偶作为一种表达策略所独具的深厚魅力是不能抹杀的。关于对偶的表达魅力，我曾在《修辞心理学》中作过强调："作为一种修辞文本模式，不管是从表达的角度还是从接受的角度看，它的建构都确有其存在的合理性与审美价值的。因为从表达的角度看，由于对偶修辞文本是以两个语言单位对仗的整齐形式来表情达意的，在视觉形象上，两个语言单位在字数上的相等、句法上的相同或相似，自然造就出一种整齐平衡对称和谐的视觉形式美感；在听觉形象上，两个语言单位在音节上的相等，在平仄上的相对，自然而然地营构出一种节奏均衡和谐的听觉形式美感。但是，应该指出的是，对偶修辞文本形式上的整齐对称平衡，不管是视觉上的还是听觉上的，都不是机械呆板的均衡美，而是犹如'黄金分割'比例的美，是一种寓变化于整齐的均衡和谐美。因为不论是'严对'还是'宽对'，构成对偶的两个语言单位除了字数音节完全相同外，辞面、平仄上都是不同的，是整齐中的变化因子。所以，对偶修辞文本才显得整齐而不呆板，是一种恰当和谐的美。从接受的角度看，由于修辞文本在视听觉上的整齐均衡和谐的形式美感的存在，很容易引发接受者生理上的左右平衡的身心和谐律动，产生一种快感。同时对偶修辞文本形式上的寓变化于整齐的和谐美，既因形式上的大体平衡对称而不使注意力浪费，又因整体平衡对称中稍有变化而不至于使接受兴趣停滞，从而使接受者在文本接受中易于集中且能够保持注意的前提下，在具快感的生理和心理状态下愉快而有效地接受文本建构者所要传达的文本内容意义上的信息，最终达到对文本内涵的深刻理解，与表达者达成思想情感上的共鸣。"[1]

正因为对偶表达策略确实有很好的表达效果，所以我们今天的说写中仍然时时有运用。如卜毓方《思想者的第三种造型》中有这样一段文字：

> 马寅初之可爱，用得上当年的一句时髦词语：全身心拥抱时代。比方说，他早年留学美国，精通英文、德文，粗通法文，算得是学贯中西。然而，为了研究苏联的社会主义经济，在 69 岁那年，他又"老夫聊发少年狂"，一头钻进俄文，并且只花了三年工夫——注意，这纯粹是指业余时间——就能够自如地出入俄文书报。这成绩，即使搁在风华

---

[1]　吴礼权：《修辞心理学》，云南人民出版社 2002 年版，第 202 页。

正茂的学子身上，也洵非寻常。又比方说，他是 1916 年登上北大讲坛，位至教授、系主任、教务长，10 年后离开，海阔天空一阵搏杀，又 25 年后，不顾自己已届古稀之龄，欣然重返沙滩红楼，出任建国后第一任北大校长。再比方说，他白首穷经，老而弥坚，人在校园，心济苍生，思考的是理论，关注的是实际，着眼的是中国，辐射的是世界，检索的是历史，透视的是未来。

　　这里末十句，作者运用的即是对偶的表达策略，它不仅充分写出了马寅初先生阔大的胸襟抱负和对国家强烈的责任感、热爱情，而且全段散行文字中有此十句形式齐整的对偶，读起来就格外显得齐整和谐，朗朗上口，给人留下了深刻印象，马寅初先生作为"第三种造型"的思想家形象也更加鲜明生动了。

　　除了文章（包括散文）中经常运用对偶表达策略外，在日常语言生活中由于传统文化的影响，还时有利用对偶语言策略构造联语来表情达意的情况，有些是相当有趣的。如抗日战争胜利后，当时的国民党政府从重庆迁都回到南京。于是有人写了这样一副对联：

　　　　南京重庆成都，中国捷克日本。

　　这副对联运用对偶表达策略表达了中国人民八年抗战，打败日本侵略者，中国沦陷的首都南京再次重生的喜悦之情。这副对联的妙处在于上联用三个城市名对下联的三个国家名，且"重庆"、"成都"、"捷克"三个名词的词义都非正常用法。"上联意谓：沦陷了八年的南京，又重新庆祝成为中国的首都了。下联意谓：中国奏捷，克服了日本。上联三个地名，下联三个国名。在抗战胜利喜庆气氛中，有此对联，自然令人振奋。"[1]

　　对偶表达策略的运用有其特殊的表达效果，但是应该运用自然，要根据表达的需要，不可为对偶而对偶，徒然卖弄文字技巧。对此，台湾学者沈谦总结说："对偶除了形式上的典丽精工之外，同时须讲究内容的意境高远，自然成趣，不见斧凿痕迹。诚如严羽《沧浪诗话》所谓：'羚羊挂角，无迹可求，故其妙处，透彻玲珑，不可凑泊。'又如沈德潜《说诗晬语》云：'固在属对精工，然或工而无意，譬之剪彩为花，全无生韵。'"[2] 这一点应该说是我们运用对偶策略时要注意的。

---

　　① 沈谦：《修辞学》，台湾空中大学 1996 年版，第 475 页。
　　② 沈谦：《修辞学》，台湾空中大学 1996 年版，第 475 页。

二、排比：政治家的脸皮，外交家的嘴巴，杀人的胆量，钓鱼的耐心

　　我买东西很少的时候能不比别人的贵。世界上有一种人，喜欢到人家里面调查物价，看看你家里有什么东西都要打听一下是用什么价钱买的，除非你在每一事物上都粘上一个纸笺标明价格，否则将不胜其啰唣。最扫兴的是，我已经把真的价格瞒起，自欺欺人的只说了一半的价钱来搪塞他，他有时还会把头摇得像个"波浪鼓"似的，表示你上了弥天的大当！我承认，有些人是特别的善于讲价，<u>他有政治家的脸皮，外交家的嘴巴，杀人的胆量，钓鱼的耐心</u>，坚如铁石，韧似牛皮，所以他能压倒那待价而沽的商人。

　　这是梁实秋先生《讲价》一文中的精彩片断，写喜欢打听人家物品价钱的人和善于讲价的人，可谓穷形尽相。尤其是写善于讲价的人的一段文字："他有政治家的脸皮，外交家的嘴巴，杀人的胆量，钓鱼的耐心"，真是精彩绝伦，入木三分，让人过目难忘。

　　那么，梁实秋先生的这段写善于讲价的人的文字何以有如此深厚的魅力呢？这是因为梁先生在这里运用了一种有效的表达策略，这就是排比。

　　所谓"排比"，是一种将"同范围同性质的事象用了组织相似的句法逐一表出"，[①]以获求形式整齐、表意充足醒畅效果的语言策略。排比"同范围同性质的事象"，一般是两项或两项以上，常见的是三项或三项以上。上述梁实秋先生的排比，是以四个句法结构相同的偏正词组来写善于讲价的人的能耐：他杀价时的厚颜无耻可如政治家空口许诺、睁着眼睛说瞎话一样从容，杀价的理由陈述言之凿凿可比巧舌如簧的外交家，杀价幅度的狠心可比杀人者下刀时的心肠，杀价时与卖者硬磨软泡的兴致可比钓鱼者垂钓的耐心。如此多角度地行文着笔，不仅形式整齐，而且表意充足醒畅，生动地勾勒出善讲价人的鲜活形象，读之令人如见其人，永世难忘。

　　台湾作家李敖也是善于运用排比语言策略的高手。如他在《李敖回忆录》的开头就有一个令人难忘记的排比：

　　1935 年的世界是一个多变的世界。这一年在世界上，<u>波斯改国号叫伊朗了、英国鲍尔温当首相了、墨西哥革命失败了、意大利墨索里尼</u>

---

① 陈望道：《修辞学发凡》，上海教育出版社 1997 年版，第 203 页。

身兼八职并侵略阿比西尼亚了、法国赖伐尔当总理了、挪威在南极发现新大陆了、德国希特勒撕毁凡尔赛条约扩张军力了、捷克马萨利克辞掉总统职务了、土耳其凯末尔第三次连任总统了、菲律宾脱离美国独立了。

这里李敖一连用了十个结构相同相似的主谓句加以铺排，同时兼在每句末尾加助词"了"来推波助澜，不仅形式齐整，气势不凡，而且表意充足酣畅，淋漓尽致地渲染强调了他出生的 1935 年确是一个不同一般的多事多变的年头，极富煽情色彩，读之让人久久不能忘怀，堪称超凡脱俗的妙笔。

由于排比策略有形式齐整，又有"广文义，壮文势"（宋朝陈骙《文则》）的效果，所以人们常常运用之。但是，应该指出的是，只有确有必要，需要从几个方面强调说明某一事象或语意才可运用。否则，仅为形式齐整而运用之，则会徒然辞费而让人读之生厌。

三、互文：将军百战死，壮士十年归

> 万里赴戎机，关山度若飞。
> 朔气传金柝，寒光照铁衣。
> 将军百战死，壮士十年归。

这是《木兰诗》中的片断，写代父从军的女英雄木兰身经百战最终凯旋的事迹。其中，"将军百战死，壮士十年归"二句，尤能见出木兰的英勇与不凡。这两句是写战斗的残酷与凯旋的不易。意思是说：战斗太激烈残酷，将军们有的身经百战而战死沙场，有的百战凯旋而还；壮士们有的十年凯旋而归，有的十年为国捐躯，献出了自己宝贵的生命。这两句的意思绝不能理解为：做将军的百战而死，当兵的十年征战而生还。果如此，那么恐怕就没有人要当将军了，逻辑上也讲不通。因此，这两句常规的表达应该是：将军或百战而死，或十年而归；壮士或十年而归，或百战而死。

那么，诗人又何以不这样清楚地表达呢？这是诗人为了诗歌的形式齐整和语意表达的简洁而运用了一种诗歌常用的表达策略，这就是修辞学上所说的"互文"格。

所谓"互文"，是一种将在上下两句或语言单位中都应该出现的几个词语分散配置于上下两句或两个语言单位中，上下两句或两个语言单位参互成文、合而见义，以求表达形式的齐整和表意的简洁的语言策略。如上述《木兰诗》中的

两句，上下两句都应该出现"百战死"、"十年归"，但诗人却将"百战死"和"十年归"分置上下两句中，使二句参互成文、合而见义，这样既使诗句形式齐整，又使表意显得简洁，读之朗朗上口，味之隽永含蓄，所以能成为千古传诵的妙句。

由于互文策略有上述独特的表达效果，所以自古以来常常被运用。特别是诗歌中尤其常见。如唐代王昌龄《出塞》诗："秦时明月汉时关，万里长征人未还"，其中"秦时明月汉时关"即是互文策略的运用，它的常规表达是"秦汉时的明月秦汉时的关"，但这样表达不易与后句"万里长征人未还"构成对仗，表意上也不简洁。又如唐代杜牧《泊秦淮》诗："烟笼寒水月笼沙，夜泊秦淮近酒家"，其中"烟笼寒水月笼沙"也是运用了互文表达策略。它的常规表达应该是"烟笼寒水亦笼沙，月笼沙亦笼寒水"，但这样表达明显不能与下句"夜泊秦淮近酒家"相互对仗，达意也不够简洁。

古代诗歌喜欢运用这种表达策略，现代的散文亦有运用这种表达策略的，效果也很好。如鲁迅《记念刘和珍君》一文中有这样一段话：

> 中国军人的屠戮妇婴的伟绩，八国联军的惩创学生的武功，不幸全被这几缕血痕抹杀了。

这里"中国军人的屠戮妇婴的伟绩，八国联军的惩创学生的武功"两句，即是互文策略的运用，意思是说：中国军人（指段祺瑞的反动军队）与八国联军屠戮妇婴的伟绩和惩创学生的武功。[①] 由于运用了互文见义的互文策略，不仅形式上显得齐整，表意上也显得简洁，嘲弄批判之意尽在其中，但却含蓄深刻。

互文表达策略有很好的效果，但运用起来也应该注意，不可过于晦涩，以免使接受者会错意，结果适得其反。

四、回环：客上天然居，居然天上客

客上天然居，居然天上客。

据说这是清代乾隆皇帝和名臣纪晓岚合作的名联。"清代北京有酒楼名曰'天然居'，相传乾隆皇帝为此做对子，只做了上联'客上天然居'，下联苦思不

---

① 汪国胜等编：《汉语辞格大全》，广西教育出版社1993年版，第227页。

得，后纪晓岚用'回文'做了下联'居然天上客'。"① 这副对联，一读就令人顿觉其浑然天成，妙趣横生，过目难忘，所以会被人传诵不已。

那么，这副对联何来如此魅力呢？原因无他，表达策略运用得好，它运用的是中国传统的"回环"表达策略。

所谓"回环"，就是一种通过汉语字或词的特定组配以字序或词序的顺读倒读，在表达特定情意的同时着重展现一种回环往复的形式美的语言策略。一般说来，"回环"可以从形式上区分为"严式回环"和"宽式回环"两类。

所谓"严式回环"，一般是指构成回环的两句或两段文字是以字为单位，可以顺读，也可以倒读，顺读倒读都有意义且语义不同。如上述"客上天然居，居然天上客"，即是"严式回环"，这两句不管是从前句顺读，还是从后句逆序倒读，两句都能成文。真是妙趣天成，既形式工整，读来朗朗上口，又深刻地揭示了酒楼与酒客之间的关系，含而不露地夸示了"天然居"酒楼的好处，读之令人心向往之，生出无限的企慕之情，情不自禁地想要进去坐坐，品品其酒其菜，享受一下其优雅的环境和周到的服务。

所谓"宽式回环"，是指构成回环的两句或两段文字以词为单位，顺读倒读能够成文有意的回环，甚至只要求上句的末尾与下句的开头相同，下句的末尾又同于上句的开头，就算回环。这种回环因为结构上的限制比较宽松，一般易于做到，所以在很多人的说写中都能见到听到。如梁启超《为学与做人》中有名言道：

> 宇宙即是人生，人生即是宇宙，我的人格和宇宙无二分别。

这里"宇宙即是人生，人生即是宇宙"两句，即属于"宽式回环"，它是以词"宇宙"、"人生"、"即是"为单位构成的。以词为单位，它顺读倒读能够成文，也有意义。若以字为单位，顺读可以成文有意，倒读则不能成文有意义了。梁氏的这一回环策略运用得自然，清楚地表明了自己的人生与宇宙之间的关系，在形式上有整齐悦耳的美感效果，所以读之也是令人记忆深刻的。

回环作为一种表达策略凭借的是汉语的独特条件，即单音节词在古代汉语中占绝大多数，所以古代有很多文人能运用这种表达策略营构出很多十分巧妙的回环文字，它的极致是我们所常说的"回文诗"。如宋人苏轼《题金山寺》诗：

> 潮随暗浪雪山倾，远浦渔舟钓月明。

---

① 沈谦：《林语堂与萧伯纳——看文人的妙语生花》，台湾九歌出版社 1999 年版，第 579 页。

　　桥对寺门松径小，槛当泉眼石波清。
　　迢迢绿树江天晓，霭霭红霞晚日晴。
　　遥望四山云接水，碧峰千点数鸥轻。

　　这首诗在历史上非常有名，可以称得上是真正意义上的"严式回环"。它的高妙之处是"可以以字为单位，顺读倒读都能成文，而且一点不勉强牵强，自然贴切地写出了金山寺前的美丽风光，表达上形式齐整，符合诗的格律要求；接受上，齐整的形式看了让人赏心悦目，读之顿生一种平衡和谐的视听觉美感，从而加深了接受者对金山寺美丽风光的深刻印象，急欲一睹为快"。①

　　不过，应该指出的是，"严式回环"能做得如苏轼上面这首既言之有物又形式优美的，毕竟是非常罕见的。历史上大多数的"回文诗"，一般来说，多是没有表现多少实质性内容，而是徒然卖弄文字技巧而已。因此，像"回文诗"这种"严式回环"，现代就没有多少人再做了。

　　"宽式回环"因为放宽了结构上的限制，一般来说，可以比较自然地表情达意，也比较容易做到，且能表达些真情实感的思想内容，所以运用得也比较多，表达效果也很好。如晋人李密《陈情表》中有这样一段文字：

　　臣无祖母，无以至今日；祖母无臣，无以终余年。

　　李密的这篇名曰《陈情表》的奏章"是意在拒绝晋武帝让他出山仕晋。李密原是三国时代蜀汉的官员，屡次出使东吴，很有辩才。蜀亡后他不愿仕晋，所以才有这篇拒官的奏表。由于写得好，晋武帝无奈他何，就没能勉强他了"。②这里的四句"是互为因果关系的回文句，'臣无祖母'与'祖母无臣'中间另夹着其他字句，故属'宽式回文'"。③正因为作者主要是为着表情达意为目标，没有选择"严式回环"表达策略，表达自然，十分真切地写出了作者李密与祖母祖孙二人不可须臾分离的相依为命的关系，情切切意深深，读之令人感动不已，晋武帝又岂可不通情理而苦苦相逼，硬是不让李密尽孝呢？皇帝的一言一行都是国人的表率，自然是应该大力倡导"孝道"的。李密是个聪明人，以"孝"来搪塞皇帝，不仅语言策略运用得好，心理策略也运用得极为出色。

　　学术界有一种普遍的倾向，多认为回环表达策略尤其是"严式回环"太过

─────────────

① 吴礼权：《传情达意：修辞的策略》，吉林教育出版社 2004 年版，第 195 页。
② 吴礼权：《修辞心理学》，云南人民出版社 2002 年版，第 232 页。
③ 沈谦：《修辞学》，台湾空中大学 1996 年版，第 583 页。

于在文字技巧上下功夫，近于文字游戏，是难能而不可贵的，所以不赞成使用这种表达策略。我们认为，不能一概而论。回环中的"宽式回环"因为结构上的限制相当宽，基本上可以自然地表情达意，且有形式齐整，朗朗上口，便于记忆的特点，表达效果是相当好的。至于"严式回环"，只要能够运用自然，确有必要，还是相当有效的。如我们常常所说的口号："人人为我，我为人人"，既形式工整，朗朗上口，又深刻地揭示了人与人之间应有的一种合作互助关系，颇富哲理性，所以这句话现在几乎成了人们常挂口头的名言了。

五、错综：裙拖六幅湘江水，鬓耸巫山一段云

　　裙拖六幅湘江水，鬓耸巫山一段云。

　　这是李群玉《同郑相并歌姬小饮戏赠》一诗中的两句，写歌女之打扮，不仅形象鲜活，栩栩如生，而且读来朗朗上口，悦耳动听。也许很多人看了这两句，会觉得奇怪：诗人为什么不将这两句写成"裙拖六幅湘江水，鬓耸一段巫山云"，这样岂不对仗更见工整些吗？
　　其实，诗人之所以不这样写，是有他的道理的。这两句运用的是一种叫"错综"的表达策略。
　　所谓"错综"，就是一种将本可说写得整齐的语句，为着表达的灵动，整齐之中有变化的美感，故意说写得形式参差的语言策略。我们都知道，人类都有一种喜欢平衡对称的心理，汉民族尤其如此，凡事喜欢成双成对。所以中国古代诗歌会走上格律化的道路，日常生活中我们会看到或听到人们喜欢用偶句的现象。从心理学的角度来看，对称平衡能带给人一种生理或心理左右平衡律动的快感。但是，过分过多讲究平衡对称，就会显得板滞乏味。所以有时要故意打破平衡，让语句参差错落，使行文说话有些变化，反倒使表达效果更好。上述诗句，诗人之所以不写得工整，而是让本可相对仗的两个数量词组"六幅"与"一段"错开位置，正是追求一种整齐之中有变化的美感效果。从心理学的角度看，是一种叫做"代替的平衡"，它既可以体现均衡美，又能凸显变化美。同时从声音角度看，"六幅"与"一段"交错位置后，诗句读起来就能平仄相对，抑扬顿挫，有一种音乐美，而这正是诗歌所要追求的目标之一。正因为如此，我们说李群玉上述诗句的表达策略运用得好，诗句的表达效果突出。
　　"错综"作为一种表达策略，它常见的形式有四种：一是"抽换词面"的错综，二是"交错语次"的错综，三是"伸缩文身"的错综，四是"变化句式"

的错综。①

"抽换词面"的错综，是将本来可以写说相同的辞面变为不同的辞面。如汉人贾谊《过秦论》中有这样一段非常知名的文字：

> 秦孝公<u>据</u>崤函之固，<u>拥</u>雍州之地，君臣固守，以窥周室。有<u>席卷</u>天<u>下</u>，<u>包举宇内</u>，<u>囊括四海</u>之意，<u>并吞八荒</u>之心。

这段文字不仅表意充足，写尽了秦孝公的雄才大略，而且读来朗朗上口，一气呵成，令人难忘。这段文字之所以显得高妙，关键之点就是"抽换词面"的错综策略运用得好，动词"据"与"拥"同义而辞面不同，"席卷"与"包举"、"囊括"、"并吞"义同而用词相异，还有名词"天下"与"宇内"、"四海"、"八荒"，都是意义相近之词，作者也未用同一词来表达，而是用了四个字面不同的词。这样，既便于建构上述整齐的句式，又使相对的词语声音上有所变化，视听觉上都有一种整齐之中有变化，变异之中有统一的美感效果。所以，它能成为千百年来人们耳熟能详的名句。

"交错语次"的错综，是将本可安排得整齐的语序故意安排得参差，前后有所变化。如上述李群玉的两句诗即是。又如鲁迅《秋夜》一文中有这样的句子：

> 这上面夜的天空，奇怪而高，我生平没有见过这样的奇怪而高的天空。

这里前句"夜的天空，奇怪而高"与后句"这样的奇怪而高的天空"，由于"奇怪而高"在两个句子中的语次不同，句子结构也发生了变化，前句是主谓结构，后句则是偏正结构。这样，整齐之中见参差，错综之中有平衡，读起来也较上口，有"大珠小珠落玉盘"的参差错落之美感。如果写成语次相同，结构相同，那么就没有这种效果了。

"伸缩文身"的错综，是将本来可以说写得整齐的句子，故意以长句短错杂的形式安排得参差不齐。如肖复兴《姜昆走麦城》有云：

> 话不多，暖人；
> 酒不多，醉人；
> 罐头不多，却留下永久甜甜的回忆。

---

① 陈望道：《修辞学发凡》，上海教育出版社 1997 年版，第 207 页。

　　这三句话完全可以调整得整齐的。如说成"话语不多，让人感到温暖；老酒不多，使人感到陶醉；罐头不多，却留下永久甜甜的回忆"，就成了形式较为整齐的排比了。可是作者并没有这样调整，可见是故意"伸缩文身"以求长短句交错的。这样一错综，明显有较好的效果："前两句形式整齐，简洁明快，第三句伸缩文身，句式拉长，使语气舒缓，耐人寻味。"① 读起来也较为上口，视觉、听觉上都有美感。

　　"变化句式"的错综，是"杂用各种句式，例如肯定句和否定句，直陈句和询问句、感叹句之类，来形成错综的一种方法"。② 如徐志摩《我所知道的康桥》一诗中有这样的句子：

> 啊，那是新来的画眉，在那凋不尽的青枝上试它的新声！
> 啊，这是第一朵小雪球花，挣出半冻的地面！
> 啊，这不是新来的潮润，沾上了寂寞的柳条？

　　徐志摩这里所写的三个句子，前两句用陈述句，后句为反问句。这样的句式安排顿使诗句形式整齐之中有变化，使接受者视觉、听觉上同时感受到一种平衡之中有错落的美感效果。

　　错综表达策略的运用可使表达齐整之中见错落，平衡之中有变化，既不失视觉上的平衡匀称的形式美感，又能错落有致，声音听觉上板而不滞，有抑扬顿挫之美。所以，在韵文和散文作品以及我们日常口语交际中都时时有之。只要把握好整齐与变化的适度，就能兼收视听觉双重美感效果。

---

① 沈谦：《修辞学》，台湾空中大学 1996 年版，第 613 页。
② 陈望道：《修辞学发凡》，上海教育出版社 1997 年版，第 212 页。

第三章　谢朝华于已披，启夕秀于未振：新巧夺人的策略

　　两地的风都有时候整天整夜的刮。春夜的微风送来雁叫，使人似乎多些希望。<u>整夜的大风，门响窗户动，使人不英雄的把头埋在被子里；</u>即使无害，也似乎不应该如此。我生在北平，听惯了风，可也最怕风。

　　这是老舍《春风》一文中的文字，写济南与青岛两地的风给自己的感受。其中"整夜的大风，门响窗户动，使人不英雄的把头埋在被子里"一句，乍一读，觉得有些特别，还有些怪怪的，但略一寻思，则不禁让人会心一笑，深深感叹其文笔的新巧夺人。

　　那么，这是为什么呢？

　　无他！因为他这里运用了一个叫做"转品"的语言策略，突破了现代汉语语法的规范，直接让否定副词"不"修饰名词"英雄"（按照现代汉语语法规范，否定副词"不"只能修饰限制动词或形容词，如"不走"、"不好"等），从而使其表达具有一种新异性、简洁性的特点，让读者眼前为之一亮，由此激发起接受中的"随意注意"，增加其对文本解读接受的兴味，获取到一种文本解读接受中的审美情趣。[①]

　　如何达到新巧夺人的表达效果，除了上面我们提到的"转品"策略外，还有诸如"拈连"、"移就"、"仿拟"、"牴牾"、"序换"等各种语言策略。下面我们分而述之。

一、拈连：《水调》数声持酒听，午醉醒来愁未醒

　　《水调》数声持酒听，<u>午醉醒来愁未醒</u>。送春春去几时回？临晚镜，伤流景，往事后期空记省。

　　沙上并禽池上暝，<u>云破月来花弄影</u>。重重帘幕密遮灯，风不定，人初静，明日落红应满径。

---

① 吴礼权：《现代汉语修辞学》，复旦大学出版社 2006 年版，第216页。

　　这是宋人张先的名作《天仙子》词，抒伤春之情缠绵动人，写景物之笔摇曳生姿。特别是其中"云破月来花弄影"成为传诵千古的名句。其实，词的上阕第二句也很有表现力，写尽了作者伤春惜春之深情，令人感动。

　　何以这句有此独特的表达效果呢？这是因为作者运用了一个有效的表达策略——拈连。

　　所谓"拈连"，就是"甲乙两项说话连说时，趁便就用甲项说话所可适用的词来表现乙项观念"①的语言策略。这种表达策略因突破了常规的语法逻辑规约，所以常有新颖夺人，令人印象深刻的效果。上述张先的词句"午醉醒来愁未醒"，即是采用这一策略的。"酒醉"（甲项说话）可以说"醒"，可"愁"无所谓"醒"，从语法上看二者不能匹配，从逻辑上看，说"愁未醒"不合事理。但是，正是这"违法"、"悖理"的说法，却形象地写出了作者伤春的深切之情，正常表达则不足以表现出这种深切的情感。所以这一表达是"无理而妙"，是一种艺术化的语言表达，效果远远超越正常表达所能企及的境界。

　　现代人运用拈连策略的更是"司空见惯浑闲事"，如台湾诗人余光中的散文《听听那冷雨》中有云：

　　　　雨是一种回忆的音乐，听听那冷雨，回忆江南的雨下得满地是江湖，下在桥上和船上，也下在四川的秧田和蛙塘，下肥了嘉陵江，下湿布谷咕咕的啼声。

　　这段文字是作者对青年时代在四川时所见春雨绵绵的情景的深情回忆。可以说"江南的雨下得满地是江湖，下在桥上和船上，也下在四川的秧田和蛙塘，下肥了嘉陵江"，但说"江南的雨""下湿布谷咕咕的啼声"，在语法和逻辑上似乎都不通。可是诗人余光中还要这样写，这是运用拈连策略，将本不可与"啼声"搭配的动词"下"与之匹配，看似"违法"、"悖理"，但却形象地写出了江南春雨绵绵使一切都变得潮湿的情形，表达新颖、形象、感性，远非正常表达所可比拟，使人对江南春雨绵绵的情形留下深刻难忘的印象。

　　由上可见，拈连确是一种很有表达效果的语言策略，只要有特定的语境提示，不至于使人不可理解或误解，就可以加以运用，以使表达显得新颖夺人，在增强表达效果的同时也使接受者对表达者的叙写内容有更深刻的印象。

---

　　①　陈望道：《修辞学发凡》，上海教育出版社 1997 年版，第 114 页。

二、移就：行宫见月伤心色，夜雨闻铃肠断声

蜀江水碧蜀山青，圣主朝朝暮暮情。
<u>行宫见月伤心色，夜雨闻铃肠断声</u>。

这是唐代大诗人白居易《长恨歌》里的诗句，写唐玄宗在杨贵妃死后入蜀的心情，其所表现的一代帝王玄宗对其妃子杨玉环的深切怀念之情，读之无不令人动情动容，情不自禁要为这位耽于女色而几使大唐江山毁掉的昏君洒一掬同情的热泪。

那么，这诗句何以有如此感人的力量？这是因为诗人运用了一个极有表现力的表达策略——移就。

所谓"移就"，是"语言活动中表达者在特定情境下'把人类的性状移属于非人的或无知的事物'以凸显其特殊情感情绪状态"①的一种表达策略。上述诗句"行宫见月伤心色，夜雨闻铃肠断声"，就是运用了这种表达策略，将人类所有的情感情绪状态"伤心"、"肠断"移属于非人无知的"月色"、"铃声"。说唐明皇见月色而觉其是令人伤心之色，闻铃声而觉其是令人肠断之声，其失去杨贵妃的深切悲伤之情，其刻刻难忘杨玉环的无限怀念之意，一一淋漓尽致地凸显出来，读之怎能不令人动情动容？

唐明皇失去心爱的贵妃固然悲伤，那么李后主失去国家又是何等心情呢？李煜《乌夜啼》一词自道心曲，说得明明白白：

无言独上西楼，月如钩。寂寞梧桐深院，锁清秋。
剪不断，理还乱，是离愁；别是一般滋味，在心头。

上引这首词是南唐后主"李煜国亡被囚于北宋京师汴梁时所作，它不仅写尽了古往今来在外游子的思乡之苦，更兼词人是个被囚的亡国之君，因此思乡之苦情中更包蕴了一般人所无法体认到的刻骨铭心的亡国之恨，所以全词读来倍使人感到凄凉忧伤，有无限的艺术感染力"②。这首词之所以会有如此的艺术魅力，除了词的下阕"剪不断，理还乱，是离愁"的比喻写得动人外，还有上阕的"寂寞梧桐深院"这句运用移就策略极妙。"梧桐"、"深院"都是非人无知的事

---

① 吴礼权：《修辞心理学》，云南人民出版社2002年版，第183页。
② 吴礼权：《修辞心理学》，云南人民出版社2002年版，第185页。

物，不可能有"寂寞"的情感体验，而词人却说它们"寂寞"，这明显是因为"词人在亡国之恨与思念乡国的双重痛苦情绪下凝神观照自己被囚的庭院及院中的梧桐树等景物中产生了移情心理作用，我的情趣与物的情趣出现了往复回流，并且在我的强烈的怀乡念国的情感情绪主导下，使'深院'、'梧桐'等非人无知的事物有了人所特具的生命情态——'寂寞'的情感体验"①。由此，反逻辑的无理之辞"寂寞梧桐深院"，便形象化地凸显出词人亡国被囚的那种常人无法体认到的乡国之思的痛苦之情。虽然李后主的亡国是自己无能、不务正业的结果，是咎由自取，从道理上不值得同情，但是读他的这首词，我们却无法不同情他，不能不为他悲切伤感，这就是他善于运用表达策略表露感情的魅力所在。

诗词中运用移就策略常见，其他类作品中也时时有之。如钱钟书小说《围城》中有一段文字说：

> 明天早上，辛楣和李梅亭吃了几颗疲乏的花生米，灌几壶冷淡的茶，同出门找本地教育机关去了。

这段文字是写赵辛楣一行五人应高松年之聘，在去国立三闾大学途中因路资不济，电请高松年汇来了一笔钱。但邮政当局不给他们领款，非要他们提供担保不可。为此，赵辛楣、李梅亭二人在人地生疏之处奔波多日，求助无门，弄得筋疲力尽，尝尽了被人冷淡的滋味。我们都知道，"花生米"、"茶"是非人无知的事物，不可能有"疲乏"和"（被人）冷淡"的感受。可是作者却说"疲乏的花生米"、"冷淡的茶"，虽然辞面上显得悖理荒谬，但在表达上却形象生动地凸显出赵、李二人身心疲乏，备尝人世冷淡的真切心理状态。如果用常规语言来表达，就会显得平淡无生气，无法企及上述生动形象的效果，不会给人留下深刻的印象。

可见，移就表达策略确是一种有效的语言策略，只要表达者正确把握"移情作用"的心理学原理，善于在"物"、"我"之间找到两者交融的切合点，移就移得合情合理，就能大大提高语言的表达效果，使自己的表达更富魅力。

三、仿拟：疏影横斜水清浅，暗香浮动月黄昏

> 众芳摇落独喧妍，占尽风情向小园。
> 疏影横斜水清浅，暗香浮动月黄昏。

---

① 吴礼权：《修辞心理学》，云南人民出版社 2002 年版，第 186 页。

霜禽欲下先偷眼，粉蝶如知合断魂。

幸有微吟可相狎，不须檀板共金樽。

这首名曰《山园小梅》的诗是宋人林逋所作，是历来为人所传诵的佳作，其中"疏影横斜水清浅，暗香浮动月黄昏"两句尤为出名，全诗在中国文学史上突出的地位实是仰赖这两句不少。宋人司马光《温公诗话》称林逋"有诗名，人称其梅花诗云：'疏影横斜水清浅，暗香浮动月黄昏'，曲尽梅之体态"。那么，这两句何以这样让人觉妙呢？台湾学者沈谦教授曾作过分析说："此诗三四句'疏影横斜水清浅，暗香浮动月黄昏'为自古咏梅佳句之最。但也是其来有自。《紫竹轩杂缀》云：'江为诗："竹影横斜水清浅，桂香浮动月黄昏。"林君复改二字为"疏影"、"暗香"以咏梅，遂成千古绝调。诗字点化之妙，譬如仙者丹头在手，瓦砾皆金矣。'林逋爱梅，与陶渊明爱菊、周敦颐爱莲齐名，辉映千古。江为原作用'竹影'、'桂香'，虽然是佳作，但林逋换用'疏'、'暗'二字，就比原来的灵动有致，含蕴无穷。'疏影横斜'绘梅之姿态摇曳，'暗香浮动'写梅之声气递送。饶有情致，耐人寻味。"①

原来，林逋的名句并非自己的创造，而是改他人之句而成。那么，历代欣赏者何以还要如此赞美喜爱林逋的这两句，而忘记了江为的原作呢？因为林逋的改句运用了一种叫"仿拟"的语言表达策略，点化了原句，效果胜过了原作。

所谓"仿拟"，是一种有意模仿已有名句或他人写得较好的句子的结构形式而替换以新内容来正面表情达意的语言表达策略（这和后文我们要谈到的"仿讽"不同，"仿讽"虽也是仿用前人或他人的名句的结构形式，但意在讽刺，不是正面表情达意）。这种表达策略运用得好，往往可以化腐朽为神奇，有点铁成金的效果，青出于蓝而胜于蓝，比被模仿的原句更为有名。上述林逋的两句诗不仅结构形式上全套江为的原诗，而且词句大部分照搬，只是将"竹影"改"疏影"、"桂香"换"暗香"，虽仅二词之替代，但意境全变，韵味大不相同，两者相较，表达效果不可以道里计。由此林逋的诗句大出名，而江为原作却少有人知，这就是林逋运用仿拟表达策略的成功之处。诸如此类的情形，在中国古典文学创作中不是少数。最著名的如唐代大才子王勃的骈文名作《秋日登洪府滕王阁饯别序》之所以千古传诵，其中实仰赖篇中"落霞与孤鹜齐飞，秋水共长天一色"两句不少。当时都督阎公读到此二句即叹服："此真天才，当垂不朽矣！"关于这篇文章的写作，历代还有不少传说甚至是神话，这是大家都知道的。其实，王勃的这两个名句亦非自己的首创，只是化其前人，是运用仿拟策略的结

① 沈谦：《修辞学》，台湾空中大学1996年版，第160页。

果。南朝文学家庾信有一首《马射赋》，内有"落花与芝盖齐飞，杨柳共春旗一色"，写的是春色春景。王勃仿其句式结构，改"落花"为"落霞"，变"芝盖"为"孤鹜"，换"杨柳"为"秋水"，替"春旗"为"长天"，虽仅是四个词的替代改换，但境界效果与原作就大不相同了。与原作相比，王勃之句显得"句秀境美，灵动有致，远胜旧作。即以上句而言，庾信叙落花与绘着芝草的车盖齐飞，难免雕凿造作。王勃叙红霞在天空中飘动，白鹜翱翔乎其间，在色彩上蓝天中红白对映，动态上有生命的飞鸟与无生命的晚霞并举齐飞，画面鲜活，真是状溢目前"①。还有王勃的诗作《送杜少府之任蜀州》中有"海内存知己，天涯若比邻"两句，也是人所皆知皆用的名句，大家都赞其妙。其实，它也是运用了仿拟表达策略点化而来的。点化的是三国魏时"才高八斗"的曹植的《赠白马王彪》诗中的"丈夫志四海，万里犹比邻"两句。由于仿句胜过了原句，以致现代大家都知王勃之句而不知曹植之句，用王勃之句送友人表心迹而不用曹植原句了。可见，王勃确是运用仿拟策略的高手，仿拟表达策略确是效果不凡。

仿拟表达策略因为有点铁成金的深厚魅力，所以不仅古人爱用，现代人亦然。如胡适在《国学季刊发刊宣言》中曾写有这样一段著名的文字：

> 整治国故，必须以汉还汉，以魏晋还魏晋，以唐还唐，以宋还宋，以明还明，以清还清；以古文还古文家，以今文还今文家；以程朱还程朱，以陆王还陆王，……各还他一个本来面目，然后评判各代各家人的义理的是非。不还他们的本来面目，则多诬古人；不评判他们的是非，则多误今人。但不先弄明白了他们的本来面目，我们决不配评判他们的是非。

胡适这段话强调古籍整理和研究先要弄清版本问题，要认真校勘，确定了原作的本来面目之后，再加以评判，不能以非本来面目的版本误评了古人。也就是说，古籍整理和研究要本着科学客观的态度，要从历史真实出发，不能主观臆断。由于胡适表达得好，不仅读之觉其精辟，而且朗朗上口，给人留下了深刻印象。其实，胡适的这段妙语精言不是他自己的首创，而是其来有自。它是运用了仿拟表达策略，"胡适自己明言此段仿自段玉裁《经韵楼集·与诸同志论校书之难》"②。其文有云："校经之难，必以贾还贾，以孔还孔，以陆还陆，以杜还杜，以郑还郑，各得其底本，而后判其义理之是非。……不先正注、疏、释文之底

---

① 沈谦：《修辞学》，台湾空中大学 1996 年版，第 156 页。
② 沈谦：《修辞学》，台湾空中大学 1996 年版，第 162 页。

本，则多诬古人；不断其说之是非，则多误今人。"段玉裁是清代著名的经学家、语言学家，他在《经韵楼集·与诸同志论校书之难》一文中的这段文字，如果不是专业的学者，一般很难见到，所以并不怎么出名。而胡适能独具慧眼地见出段玉裁此段文字表意的精辟，仿其句式写出了上述那段名言，仿得恰切精当，且不乏创意，故其知名度远超过段氏原作，可谓是"青出于蓝而胜于蓝"。

下面我们再来看一下台湾当代著名女作家张晓风运用仿拟策略所创造的一个出色文本。沈谦教授在其《张晓风不得不精彩》一文中叙其事云：

> 王大空替张晓风的《幽默五十三号》作序，提到一件事。
> 曾经有人问张晓风：
> "你的文章写得那么好，真是不简单，一定有什么秘诀，能否透露一二？"
> 张晓风神秘一笑：
> "没有啦，哪有什么秘诀？不过每当我提起笔来的时候，不由得想起，我现在所使用的语言，正是当年孔子、孟子、李白、杜甫所曾经使用过的同样语言，下笔就不得不格外谨慎小心了！"
> 事实上，我们都知道，张晓风话并没有说完，她省略了一句："文章就不得不格外精彩了！"
> 张晓风如此回答当然精彩，令人佩服。我怀疑她的句式是有来历的，后来当面请教典出何处。她犹疑了一下，我立即再加上：
> "杜诗无一字无来历，你一定有所本，能否详言之？"
> 张晓风终于明言是仿自幽默大师萧伯纳的《窈窕淑女》：
> "你话说得如此漂亮，有什么秘诀？"
> "没有啦！只不过我所使用的语言，正是莎士比亚、弥尔顿这些天才们所使用过的同样语言，所以不得不精彩！"

张晓风的回答确实精彩，原来也是运用了仿拟表达策略。只不过，她仿的是英国作家萧伯纳而不是中国人的名句。虽然我们不能说萧伯纳的原话是"铁"，说张晓风的仿句是"金"，但张晓风仿得确实很自然、恰当，不露痕迹，生动地显现出张晓风自负矜持而谦逊优雅的风度，效果明显很好。因此，我们可以说张晓风的仿拟是成功的，如果说萧伯纳的原句是"赤金"，张晓风的仿句可算"白金"，萧句是英国之"金"，张句则是中国之"金"。

可见，仿拟策略的运用确实有很好的效果，只要运用者有深厚的语言功力，确能达到点铁成金的境界，这种语言表达策略是可以很好发挥作用的。若运用者功力不够，还是慎用为妙，否则便会堕入点金成铁，变神奇为腐朽的恶趣中。

四、转品：我不卿卿，谁当卿卿

> 晋王戎妻语戎为卿。戎谓曰："妇那得卿婿？"答曰："我亲卿爱卿，是以卿卿；我不卿卿，谁当卿卿？"

这是隋人侯白《启颜录》所记晋人王戎妻子之轶事。"卿"本是古代高级官名、爵位名，其位在公之下，大夫之上。如"上卿"、"三公九卿"之类即是。还有，封建时代帝王为了表示对臣子的亲热之情，常称臣子为"卿"或"爱卿"，如在旧小说中我们可以经常看到皇帝称某些大臣为"王爱卿"、"李爱卿"等等。因为作为称谓代词，"卿"是君对臣的一种爱称，它有社会约定性。可是王戎的妻子却称自己的丈夫为"卿"，所以王戎觉得大不解，也觉得别扭还有点肉麻。于是就跟妻子说："女人怎么能称丈夫为'卿'呢？"他的妻子振振有词地回答道："我亲你爱你，所以称你为'卿'；我是你娘子，我当然最有资格称你为'卿'了，我不称你为'卿'，谁还有资格称你为'卿'呢？"是啊，夫妻关系是最亲密的关系，夫妻之间亲热地称呼，也是人之常情，也是彼此相爱、感情深厚的表现之一。但王戎过于拘泥封建那一套，不解闺房情趣，所以被他那位风流潇洒的妻子亲热地教训了一顿，给他洗了一次脑子，也让他略解些风情，知道什么叫生活情趣。

这则故事历来被人传诵。陈望道先生认为王戎之妻的称谓"用法也极寻常，但因用得合拍，便觉异常生动，终至历代流传作为亲昵的称谓"[①]。

那么，何以"用法也极寻常"，而历来人们都觉其"异常生动"呢？这是因为王戎妻子的说法运用了一种叫转品的表达策略。

所谓"转品"（或称"转类"），是一种在特定语境中临时将某一类词转化作另一类词使用以收新颖夺人效果的语言表达策略。上述王戎妻之语"我亲卿爱卿，是以卿卿；我不卿卿，谁当卿卿"，其中三个"卿卿"中的第一个"卿"，都是临时由代词转类为动词使用了，即"称……为卿"。因为这种用法突破了汉语词类使用的常规，但在特定的语境下又不妨碍语义理解，所以就显得新颖夺人，加之以封建时代女子少有的大胆，以帝王称臣的爱称来称自己的丈夫为"卿"，所以就显得"异常生动"了。

转品策略因为有独特的表达效果，所以在很多作家笔下都有这种表达策略的

---

① 陈望道：《修辞学发凡》，上海教育出版社 1997 年版，第 192 页。

运用。如鲁迅杂文《风马牛》一文中有这样一段文字：

> 《小说月报》到了十一月号，赵先生又告诉了我们"塞意斯完成四部曲"，而且"连最后的一册《半人半牛怪》（Der Zentaur）也已于今年出版"了。这一下"Der"，就令人眼睛发白，因为这是茄门话，就是想查字典，除了同济学校也几乎无处可借，那里还敢发生贰心。然而那下面的一个名词，却不写尚可，一写倒成了疑难杂症。这字大约是源于希腊的，英文字典上也就有，我们还常常看见用它做画材的图画，上半身是人，下半身却是马，不是牛。牛马同是哺乳动物，为了要"顺"，固然混用一回也不关紧要，但究竟马是奇蹄类，牛是偶蹄类，有些不同，还是分别了好，不必"出到最后的一册"的时候，<u>偏来"牛"一下子的</u>。

这篇文章是鲁迅嘲笑赵景深提出的"顺而不信"的翻译主张及赵氏误将《半人半马怪》译成《半人半牛怪》一事。其中末一句"偏来'牛'一下子的"，运用的即是转品表达策略。"牛"是名词，后面不可以跟补语"一下子"的。但是，鲁迅这样写了，这明显是将名词"牛"临时转类为动词使用，意即张冠李戴地乱译。由于运用了转类策略，不仅使表达顿显新颖灵动，而且表意也较含蓄、幽默，不至嘲笑对方太过尖刻而失君子风度。如果采用常规的语言表达，不以转品策略来表达，效果就不会有上述那样好。那么，鲁迅也就不成其为鲁迅了。

又如台湾作家李敖在其《李敖回忆录》中写有这样一段文字：

> 有些人整天游手好闲、喜欢跟你聊天，我最怕交到这种朋友，因为实在没工夫陪他神聊，但这种人往往又极热情、极够朋友，你不分些时间给他，他将大受打击。所以一交上这种朋友，就不能等闲视之。这种朋友会出现在你面前，以怜悯姿态劝你少一点工作，多享受一点人生。当然我是不受劝的，我照样过我的清教徒生活，<u>不烟、不酒、不茶、不咖啡</u>、不下棋、不打牌、不考究饮食、不去风月场所，什么三温暖、什么啤酒屋、什么电影院、什么高尔夫球……统统与我无缘。

李敖的这段文字是写自己珍惜时间、努力工作和不讲究享受的生活态度。其中说自己"不烟、不酒、不茶、不咖啡"，这也是明显运用了转品的表达策略。因为现代汉语副词"不"是不能直接修饰名词的。而李敖却用否定副词"不"

来修饰名词"烟"、"酒"、"茶"、"咖啡"，这是临时将上述名词转用为动词"抽烟"、"喝酒"、"喝茶"、"喝咖啡"，不仅表达新颖夺人，而且足可以表现李敖"横睨一世，卓尔不群"的处世作风和行文不拘的潇洒风格，堪称妙笔。

转品策略确有使表达新颖灵动的效果，但是应该适应特定的语境，比较自然地运用，不至于使人误认为是表达者不懂语法，语句不通，那样不仅收不到好的表达效果，还会为人讥笑。所以，如果表达者没有足够的功力，不能为表达增添活力和新颖夺人的效果，还是慎用为妙。

五、牺牲：我达达的马蹄是美丽的错误

> 我打江南走过
> 那留在季节里的容颜如莲花的开落
>
> 东风不来，三月的柳絮不飞
> 你的心如小小的寂寞的城
> 恰若青石的街道向晚
> 跫音不响，三月的春帷不揭
> 你的心是小小的窗扉紧掩
> 我达达的马蹄是美丽的错误，
> 我不是归人，是个过客。

这是台湾著名诗人郑愁予的成名诗作《错误》。其中"我达达的马蹄是美丽的错误"一句尤其为人传诵。"'美丽的错误'不但为大众所津津乐道，简直成为郑愁予的注册商标。"[①] 郑愁予"美丽的错误"这一"注册商标"出现以后，被很多人"盗用"，而且"盗风特盛"，好在美辞妙语的创造不算"发明创造"，美辞妙语的仿用也不关涉知识产权问题。如果事涉知识产权问题，如果诗人郑愁予较真的话，那肯定有打不完的官司，那诗人也就别想有时间再写诗了。因为美辞妙语人人觉得赏心悦目，仿用也不违"行规"，所以"美丽的错误"的说法时时为人所用。如前些年有一件世界闻名的事情（说来也算是 20 世纪末的事了，算得上是"千年老话"了），想来大家都还有深刻的印象。美国总统比尔·克林顿的"绯闻案"闹得全世界沸沸扬扬，丢尽美国人的大脸。时过不久，世界又爆出了一条新闻：英国首相托尼·布莱尔年近半百却又添一丁，英国人在世界上

---

① 沈谦：《修辞学》，台湾空中大学 1996 年版，第 83 页。

挣够了面子。美国总统克林顿年过半百"出花头"，搞得夫妻反目，几乎家庭破裂；英国首相年近半百喜添一丁，夫妻恩爱情深可知。布莱尔为此在英国的民意测验中好评直升，以前有"政治经济学"，这次大概要算是"爱情政治学"了。对此事件，世界各国媒体都有热闹的报道和评论。中国的媒体也没闲着，于是也有很多报道和评论。对布莱尔之事，有报纸标题称之为"布莱尔美丽的错误"，大家读之甚觉其妙。

我们都知道，"美丽"和"错误"是一对相排斥的概念，既是"错误"总是不好的，更不可能是"美丽"的了。那么，诗人郑愁予硬是将不相容的矛盾语词相搭配，违反了汉语语法的基本规则，逻辑上也不合理，应该说是"违法"、"悖理"的不通之辞，是病辞，何以大众还要津津乐道，很多人还要模仿运用呢？这是因为这一说法是诗人运用了一种特别的语言表达策略，它产生了特别的表达效果，这种表达策略叫做"牴牾"。

所谓"牴牾"（或称"矛盾"），是一种在特定语境下将语义上本不相容的两个语词或句子硬性联系匹配在一起以表达某种特定情感或深刻语义，令人回味咀嚼的语言表达策略。上述郑愁予的诗句之所以"为大众津津乐道"，就是因为运用这一表达策略十分成功。因为"我达达的马蹄"是"我"急于"回江南见那'容颜如莲花'的'她'"的动因，"回江南"的感觉自然是美好的；可是"我不是归人，是个过客"，那么这"回江南"岂不是给"我"、给心爱的"她"添加更深的苦情吗？所以说，"我达达的马蹄是美丽的错误"。"我"无限矛盾、复杂的思想和感情都在这表面语义矛盾的短短诗句中凸显出来，令人回味无穷，感叹不已。同样"布莱尔美丽的错误"的说法也如此。年近半百的男人还让妻子生孩子，在西方人看来并不是什么美事，因为年龄、精力和经济能力都对出生的孩子不利；但是在人丁不旺的英国，年近半百的首相还能为国添丁，美国总统年过半百还闹绯闻，英国的首相却夫妻恩爱而生子，则确算一段美丽的佳话。这层语意，作者只用"布莱尔美丽的错误"八个字说尽，语短意深，令人回味咀嚼。所以，我们说它是妙语，表达成功。

说到郑愁予的"美丽的错误"，由此想到诗哲徐志摩的名作《沙扬娜拉——赠日本女郎》：

> 最是那一低头的温柔，
> 像一朵水莲花不胜凉风的娇羞。
> 道一声珍重，道一声珍重，
> 那一声珍重里有蜜甜的忧愁——
> 沙扬娜拉！

　　这首诗是徐志摩1924年陪同印度大诗人泰戈尔访问日本时所作。诗虽不长，却写尽了这位情种诗人对那位日本女郎的无限留恋之意，缠绵悱恻，令人感动。其中"那一声珍重里有蜜甜的忧愁"一句尤其精彩，它运用的也是牴牾的表达策略。"蜜甜"是一种令人喜爱的味道，"忧愁"是一种令人伤感的情感，这两个语词在语义上是互相排斥的矛盾概念，诗人却将它们匹配在一起，这似乎很不合逻辑，也不合汉语语法规约。可是，读来又令人大觉其妙。何也？男女之恋情是一种十分甜蜜幸福的情感体验，可是有情人离别则是一种痛苦的情感折磨。诗人与日本女郎那心灵深处的彼此互悦互爱深情固然有一种甜蜜的感觉，但很快诗人就要与她离别，那种情人分别的忧愁痛苦之情马上就逼上心头，所以诗人会有"蜜甜的忧愁"这种情人间特有的复杂情感体验，会有"那一声珍重里有蜜甜的忧愁"的诗句。这句诗虽然短短几字，虽然表面语义矛盾，但却写尽了诗人与日本女郎道别时的无限深情和复杂的内心世界，堪称"无理而妙"的绝妙好辞！

　　牴牾表达策略的运用，似乎在诗歌创作中最为常见。如诗人臧克家的一首名诗《有的人——纪念鲁迅有感》有云：

　　有的人活着，
　　他已经死了；
　　有的人死了，
　　他还活着。

　　"活着"和"死了"本是两个根本对立的概念，语义上是绝对矛盾的。然而诗人却说"有的人活着，他已经死了；有的人死了，他还活着"，这种说法表面上看是不合逻辑的，但是从另外的角度看，它又有很大的合理性：有些人虽然形体上是活着，可是他精神上已经死了；有些人虽然形体没有了，但他的精神长在，在人们心中他还活着。然而这层语义诗人并没有用这么多的话来表述，而只用了短短十九个字，热烈地歌颂了鲁迅先生的崇高人格，批判了另一些人格低下者。不仅说尽了全部意思，还显得简洁含蓄，耐人寻味，成为人们传诵的名句格言，这就是诗人运用牴牾表达策略的成功之处。

　　牴牾表达策略的运用有独特的效果，但应该运用得合理，即所表达的内容确是存在着客观的矛盾性，在表达时能表现矛盾内容并存的合理性，这样才能产生"无理而妙"的表达效果。否则，就会堕入"画虎不成反类犬"的恶趣中。

六、序换：先生教死书，死教书，教书死

　　先生教死书，死教书，教书死；
　　学生读死书，死读书，读书死。

　　这是著名教育家陶行知先生所作的一副联语，意在"批判封建社会的学校教育"。（金祎《短语变序的奥妙》）短短 22 字，精辟无比，一语直刺中国封建社会学校教育制度和教学方式腐朽落后的要害，令人印象深刻，感喟不已。

　　那么，这样一副对联何以有如此好的表达效果呢？这是因为陶行知先生运用了一种独特的表达策略——序换。

　　所谓"序换"，是一种利用汉语单音节词占一定数量（古代汉语则是占绝对优势）和语序在汉语表意中具有特别重要的意义这两大特点，通过词或短语词组、句子语序的变换实现语义的转换，从而达到表意深刻隽永、别具幽默讽刺效果的语言表达策略。陶行知的上述联语，上联通过"教"、"书"、"死"三个单音节词的不同语序排列，写出了封建时代先生教学方式的落后呆板和先生教学生涯的悲情结局；下联通过"读"、"书"、"死"三个单音节词的不同语序组合，写出了封建时代学生读书方式的不科学和学生采用这种方式读书的悲惨结果。仅仅 22 字就将中国封建教育制度害人害己的弊端揭露得深刻深入，令人警醒，叹服不已。这就是序换表达策略独特而深厚的魅力所在。

　　序换表达策略的运用，不仅有言简意深、警策深刻的表达效果，还有幽默讽刺的表达效应。如钱钟书《围城》中有这样一段文字：

　　　　好几个拿了介绍信来见的人，履历上写在外国"讲学"多次。高松年自己在欧洲一个小国里读过书，知道往往自以为讲学，听众以为他在学讲——讲不来外国话借此学学。

　　这段话是写一些人想到国立三闾大学就职，为了获得校长高松年的另眼相看，就在履历上写上自己在外国"讲学"的光荣历史。哪知高松年是留学过的人，知道这"讲学"是怎么回事，所以就打心眼里瞧不起。其中"知道往往自以为讲学，听众以为他在学讲——讲不来外国话借此学学"，就是高松年的心里话，更是小说作者所想表达的意思，只不过借高松年之口来说而已。这话就是运用了序换表达策略。"讲学"意为有学问有专长的专家学者公开讲述自己的学术理论，这是一个具有很高学术层次的行为；而"学讲"意为学习讲话，这是最

最低等的语言行为。作家通过"讲学"与"学讲"二词字面上语序的细微差别和语义上的高下之别的对比，并借小说中人物高松年之口讲出，深刻地讽刺挖苦了那些假洋鬼子之类的学术骗子在国人面前招摇撞骗的丑陋行径，表达含蓄婉约且不失幽默，堪称妙笔！

上述"讲学"与"学讲"，属于词的序换；"教死书"与"死教书"、"教书死"，"读死书"与"死读书"、"读书死"，属于短语词组的序换。还有句子的序换，效果也很好。如有个故事说，文化大革命末期，"四人帮"的狗头军师张春桥想当总理，于是便怂恿心腹在上海贴出这样一条标语："强烈要求张春桥当总理！"当夜有人将此标语重新拼贴了一下，成为：

张春桥强烈要求当总理！

这条重新拼贴的标语，没有改换原标语的一个字或一个标点符号，只是将原标语中的"张春桥"这一人名专有名词在句子中的位置作了一下变动，让"张春桥"一词由原句子中的宾语位置在新句子中上升为主语位置。这样，"张春桥"一词在新旧句子中虽然只是语法地位的微小变动，但是在语义上新旧两条标语却有天壤之别。原句是说：人民拥戴张春桥，人民强烈要求张春桥当总理；变序后的新句子是说：张春桥想篡党夺权，想当总理，实现自己的个人私欲。这层意思表达得很婉转，却极具讽刺意味，不费词句即将张春桥的狼子野心抖落得淋漓尽致。

又如《上海家庭报》2001年10月10日第2版的一篇文章《中国队出线感言》（未署作者名）中有这样一段话：

知名"球记"董路在中国队获得世界杯后，曾写下了100句感想，读后隐约记得其中一些，凑满10句录之同享：

1. 我们实现了冲击世界杯梦想的同时，我们也就失去了一个曾经让我们如醉如痴的梦想。……10. 阎世铎豪迈地宣称"五年后我们怕谁"的时候，他或许忘了该扪心自问一句"五年后谁怕我们"？

2001年10月7日，在沈阳五里河体育场，中国足球队战胜亚洲劲旅阿曼队。至此，中国足球队经过44年的奋斗才终于首次圆了"冲出亚洲"的梦，获得了世界杯足球赛的入场券。为此，举国一片欢腾，士气大振，所以足协负责人阎世铎有"五年后我们怕谁"的豪言，大有从此中国队就天下无敌之意。记者董路认为中国队应该保持清醒的头脑，继续努力，要有忧患意识，否则"五年后谁也不会怕我们，我们又要落后了"。记者董路的话是运用了序换的表达策略，对阎世铎话中的主语、宾语进行了变序。尽管只是两个词语语序的交换，却精辟地讲出了中国队应该时刻清醒、不断努力的一番道理，表达婉转含蓄，却深刻隽永，发人深省，堪称至理名言！

　　序换表达策略运用得好确能收到很好的效果，但应根据需要，表达要言之有物，不能堕入"为序换而序换"的文字游戏的恶趣中。

第四章　含不尽之意，见于言外：
婉约蕴藉的策略

　　人到了迟暮，如石火风灯，命在须臾，但是仍不喜欢别人预言他的大限。……胡适之先生素来善于言词，有时也不免说溜了嘴，他六十八岁时来台湾，在一次欢宴中遇到长他十几岁的齐如山先生，没话找话的说："齐先生，我看你活到九十岁决无问题。"齐先生愣了一下说："<u>我倒有个故事，有一位矍铄老叟，人家恭维他可以活到一百岁，忿然作色曰：'我又不吃你的饭，你为什么限制我的寿数？'</u>"胡先生急忙道歉："我说错了话。"

　　这是梁实秋《年龄》一文所叙述的一个故事。

　　胡适与齐如山都是中国现代史上著名的学者，胡适之名又在齐如山之上。齐如山做寿，胡适前往庆贺。可是，一向善于说话，又善于恭维他人的胡适，这次恭维齐如山却"马屁拍到马腿上"，惹得比他年长的齐如山先生大不高兴。但是，碍于胡适是出于好意，且又声名在己之上，齐如山也就只得隐忍，最终以讲故事来婉转地表达了自己的不满。结果，故事没讲完，就让胡适为之道歉不迭。

　　那么，齐如山的故事何以有如此之魅力呢？

　　其实，原因很简单，因为齐如山这里所讲的这个故事，用的是一种叫做"讽喻"的语言策略。其所讲的"故事"，根本无其事，只是他为了达意传情（对胡适说他只能活到九十岁表示不满）而临时编造出来的。由于运用了这种语言策略，表达者齐如山既明白无误地向胡适传达了自己的不满，又没有失了自己文人学者温文尔雅的风度。同时，还保全了胡适的面子，免了胡适的尴尬，终使胡适心悦诚服地接受了自己的批评，向自己道歉。

　　我们都知道，"语言活动是一个双向的活动，有表达必然有接受，表达的目的在于让人接受，要让表达者与接受者双向互动，接受者必须有自己发挥积极性的空间，他才有成功的快慰，言语交际活动才有活力，交际气氛才能活跃。特别是对于那些不便于明说或有可能刺激接受者情感情绪的话，就应该说得'言有尽而意无穷'，说得婉转，说得曲折，让接受者自己去意会，去回味，这样人际互动才能成功。我们都会有这样的经验，现实生活中，有时我们实话实说，诚实表情达意反而效果很差，招致接受者（听话人）极大的心理抵触，结果闹得很不开心，人际关系受损。而转弯抹角地说，说得隐隐约约、吞吞吐吐、曲里拐弯，接受者反而能心领神会，情绪愉快地接受之，人际关系能够融洽，交际目标易于实现。何以如此？因为婉约曲折、含蓄蕴藉的表达，符合中国人的接受心理。中国文化讲究'中庸'，做事说话都要留有余地，不把话说过了头，不把事情做绝，讲究"高手过招，点到为止"。用中国传统诗歌所追求的崇高境界来说，叫做'不著一字，尽得风流'"。"正因为如此，在中国这样文化底蕴深厚的国度，言语交际、言语表达，就必须考虑中国人崇尚婉约含蓄的文化心理，在特定的情境下注意运用恰当的修辞策略，尽量把自己的思想情感表达得圆满些，使人际关系得以融洽，言语交际目标得以实现。"①

台湾学者沈谦教授曾经说过："中华民族是不是全世界最优秀的民族，我们不知道，因为没有经过客观的研究，分析，比较，不可能达成一致的结论。但是，无可置疑的，中华民族有两样绝活——美食和美辞，被公认为世界第一，却是不争的事实！"（《修辞学》自序）

中国人擅长"美辞"，其中突出的表现之一，就是善于说话曲里拐弯，极尽婉约蕴藉之能事，既能将满腔的愤怒之情表达得怨而不怒，又能将讽刺挖苦之言说得不着痕迹，更能将讨好献媚之辞说得庄严肃穆、一本正经、冠冕堂皇。下面我们就介绍几种臻至婉约蕴藉效果的语言策略。

一、双关：莲子心中苦，梨儿腹内酸

> 莲子心中苦，梨儿腹内酸。

上述二句，是清初著名文人金圣叹与其子二人所作的联语。清初，金圣叹"痛恨清朝政府横征暴敛，到文庙去哭泣，请求减免钱粮，他这种抗争的举动，激怒了清廷，以'哭庙抗粮，鼓动谋反'为由，将他处死。金圣叹临刑前，他的儿子来看他，他便出了一句上联，要其子对下联，这个对联流传广远，颇为人们所津津乐道"②。那这两句联语何以会流传广远，并为人们所津津乐道呢？

我想，主要有三个原因。一是金圣叹视死如归，砍头只当风吹帽的凛然正气令人感佩；二是金圣叹临刑不惧，与子联语对句，从容优雅的文人风度令人绝倒；三是死别怜子之情表达得深沉婉约，哀而不伤，让人益发增其悲！

---

① 吴礼权：《传情达意：修辞的策略》，吉林教育出版社2004年版，第19页。
② 沈谦：《修辞学》，台湾空中大学1996年版，第63页。

　　金圣叹视死如归的凛然之气与临刑对句的从容优雅的风度，是一般人学不到的。但是，他婉约表情达意的语言策略则是可以借鉴学习的。金圣叹所出的上联"莲子心中苦"和其子所对的下联"梨儿腹内酸"，如果不是在金圣叹临刑的刑场上这一特定情境下所说，那么这只是一个古代常见的联语对句，不过是文人斗才的寻常事，我们只会赞叹他们对仗工整而已。而上述金圣叹父子的对句，明显不是父子比才或是父试子才的行为，而是别有寄托的。金圣叹的上句"莲子心中苦"，表层语义是陈述一个人人皆知的生活常识：莲子的心是苦的。实际上，这层语义不是金圣叹临刑前要对儿子说的，他要说的是："怜子心中苦。"即是说：我马上要死了，想到你还小，以后没有父亲，生活会更艰难，我的心就感到悲苦不已。中国有句老话，叫做"虎父无犬子"，还有文化大革命时代的一句流行语，叫做"老子英雄儿好汉，老子反动儿混蛋"。我们不能说金圣叹是什么"反清复明"的大英雄，也不好说他是一个"虎父"，但是可以说，他是一个有骨气，有学问，有品行的著名文人和学者，自然他的儿子也是有学养的。因此，他儿子的对句也不是那么简单的。"梨儿腹内酸"，表层语义也是陈述了一个生活常识：梨子的核是酸的。实际上，这层语义也不是他所要表达的。他真正要表达的是这样一个深层语义："离儿腹内酸"，即是说：爸爸，您马上就要离开孩儿了，心里一定很辛酸。生离死别，是人生莫大的悲苦，呼天抢地，捶胸顿足，将自己心中的悲苦一股脑儿地倾泻出来，也是人之常情。而金圣叹为了保持一个士大夫的民族气节，还有尽可能多地消解儿子的悲痛，所以达观而从容优雅地对待离世别子的悲哀，以一语双义的联语"莲子心中苦"婉转地表达了自己别子的悲切之情；而他的儿子也是善解人意，知道父亲的心中悲苦，也以同样的方法，用"梨儿腹内酸"一句对接，从父亲的角度着眼，婉转地表达了自己离父深切的悲痛。很明显，金圣叹父子的联语对句是极其高妙的，是一种深具魅力的表达策略，它既深切、深沉地表达了父子二人生离死别的无限悲痛之情，同时也鲜明地体现了金圣叹视死如归、不屈服于统治者的淫威、从容赴死、优雅辞世的风度。

　　金圣叹父子的表达策略之所以显得高妙，是因为他们一语而关涉表里二义，情意表达婉约蕴藉，令人思而复得，回味无穷。这种在说写中一语具二义的语言策略，就是中国传统修辞学所说的"双关"。

　　双关作为一种表达策略，学术界一般认为可以分为三种类型。一是谐音双关，二是词义双关，三是对象双关。

　　所谓"谐音双关"，就是利用语音的相同或相近的条件而使一语兼具二义。上述金圣叹与其子的联语，就是典型的谐音双关。因为"莲子心中苦"中的"莲"与"怜"，是同音字。所以，当"莲"与"怜"通过语音的相同而关合后，表示莲蓬子的"莲子"也就与表示怜惜、怜爱儿子的"怜子"关合到一起。于是表层的"莲子"便转义为深层的"怜子"。诸如此类的谐音双关策略的运用，在中国古代很多。如唐代大诗人刘禹锡有一首《竹枝词》是这样写的：

> 杨柳青青江水平，
> 闻郎江上唱歌声。
> 东边日出西边雨，
> <u>道是无晴却有晴。</u>

　　这是一首描写西南地区青年男女通过唱歌来表达彼此爱意的诗作。其中末句"道是无晴却有晴"中的"晴"即是同时关合着"晴"和"情"的双关辞，它"一面关顾着上句'东边日出西边雨'，说晴雨的晴，意思是照言陈（就是语面的意思）说'道是无晴却有晴'，一面却又关顾着再上一句'闻郎江上唱歌声'，说情感的情，意思是照意许（就是语底的意思）说'道是无情却有情'"。"眼前的事物'晴'实际是辅，心中所说的意思'情'实际是主。"[1] 也就是说，这首诗的耐人寻味，是因为末一句运用了谐音双关策略，使一诗而同时兼具表里二义。表层语义是写这样的一个场景：江上，杨柳青青，浓荫夹岸，一清纯女子江堤上边行进边歌唱；江中，波澜不惊，江面一平如镜，一英俊少年郎边撑船边歌唱。江面之东阳光灿烂，江面之西小雨如麻，让人分不清到底是晴天还是雨天。深层语义则是写了这样一个情景：一对有情青年男女，一个在江堤上，柳荫后，面不露，歌声扬；一个在江心，立船头，对江岸，高声唱。虽然不见面，彼此歌声诉衷肠：想你想得我癫狂，俏冤家，你为何把哥（妹）折磨煞。

　　这首仿民歌的小诗之所以千古传诵，历久不衰，一言以蔽之：双关表达策略运用妙。"晴"、"情"通过相同语音形式的扭结和搭挂，使一语而兼具表里二义，写尽了青年男女恋情的羞羞答答，给人留下了无尽的想象空间，令人味之无穷，思之再三，于文本解读中获取诸多美感享受。

　　这种利用谐音而一语兼关表里二义的双关表达策略，因为有特殊的表达效果，所以在中国历代诗歌创作中十分常用。如南朝吴声歌和西曲歌中，这等谐音双关表达策略的运用就特别普遍，历代学者都十分关注。下面选取几首，[2] 妙诗共欣赏，高义相与析：

---

① 陈望道：《修辞学发凡》，上海教育出版社1997年版，第96页。
② 转引自陈望道：《修辞学发凡》，上海教育出版社1997年版，第98~101页。

　　　　垂帘倦烦热，卷幌乘清阴。风吹合欢帐，<u>直动相思琴</u>。（王金珠
《子夜夏歌》）

　　　　仰头看桐树，桐花特可怜。愿天无霜雪，<u>梧子解千年</u>。（《子夜秋
歌》）

　　　　江南莲花开，红花覆碧水。色同心复同，<u>藕异心无异</u>。（梁武帝
《子夜夏歌》）

　　　　罢去四五年，相见论故情。<u>杀荷不断藕，莲心已复生</u>。（《读曲
歌》）

　　这几首民歌类诗作中都是运用了谐音双关的表达策略来抒情达意的，其中
"直动相思琴"中的"琴"谐"情"；"梧子解千年"中的"梧子"谐"吾子"，
相当于我们今天所说的"我亲爱的"，用英文表达，大概相当于 My Dear；"藕异
心无异"中的"藕"谐"偶"（配偶）；"杀荷不断藕"中的"藕"也是谐
"偶"，"莲心已复生"中"莲"谐"怜"，这两句实际上是说原来的一对有情人
因故分手，四五年后"第二次握手"，"执手相看泪眼"，旧情复萌，相怜相惜，
意有重温旧梦之欲，但通过谐音双关的策略，表达得相当含蓄而富有诗意。

　　谐音双关的表达策略在诗歌中运用较多，其他文体中也不乏其例。如唐代张
文成的志怪小说《游仙窟》中的一段人物对话，用的也是谐音双关的表达策略：

　　　　于是五嫂遂向果子上作机警曰："但问意如何，<u>相知不在枣</u>。"
　　　　十娘曰："儿今正意蜜，<u>不忍即分梨</u>。"
　　　　下官曰："勿遇深恩，<u>一生有杏</u>。"
　　　　五嫂曰："当此之时，<u>谁能忍桮</u>。"

　　张文成的小说《游仙窟》"采用第一人称叙事，记述张文成奉使河源，道中
夜投一大宅，乃是仙窟，得逢二绝色女子十娘、五嫂，与之欢宴饮乐，以诗相
调，止宿而别"。"由于《游仙窟》所描写的是人们所十分乐道的恋爱故事，加
之张文成的优美文笔，使它成为一时传诵之作。两《唐书》记载'新罗、日本
使至，必出金宝购其文'，以至《游仙窟》在唐开元年间就流传到日本，并且在
古代日本文学界成为一本很流行的读物，甚至还出现了注释其文的著作。据日本
人盐谷温所写的《中国文学概论讲话》说，日本紫式部所创作的日本第一部小
说《源氏物语》亦是受其影响而作。可见，其在日本的影响之大。另外，在日
本还有一种传说'言作者姿容清媚，好色多情，慕武则天后而无由通其情愫，乃
为此文进之'。由于作者与武则天为同时代人，且作者与武后皆为当时风流人物，

故此中国古代亦多有谓此作是影射作者与武后恋爱的故事，帝后之尊犹若仙界，故托仙女以寄其情意。虽然我们目前还不能肯定《游仙窟》是否真是影射作者与武后的恋爱故事而作，但这确是一部颇为生动的'情怪'类小说。"①

《游仙窟》的生动浮艳，即由上引一段对话亦可窥其全豹。这段对话"全系以果子名称谐音双关人情：'枣'双关'早'，'梨'双关'离'，'杏'双关'幸'，'木奈'双关'耐'。正所谓'指物借意'"②。破解了这些文字奥妙，张文成与仙女十娘、五嫂调笑通情的情景自可意会，表达含蓄，给人以无尽的遐思，真可谓"不著一字，尽得风流"！由此，我们可以再次见到谐音双关策略的魅力。

谐音双关策略的魅力不仅表现在上述诸例的抒情达意上，在讽刺嘲弄方面也效果奇佳。如《金史·后妃传》中记有这样一个故事：

> 元妃势位熏赫，与皇后侔矣。一日章宗宴宫中，优人玳瑁头者戏于前。或问上国有何符瑞。优曰："汝不闻凤凰见乎？"其人曰："知之而未闻其详。"优曰："其飞有四，所应亦异：若向上飞则风雨顺时；向下飞则五谷丰登；向外飞则四国来朝；向里飞则加官进禄。"上笑而罢。

金章宗宠爱元妃李氏，以致李氏势位熏赫，大有与皇后平起平坐之势。宫中优伶（就是封建时代朝廷蓄养的专供皇帝娱乐的演员、文艺人士）有正义感的都对章宗过分宠爱元妃李氏和李氏恃宠骄纵的行为看不过眼。于是，便借一次章宗在宫中宴乐之机，二艺员以逗趣为名，唱起了双簧戏。一个说："请问上国最近有没有什么祥瑞出现呀？"另一个就说："有呀，你没有听说有凤凰现世吗？"问话的那个又说："听是听过，但不清楚具体情况。"另一个艺员便煞有介事地说："凤凰的飞有四种讲究：如果向上飞，就预示着国家风调雨顺；如果向下飞，就预示着有一个五谷丰登的好年成；如果向外飞，就有周边国家来朝贡了；如果向里飞，那就要加官进禄了。"章宗听完，一笑了之。

那么章宗听了二位艺员的话为什么"笑而罢"呢？这里面有名堂。因为艺员的末一句"向里飞则加官进禄"，大有玄机。因为"'向里飞'双关'向李妃'"③。原来，艺员的故事关键就在这里，它是借谐音双关讽刺李妃的恃宠骄纵和朝廷官员走李妃的"夫人路线"往上爬的不良风气。由于这层深层语义表达

① 吴礼权：《中国言情小说史》，台湾商务印书馆1995年版，第80~81页。
② 沈谦：《修辞学》，台湾空中大学1996年版，第70页。
③ 陈望道：《修辞学发凡》，上海教育出版社1997年版，第102页。

得含蓄婉约，又因为艺员所编"凤凰四飞"故事的荒诞不经，所以章宗只能"笑而罢"，心里知道二艺员在讽刺自己和爱妃，但也无法去追究他们什么。如果二艺员不以谐音双关的表达策略说出自己的心里话，而是直言相谏，那吃饭的家伙就恐怕难保了，章宗一定会说："混账，有你说话的份吗？你是个什么东西！也不撒泡尿照照？你也来管朕的事？拖出去，斩！"好在二艺员毕竟是长期在皇上身边厮混的角色，知道皇帝老儿吃哪套，所以对症下药，不但表达了自己对国家朝政的心声，还赢得了皇帝的笑声，不能不说是极大的成功！可见，中国古代的宫中艺员确是了不起的。（关于他们的智慧故事，本书其他章节还会提到很多，这里暂且打住）于此，我们也能见出谐音双关的表达策略的特殊效果。

说到金代皇帝被他的艺员讽刺，不禁使我们想到中国现代史上一位不知死活、不识时务的短命皇帝袁世凯被全国人民唾骂的一首民谣：

　　大总统，洪宪年，正月十五卖汤圆。

窃国大盗袁世凯窃取辛亥革命的胜利果实而当上中华民国大总统后，还觉得不过瘾，于是又逆历史潮流而动，恢复帝制，改元洪宪。结果，在举国一致的文攻武伐中，他做了83天皇帝就一命呜呼了，真正成了"不齿于人类的狗屎堆"。上述这首民谣是袁世凯称帝尚未被拉下马来时所流传的。它也是运用谐音双关的表达策略，"以'卖汤圆'暗示'元宵'——袁消"①。尽管这首民谣的谐音双关比一般的谐音双关要复杂，但是"汤圆"又名"元宵"，是中国人大多都知道的，由"元宵"谐音关合"袁消"，即袁世凯称帝必完蛋的深层语义是不难破解的。这里，既可以见出中国人民的语言智慧，也可以见出谐音双关表达策略的奇特效果。

说完了"谐音双关"，我们再来看双关的第二类"词义双关"。所谓"词义双关"，是指利用汉语中词的多义性而在说写中一词兼具二义的表达策略。如清代浮白主人所辑《笑林》中记有这样一个故事：

　　一位青盲人涉讼，自诉眼瞎。官曰："一双青白眼，如何诈瞎？"
　　答曰："老爷看小人是青白的，小人看老爷是糊涂的。"

一个青盲人因眼睛不好而吃上了官司。到了衙门，青盲人据实说明因由后，官老爷说："你的一双眼睛青白（黑白）分明，怎么诈说是眼瞎呢？"以为青盲

---

① 沈谦：《修辞学》，台湾空中大学1996年版，第71页。

人想诈瞎逃脱法律责任。青盲人回答说："老爷看小人是青白的，但是小人看老爷是糊涂的。"那么，浮白主人何以将此故事作为笑话收入《笑林》呢？这里我们就要深究其中的玄机了。其实，这则故事的笑点全在青盲人的妙答上，妙就妙在巧用双关策略。它是同时运用了两种双关策略。一是"老爷看小人是青白的"，是我们上面所说的谐音双关，它表层语义是说："老爷看小人的眼睛青白（黑白）分明，没有瞎。"实际上，青盲人这里的"青白"是谐音"清白"，即这句话的深层语义是说："老爷也认为小人是清白的，没有过错。"二是"小人看老爷是糊涂的"，是词义双关。因为"糊涂"一词是个多义词，有"模糊，不清楚"和"不明事理"二义。因此，青盲人的这句话其实就兼具了表里两层语义。表层语义是说："小人眼瞎，看老爷的形象看不清楚，很模糊。"深层语义则是说："小人认为老爷是个糊涂蛋，不明事理，是分不清是非的昏官。"由于"糊涂"一词的多义性，青盲人的话可以作表里两层不同的理解，尽管官老爷知道青盲人话的实质不是表层语义，而是深层语义的表达，但也无把柄可抓。这就是词义双关策略的妙处，含蓄蕴藉，讽刺嘲弄不露痕迹。

青盲人虽然能运用词义双关策略为自己开脱法律责任，同时还顺带嘲弄了官老爷一顿，但这还只是小民的小聪明而已。下面我们看一个大人物的大智慧，这就是汉初著名的谋士蒯通以词义双关的策略游说韩信背叛刘邦，自己称帝一统天下的历史故实，事见汉代司马迁《史记·淮阴侯列传》：

> 齐人蒯通知天下权在韩信，欲为奇策而感动之。以相人说韩信曰："仆尝受相人之术。"韩信曰："先生相人如何？"对曰："贵贱在于骨法，忧喜在于容色，成败在于决断，如此参之，万不失一。"韩信曰："善！先生相寡人何如？"对曰："愿少间。"信曰："左右去矣！"通曰："相君之面，不过封侯，又危不安；相君之背，贵乃不可言。"

齐人蒯通是个很有眼光的谋略之士，他分析了秦亡后天下未定的局势，认为刘邦可能会成为天下之主，但实际权力是操在兵马大元帅韩信之手，因为在封建时代武人兵权在握，向来是能决定国家命运的。所以，蒯通就设奇计要感动韩信，游说他背弃刘邦，自立门户，逐鹿中原，荣登大宝。因为当时大家都比较相信命相之学，认为富贵乃天定，王侯将相皆有种。于是蒯通就以相士的身份见韩信，并游说韩信说："在下曾受过相人之术，会看相。"韩信果然来了兴趣，便说："请问先生如何相人呢？"蒯通见机会来了，便说："看一个人的贵贱主要看他的骨相，看一个人的忧喜看他的容色便知，看一个人的事业成败就看他的决断能力，这样从几个方面综合起来权衡，看相的结果是万无一失的。"韩信一听，更来劲了，便急不可耐地说："好！先生看看我的相怎么样?"蒯通对韩信周围的人看了一下，说："请借一步说话。"韩信知道人多说话有些不便，便屏退左右说："大家先下去。"剩下韩信和蒯通两人，蒯通便说："相您之面，充其量也就是封个侯，但还危险不安，朝不保夕；相您之背，那就贵不可言了。"我们一看就明白，蒯通的游说，关键就在最后一句"相君之背，贵乃不可言"。这是典型的运用词义双关的策略。它表层语义好像承接上句"相君之面"而来，是指"相您的背部，贵乃不可言"；实际上，它的深层语义是说："如果看您背弃刘邦，自立山头，那就可以做皇帝，不必受制于人，危而不安，朝不保夕的。"韩信是个聪明人，自然知道蒯通说的是深层语义，只不过说得含蓄而已。尽管韩信心知蒯通之意，结果，大家都知道，蒯通没有做成这笔大买卖，韩信优柔寡断，没有听计于蒯通，以致先被刘邦设计削去兵权，后又被吕后与萧何合伙设计害死。真可惜了蒯通一番心机。假如韩信听从了蒯通的计谋，必定能一统天下，面南称帝，那么蒯通的这一笔生意就可以使自己发迹变泰的，帝王之师与开国丞相则非他莫属。

现代人运用词义双关的表达策略，水平也是不让古人的。如台湾作家李敖在《李敖回忆录》中写有这样一段话：

> 李敖自写《传统下的独白》闯祸起，被追诉多年，一直翻不了身，这本《独白下的传统》，是书名翻身，不是他。李敖大隐于市，常常几个月不下楼，神龙首尾皆不见。这本重新执笔的新书，聊可如见其人，并为仇者所痛，亲者所快。
>
> <u>远景过去没有李敖，李敖过去没有远景，现在，都有了。</u>

李敖第一次以政治犯身份出狱后，为台湾远景出版社写了一本名叫《独白下的传统》的书。此书出版之际，李敖应出版社之约为自己的这部新书写下了一则有名的广告文案，就是上面我们引到的这段文字。这段文字对于李敖此书的畅销一时，有很大的推波助澜作用，事实证明也是如此。由于这本新书的畅销，还引出了李敖人生的一段佳话。这在《李敖回忆录》中有清楚的记述："在《独白下的传统》使'台北纸贵'的热潮中，一位美人，当年在大学时代，曾把《文星》出版的《传统下的独白》插在牛仔裤后，招摇而过辅大校园的，这回也赶去买了一册，这位美人，就是电影明星胡茵梦。"这位台湾的大美人不仅如此，还在1979年6月17日的台湾《工商日报》上写了一篇名为《特立独行的李敖》一文，引起社会双重轰动效应。由此，李敖对胡茵梦大有好感，二人迅速坠入情网，不久就结为伉俪，在台湾更是掀起报道热潮。回过头来，我们再看看李敖的这则广告文案就不难发现，李敖的这则广告文案确实写得很有鼓动性，特别是末句"远景过去没有李敖，李敖过去没有远景，现在，都有了"，写得特别煽情。那么这末句好在哪里，妙在何处呢？无他，善用词义双关策略耳！因为"远景"一词，一指"远处的景致"，一指"未来的景象"，也就是"前途"、"前程"之义。在李敖的广告文案中，正是利用了远景出版社社名"远景"一词的多义性做足了文章。这末句表层语义似乎在说：远景出版社过去没有李敖这样的作者，李敖过去也没有远景出版社这样的合作对象，现在双方合作了，就都有了。实际上，深层语义则是说：说到前程，过去是没有李敖的份，因为他是政治犯；说到李敖，过去是不敢奢想前途的，因为他还在坐着大牢呢。现在，李敖出狱了，自由了，什么都有了。作者本来就是一个敏感而具争议的人物，他的一举一动本来就引人注目，再加上他如此含蓄婉约、内涵丰富、煽情高妙的广告文案，他的书不畅销才怪呢！

下面我们再来谈谈双关策略的第三类："对象双关"。所谓"对象双关"，就是利用叙说对象在特定情境下的多解性而构成的一语兼具二义的双关策略。如汉代司马迁《史记·齐悼王世家》中有这样一段记载：

朱虚侯年二十，有气力，忿刘氏不得职。尝入侍高后燕饮，高后令朱虚侯刘章为酒吏。章自请曰："臣，将种也。请得以军法行酒。"高后曰："可。"酒酣，章欲进歌舞，……曰："深耕溉种，立苗欲疏；非其种者，锄而去之。"吕后默然。

朱虚侯刘章是汉高祖刘邦之孙，齐悼惠王之子。刘章年二十时，正是刘邦死后吕后当权，吕氏家族一手遮天之时，刘家子孙都被废置。刘章为此愤愤不平。心想，江山是自己爷爷打下来的，现在却是吕氏坐江山，刘家子孙倒是没份了，这叫什么事。一次刘章入宫陪吕后宴饮，吕后命刘章为酒吏，也就是相当于今天我们所说的酒桌上喝酒的主持人。刘章就自己请命说："臣是将门之种，请允许臣用军法行酒。"吕后说："可以呀！"酒过三巡，喝得耳热脸红之时，刘章想给大家进献歌舞以助兴，并唱了一首《耕田歌》："深耕溉种，禾苗要稀；不是禾苗，应当锄除。"吕后听了沉默不语。

那么，吕后何以在听了刘章的《耕田歌》后默然不语呢？原来，刘章的《耕田歌》是运用了对象双关的策略，表面是说耕种要想收成好，就应该留禾除草；深层语义则是说：要想永保刘家江山，就应该剪除吕氏当政诸王，还政于刘氏。由于这层意思表达得含蓄婉约，虽然吕后心知肚明，但也不能对刘章如何。

"吕后死后，刘章联合周勃、陈平等大臣，尽诛诸吕，果然达成心愿。"① 若是刘章不用对象双关的策略，而是直话直说，他早就没命了，那么他后来的作为也就不可能实现了。可见，对象双关策略运用得好，作用是何等之大！

对象双关策略的运用，在文学作品的人物对话中更是常见。如清代曹雪芹《红楼梦》第八回中写有这样一个情节：

> 这时宝玉又说："不必烫暖了，我只爱喝冷的。"薛姨妈道："这可使不得：吃了冷酒，写字手打颤儿。"宝钗笑道："宝兄弟，亏你每日家杂学旁收的，难道就不知道酒性最热，要热吃下去，发散的就快；要冷吃下去，便凝结在内，拿五脏去暖他，岂不受害？从此还不改了呢。快别吃那冷的了。"宝玉听这话有理，便放下冷的，令人烫来方饮。
>
> 黛玉嗑着瓜子儿，只管抿着嘴儿笑。可巧黛玉的丫鬟雪雁走来给黛玉送小手炉儿，黛玉因含笑问他说："谁叫你送来的？难为他费心。——哪里就冷死我了呢！"雪雁道："紫鹃姐姐怕姑娘冷，叫我送来的。"黛玉接了，抱在怀中，笑道："也亏了你倒听他的话！我平日和你说的，全当耳旁风；怎么他说了你就依，比圣旨还快呢！"

黛玉这里所说两句话就是对象双关策略的运用，"显然是借眼前的事物来讲述所说意思的一种措辞法，就是旧小说上所谓指桑骂槐"②。其中，"难为他费心。——哪里就冷死我了呢"一句，表面是说：难为紫鹃为我费心，我哪里就会冷死呢？实际上，它的深层语义是说：就你宝钗会为宝玉费心，喝点冷酒至于有那么严重的后果吗？所以这话一听便知是婉曲地讽刺宝钗多情。"也亏了你倒听他的话！我平日和你说的，全当耳旁风；怎么他说了你就依，比圣旨还快呢"一句，表面是说：亏你雪雁那么听紫鹃的话，我平时跟你说的怎么都当了耳旁风，她说一句你就依，比领圣旨还快。实际上，这句话的深层语义则是说：亏你宝玉那么听宝钗的话，你怎么不听我的话，把我平时说的话当作耳边风。宝钗说的，你就听，还听得比领圣旨都快。很明显，黛玉这是在吃醋，在使小心眼儿，是绕着弯子挖苦宝玉对宝钗的百依百顺。可见，在日常生活中对象双关策略也蛮管用，最起码它可以使人际关系不至于太紧张，矛盾不至于白热化，这也是不小的作用。

双关表达策略的运用，可使思想情感的表达显得含蓄婉转，可以收到"不著

---

① 沈谦：《修辞学》，台湾空中大学 1996 年版，第 76 页。
② 陈望道：《修辞学发凡》，上海教育出版社 1997 年版，第 102 页。

一字，尽得风流"的效果。但是，双关策略的运用应该适应特定的语境，要使接受者能够意会出表达者婉约表达的语义，这样才能收到应有的理想效果。如果过于晦涩，不能使接受者意会出表达者婉约表出的思想情感，那么双关策略的运用就是失败的。也就是说，双关策略运用的理想境界是既能使表达者的思想情感表达得婉约含蓄，而又不碍于接受者的正确理解和意会。

二、折绕：新来瘦，非干病酒，不是悲秋

> 香冷金猊，被翻红浪，起来慵自梳头。任宝奁尘满，日上帘钩。生怕离怀别苦，多少事、欲说还休。<u>新来瘦，非干病酒，不是悲秋。</u>

这是宋代著名女词人李清照《凤凰台上忆吹箫》一词的上阕。此词是词人与丈夫赵明诚离别后所写，感伤夫妻离别之苦情，读来十分缠绵感人。尤其是末三句写词人对丈夫的深切思念之情，婉约含蓄，韵味足，感人深。

那么，这三句词何以有如此深厚的魅力呢？这是因为词运用了一个有效的语言表达策略——折绕。

所谓"折绕"，是一种将本该一句话说清楚说明白的意思，故意迂回曲折地从侧面或是用烘托法将本事、本意说将出来，让人思而得之，从而获取婉转深沉、余味曲包效果的语言表达策略。上述李清照的三句词，它的意思是说：自从离别后，相思人消瘦。可是，词人却没有这样直白地表达，而是绕着弯子，说自己的消瘦不是因为贪杯而病酒的缘故，也不是见秋天万物摇落而感伤所致。那么，又是什么呢？封建时代的女子，特别是一个女文人，除了病酒，悲秋，还会因什么事而消瘦呢？接受者排除了上述两个原因后，很容易就会推理得出词人所说的真正原因是"相思"。尽管这种曲折迂回的写法会给接受者的理解接受带来些阻障，但是增加了表达的婉约蕴藉、余味曲包的效果，提升了接受者的解读兴味，使词作更具审美价值。如果词直白地说"自从离别后，相思人消瘦"，或是更世俗点说"老公啊，我想死你了"！那么，这首词也就如同白开水一杯，不复有令人品味咀嚼，回味无穷的美感效果了。很明显，词人通过折绕策略的运用，提高了语言表达的效果，增强了作品的艺术感染力，提升了词作的审美价值。

折绕表达策略的运用，不仅能提升文学作品的审美价值，有时还能以柔制刚，增强谏议的说服力，有匡世济人的大作用。如《晏子春秋》记有一则晏子谏说齐景公的故事云：

> 景公饮酒，七日七夜不止，弦章谏曰："君从欲饮酒七日七夜，章

愿君废酒也！不然，章赐死。"晏子入见，公曰："章谏吾曰：'愿君之废酒也！不然，章赐死。' 如是而听之，则臣为制也；不听，又爱其死。"晏子曰："幸矣章遇君也！今章遇桀纣者，章死久矣。"于是公遂废酒。

弦章是个正直、忠心为国的臣子，他见齐景公纵欲饮酒七天七夜而不止，认为这会荒废朝政，对国家不利，所以他就直言相谏说："您纵欲饮酒七天七夜，我希望您以国事为重把酒戒了！不然，您就把我处死吧。"景公觉得很为难，这时正好晏子入见。景公就对晏子说："弦章对我进谏说：'希望您把酒戒了！不然，就把我处死。' 如果我听从了他的话，戒了酒，这似乎我是被自己的臣子所制；不听从吧，就要处死他，可我又很舍不得这样的臣子死。"晏子知道景公的意思，就说："弦章遇到您这样的国君，真是他的大幸！今天要是遇到桀纣那样的昏君，弦章早就死了。"景公明白了晏子的弦外之音，饶了弦章，自己也戒了酒。那么，忠心为国的弦章为什么几陷于死的境地，而晏子何以能用三句话既救了弦章，又让景公戒了酒，挽救了齐国的国政呢？这是因为二人选择的表达策略不同，结果自然大不相同。弦章没有意识到君臣之间思想的沟通应该注意语言表达策略，对于国君的失误应该选择婉转的表达策略含蓄地指出，而是直话直说，直来直去，这当然让齐景公尊严和面子上都过不去，所以弦章自己就陷入了绝境。而晏子的劝谏则很高明，他选择了一个最恰切的劝谏国君的表达策略——折绕。他的话先是给景公戴了一顶高帽子，说景公是明君，弦章很幸运能遇到这样的明君。然后将了景公一"军"：表面是说，弦章若遇夏桀、商纣王那样的昏君，早就死了。弦外之音则是说，如果您想做夏桀、商纣王那样的昏君，那么您就杀了忠心直谏的臣子弦章；如果您想做明君，就应该听从弦章的谏言，戒了酒，不要杀弦章。景公并不糊涂，从他向晏子表述自己对弦章谏言的两难处理苦衷，也可看出他是个明白人。所以晏子的这种曲折表意的语言策略选择是正确的。这样，晏子将其所要表达的意思曲折地表达出来后，景公自己思而得之，自己意会到了自己的错误，也自己纠正了自己的行为。由此，景公的尊严和面子保住了，晏子的劝说目标也实现了。这里，我们由晏子一语"三雕"的事例，可以清楚地见出折绕表达策略作用真是不同寻常！

折绕表达策略的运用不仅能发挥经世致用的大作用，也有融洽人际关系，平添人生情趣的效应。如台湾学者沈谦《梁实秋的流风余韵》一文记有这样一个故事：

　　1981 年，梁老八十诞辰，诗人痖弦请了一桌寿宴，我有幸忝列末席，但不幸的是平生酒量太差，只好向他告饶："梁老，我酒量太差，只能干半杯，您随意！"梁老面露诡谲的微笑："<u>那你就把下半杯干了！</u>"

　　梁实秋先生八十大寿，台湾文艺界摆酒庆贺，众人自然少不了要敬寿星酒。沈谦作为晚辈向梁实秋先生敬酒自在情理之中，可是敬酒者沈谦自己却不胜酒力，所以只好告饶说喝半杯了事。按照常规，既然你要敬酒，寿星自然可以要你喝干一杯，梁实秋先生完全可以这样说："小伙子，你既然是尊老敬我酒，就应该干了一杯，怎么能只喝半杯呢？"如果梁实秋先生这样说，那也是合理的。因为中国酒席上劝酒是什么招都可以用的，这是中国的礼貌。所以前些年在大陆有各种行酒令流行。如一方要另一方喝酒，就说："感情深，一口闷。"要你一口喝干。而对方则会变着法子不喝，他也有说辞："感情好，能喝多少是多少。"梁实秋先生的劝酒说辞相比这些流行劝酒辞又要胜出几筹了，因为他没有直通通和太过明显地"强酒"，而是运用折绕表达策略，于婉转幽默中"逼"敬酒者沈谦一定要喝干一满杯。他所说的"那你就把下半杯干了"，实际上就是说要沈谦喝干一满杯。因为要喝"下半杯"自然要先喝掉"上半杯"，这是很简单的逻辑推理，没有人不懂，但是很少人能想到这样折绕地表达，强人喝酒既婉转又幽默生动，令被强酒者沈谦哑口无言，只能喝下全杯，但是应该说是以愉快的心情喝下去的，酒宴也由此平添几多的情趣。如果梁先生用常规说法来表达，尽管沈谦也会喝，但总不会太愉快的。可见，折绕表达策略的运用在日常生活中的作用也不小。

　　折绕表达策略有上述诸多独特的效果，确实可以为我们的语言表达增添魅力。但是，这一策略的运用应该在特定语境中进行，且应以接受者能够准确破译和正确理解为限。否则，表达虽然是极尽婉转之能事，可接受者不知所云，那么表达者运用折绕策略也就失去了意义。

三、讳饰：慈父见背，舅夺母志

　　臣密言：臣以险衅，夙遭闵凶。生孩六月，<u>慈父见背</u>；行年四岁，<u>舅夺母志</u>。

　　这是晋人李密写给晋武帝的《陈情表》的开头一段文字。《陈情表》是李密拒绝晋武帝要他出山仕晋的奏章。李密曾是三国蜀汉的官员，屡次出使东吴，有辩才。蜀亡后，他不愿仕晋。可是晋武帝的命令也不是那么好拒绝的，没办法他才写了这封奏表，讲明了自己不能出山做官的原因。奏表通过讲述自己人生的不幸，祖母年迈体弱、与自己相依为命的情形，情深意切地表现了一个封建时代典型的孝子贤孙的真挚感情，令晋武帝也深受感动，无法驳回他的请求，只得答应他不再出山为官的请求。

这封奏表是历代传诵的名篇，仅看开头一段就不同一般，以四言行文，先声夺人，讲述自己的悲情人生，哀伤凄切，令人不能不为之深切感动。它所说的意思，用今天的大白话来说，就是："臣李密奏禀皇上：我因命运坎坷，罪孽深重，早年就遭忧伤不幸。出生六个月才刚刚会笑时，父亲死了；年方四岁时，母亲又改嫁了。"这确实是够惨的，这么多不幸的事，李密孩提时代就遭遇到，真是令人感伤，为之唏嘘不已。其中，说到自己父亲死了、母亲改嫁了，没有直说，而是分别用"慈父见背"、"舅夺母志"来表达，显得十分得体且高妙，也是读之最令人感佩的地方。

何以这两句有如此好的表达效果呢？因为李密运用了一种叫"讳饰"的语言表达策略。

所谓"讳饰"，是一种说写时为着顾念接受者或关涉者的情感，"遇有犯忌触讳的事物，便不直说该事该物，却用旁的话来回避掩盖或者装饰美化"[1] 的语言表达策略。上述李密所说"慈父见背"、"舅夺母志"，都是运用了讳饰的表达策略。我们都知道，"死"是人类普遍恐惧的，所以世界各国语言中都有对"死"的概念采取回避的语言现象。中国人对"死"的概念的回避更形严重，表达上还形成了一套固定的模式。如说帝王之死，有"山陵崩"（夸张帝王之死于国家损失的重大）、"驾崩"、"崩"、"崩逝"、"崩殂"、"宾天"、"大讳"、"大行"、"弃天下"、"弃群臣"之类说法；士或做官人之死，叫"不禄"（就是不拿朝廷俸禄了，用今天的话说，叫不拿工资或薪水了）、"弃禄"、"禄命终"等；文人或才子之死叫"玉楼赴召"、"埋玉树"、"埋玉"、"修文地下"等；年轻女子早死或少女夭折叫"蕙损兰摧"、"玉碎香埋"、"玉碎珠残"、"玉殒香消"等；一般人之死的普通说法如"走了"、"仙逝"、"归西"、"作古"、"永辞"、"永别"、"老了"等，不一而足。总之，不同身份的人、不同死法的人、不同年龄的人的死都有一套固定的避讳说法（关于这一点，张拱贵主编的《汉语委婉语词典》1～35 页，有很详细的关于"死"的委婉语汇编，可参阅）。现代也有一些新见的关于"死"的新避讳说法，如共产党人常说"见马克思"，音乐家之死叫"生命画上了休止符"，思想家之死叫"思想家停止了思想"，一般人普遍的说法有"心脏停止了跳动"等等。此外，还有古今对自己死亡的谦称或对他

---

① 陈望道：《修辞学发凡》，上海教育出版社 1997 年版，第 137 页。

人死亡的贬称说法，如"填沟壑"、"伸腿"、"翘辫子"等等。由于中国人特别忌讳"死"，李密说到自己父亲的"死"自然不能直说，必须避讳，加上中国封建时代要为长者尊者讳的传统，李密也要避说"死"字。又因为李密说的是自己父亲的"死"，所以既要避讳又要表谦，故而他选择了"见背"（离开了我）一词来婉转地表达自己父亲的死。这样的表达既符合中国人对"死"避讳的普遍心理，也符合中国封建时代为长者尊者讳的社会传统，同时也体现了对接受者晋武帝的尊重。至于说到自己母亲改嫁的事，这在封建时代也是应该回避的事。因为中国封建传统提倡女人"从一而终"，所以民间有一句俗语说："好马不吃回头草，烈女不嫁二夫男。"在封建时代说到别的女人改嫁尚且还要回避，说到自己的母亲改嫁，更是难以启齿的不光彩之事了。但是，这一事实是不能隐瞒晋武帝的。为此，李密又选择了讳饰表达策略，说自己母亲的改嫁是"舅夺母志"，将责任推到舅舅身上，说母亲的改嫁不是她自己的本意，她有心替丈夫守节，而舅舅剥夺了母亲的志向。这明显是往自己母亲脸上贴金，替母亲遮掩。这一真相接受者晋武帝是看得出来的，但因为它符合中国封建时代为长者尊者讳的传统，体现了"孝"的思想，所以皇帝是赞赏的。由上分析可知，李密说到自己父亲的死、母亲的改嫁，都运用了讳饰的表达策略，确是成功的高招，让晋武帝感觉到他确是一位孝子贤孙，无法不成全他的孝行，同意他拒官不做的请求。如果李密不采用讳饰表达策略，直说父亲死了，母亲改嫁了，晋武帝也许不仅不批准他不出山做官的请求，还会以"不孝"这一顶封建时代谁也扛不了的大帽子为名治李密以"大逆不道"之罪。可见，李密的表达策略真是运用得高妙！

不仅"死"和"改嫁"之类的事，宜以讳饰表达策略来表达，凡是不洁、不雅、不祥、不好之事物，亦复如此。不洁之事的讳饰，如台湾作家阿盛的散文《厕所的故事》中有这样一段文字：

> 三年级放寒假的时候，爸和叔叔们合资盖了一间厕所。"落成"那天，我们几个小孩子热烈的讨论谁应该第一个使用，六叔把我们拉开，他说他是高中生，当然是第一。他进去了，一下子又走出来，很不高兴的样子，原来，有人进去过了，六叔一口咬定是那个泥水匠，他嘀咕着说要找泥水匠算账，……那天晚上，爸和叔叔们在院子里聊天，聊到这件事，二叔说，新厕所有外来的"黄金"，大吉大利，六叔不同意，他认为新厕所应该由自己人开张才有新气象，爸没有意见。

这里作者所说的"新厕所有外来的'黄金'"和"他认为新厕所应该由自己人开张才有新气象"两句，都是运用了讳饰的策略来表达的，它们所说的意思，接受者一看便明白，但由于作者没有直白地说出，而是用相关的词语来掩饰，所以文章读来就显得高雅，给人以美的享受，从而提升了文章的审美价值。如果直说本事，可能读者在阅读接受时就会感觉不洁而引发不愉快的情感情绪，文章的审美价值就会降低。

不雅之事的讳饰也很常见。如鲁迅《且介亭杂文·病后杂谈》中有一段文字写道：

> 我想，这和时而"敦伦"者不失为圣贤，连白天也在想女人的就要被称为"登徒子"的道理，大概是一样的。

鲁迅这里所说的"时而'敦伦'者不失为圣贤"和"连白天也在想女人的就要被称为'登徒子'"，都是运用了讳饰的表达策略。它们的意思分别是"时而过过夫妻性生活的人不失为圣贤"、"连白天也在想女人的人就要被称为色鬼（或好色之徒）了"。这层意思，鲁迅没有这样直说，而采用文中那种讳饰的策略表而出之，读之令人觉得优雅含蓄，在很大程度上提升了文章的审美价值。如果直白本事，读之便会显得粗俗，文采顿失。

不祥之事的讳饰在中国文化传统里更是历史悠久，日常生活中也是司空见惯。如看望生病的人，不能说"死"字（上海人探望病人时送礼忌送"苹果"，这是因为上海话中"苹果"与"病故"音近，这也是讳饰不祥之事）；结婚典礼上不能说"散"（婚恋中忌送"伞"，也是因为"散"与"伞"谐音，不吉祥）；考试前，应考者忌人说"落第"，如果应考者什么东西落到地上，别人说"及地了"，他会很高兴，因为"及地"谐音"及第"，考上了，如说"落地了"，他会不高兴，因为"落地"谐音"落第"，没考上。又如明代陆容写有一本叫《菽园杂记》的书，内中记录了明代吴地民俗忌说不祥事物的很多例子，如船行讳说"住"、"翻"，说"箸"为"快儿"，叫"幡布"为"抹布"；忌说"离散"，叫"梨"为"圆果"，"伞"为"竖笠"；忌说"狼藉"，叫"榔槌"为"兴哥"；忌说"恼躁"，说"谢灶"为"谢欢喜"等等。这类讳饰的说法，我们现代还能时时听到。我有一位同学，他吃鱼时，一面吃完了，要翻过来吃另一面，他从不说"翻过来"，他一定说"正过来"，这就是长久以来忌说"翻"字的无意识的避凶趋祥的语言心理的典型凸现。这类忌言不祥之事的讳饰表达策略的运用，在日常生活中举不胜举，尤其是在文化层次不高的人群中特别突出，这大概是因为受传统影响较深的缘故。

不好之事的讳饰，在人们的语言表达中亦是常见的。如生病、失败等，都在讳饰之列。如《文汇报》1995年1月13日有一则体育新闻，标题是：

世界围棋最强战弈罢九轮，<u>副帅马晓春马失前蹄</u>

这里"副帅马晓春马失前蹄"一句，即属对不好之事的讳饰，它主要是通过"马失前蹄"一语来表达的。"旧时打仗，战将常因'马失前蹄'而导致战败。后因以为喻，婉指工作失误，比赛等失利。"① 围棋世界比赛失败对比赛者马晓春本人乃至中国的广大围棋爱好者来说，都是件不好的事，直说出来对比赛者本人和国人都是一种情感刺激，所以记者在这则新闻报道中就运用了讳饰表达策略，婉转地将比赛失败的结果传递给广大读者和围棋爱好者，以消解他们激动而悲伤的情绪。很明显，这种表达策略的运用是成功的，表达效果也是好的。

讳饰表达策略的运用可以收到表意婉转的效果，所以说写活动中对于那些可能伤及接受者或关涉者情感的不祥、不洁、不好、不雅之事，应该尽量采用讳饰表达策略来进行，这对表达者的言语交际目标的圆满达成是大有助益的。

四、藏词：君子之交淡如，醉翁之意不在

一士人家贫，与其友上寿，无从得酒，乃持水一瓶称觞曰："君子之交淡如。"友应声曰："醉翁之意不在。"

这是明人冯梦龙《古今谭概·巧言》中所说的一个故事。那位贫穷的读书人和他的那位善解人意朋友的一说一答，语含玄机，真是耐人寻味的绝妙好辞，读之让人感佩不已。

那么，这二人的一说一答何以显得如此高妙呢？这与他们所运用的表达策略有关，其所运用的就是修辞学上所说的"藏词"策略。

所谓"藏词"，是一种在说写中将人们习用或熟知的成语或名句的某一部分藏却，而以其中的另一部分来替代说写，以获致婉转含蓄效果的语言表达策略。藏词可以分为三类：一是"藏头"，即将某一成语或名句的前一部分藏却，只说后一部分；二是"藏尾"，即将某一成语或名句的后一部分藏却，只说前一部分；三是"藏腰"，即将某一成语或名句的中间部分藏却，只说头和尾。上述士人与其朋友所说的话，运用的都是"藏尾"策略。士人所说的"君子之交淡如"，是由《庄子·山木》篇中的名句"君子之交淡如水，小人之交甘如醴"的前一句，藏去末一字"水"而成的。朋友做寿，士人理应送酒相贺，可是士人是个穷书生，送不起酒，但又一定要这样做，所以无奈中他就用酒瓶装了瓶水权

---

① 张拱贵主编：《汉语委婉语词典》，北京语言文化大学出版社1996年版，第210页。

且充酒为友人贺寿。但是他这样做必须跟朋友说明，如明说："老朋友，请原谅，我没有钱买酒为你祝寿，就装了瓶水表表心意吧"，不但自己没面子，他的朋友在人面前也一定很尴尬。所以这位士人就选择了一个非常高明的表达策略——藏词，引庄子名句并藏去不能说出的"水"字，婉转地告知他的朋友："我没钱买酒送你，因为我们是君子之交，就装瓶水表表心意吧！"他的朋友也很聪明，也运用藏词表达策略，引宋人欧阳修《醉翁亭记》中的名句"醉翁之意不在酒，在乎山水之间"的前半句，并藏却关键的"酒"字，不露痕迹地解除了朋友的尴尬，并婉转地表示了自己的心意："我不在乎你送的是不是酒，我要的是你这个朋友的一片心意和真挚的友情！"真是会说话，把话说到了朋友的心坎上，可谓是有情有义、善解人意的好朋友。贫士有这样一位朋友，也是他的福分了！如果朋友直说："老朋友，别客气，送水当酒也没关系，有你一番心意就够了"，那么那位贫士将要找个地缝钻进去了，还有什么颜面呢？由此可见，贫士和他的朋友真的是很有语言智慧，读此故事，我们不得不衷心感佩其表达的高妙，同时也可见出藏词表达策略不同凡响的独特效果。

藏头表达策略的运用，如鲁迅《"题未定"草》一文有段文字说：

> 由前所说，"西崽相"就该和他的职业有关了，但又不全和职业有关，一部分却来自未有西崽以前的传统。所以这一种相，有时是连清高的士大夫也不能免的。"事大"，历史上有过的，"自大"，事实上也常有的；"事大"和"自大"，虽然不相容，但因"事大"而"自大"，却又为实际上所常见——他足以傲视一切连"事大"也不配的人们。有人佩服得五体投地的《野叟曝言》中，那"居一人之下，在众人之上"的文素臣，就是这标本。他是崇华，抑夷，其实却是"满崽"；古之"满崽"，正犹今之"西崽"也。

这段文字是鲁迅针对当时林语堂《今文八弊》批评"今人一味仿效西洋，自称摩登，甚至不问中国文法，必欲仿效英文，……此类把戏，只是洋场孽少怪相，谈文学则不足，当西崽颇有才。此种流风，其弊在奴"，"其在文学，今日绍介波兰诗人，明日绍介捷克文豪，而对于已经闻名之英、美、法、德文人，反厌为陈腐，不欲深察，求一究竟。此与妇女新装求人时一样，总是媚字一字不是，自叹女儿身，事人以颜色，其苦不堪言。此种流风，其弊在浮"之类的言论而发的议论。幽默大师林语堂的这些话，实际是在讽刺文学大师鲁迅。因为鲁迅当时正在翻译俄国作家果戈理的《死魂灵》，又曾介绍过波兰、捷克等国文学，所以在林语堂看来有"奴"、"媚"之嫌，是"西崽"。按照中国传统观念，对外族"奴"、"媚"便是失去民族气节的"失节"行为。鲁迅深察林语堂文章之讽意，所以这里故意运用藏词表达策略反唇相讥。"事大"是由中国古训"饿死事小，失节事大"后句藏去前半部分"失节"而来，"自大"是由成语"夜郎自大"藏去前半部分"夜郎"而来。鲁迅上述这段话的意思是，林语堂批评别人介绍波兰、捷克、俄国等国文学的行为是"奴"、"媚"的"西崽相"，实际上他自己主张介绍"已经闻名的英、美、法、德文人"正是"失节"的"奴"、"媚"行为，也是"西崽相"。林语堂批评不该介绍波兰、捷克等国文学，认为波兰、捷克等国"没有已经闻名的文人"，这是一种眼界狭小的"夜郎自大"的表现。尽管鲁迅的这段话的实质含义是骂林语堂是"奴"、"媚"英美法德等国文学的"西崽"，是不了解世界文学的"夜郎"，但由于运用了藏词（藏头）的表达策略，所以显得含蓄婉约而意味深长，骂人不带脏字，不失文学大师的风度，令人不得不佩服！

藏腰表达策略的运用，一般极少，但偶亦有见之。如南朝萧统《昭明文选·序》有云：

> 又楚人屈原，含忠履洁，君非从流，臣进逆耳，深思远虑，遂放湘南。耿介之意既伤，壹郁之怀靡愬；临渊有《怀沙》之志，吟泽有《憔悴》之容。骚人之文，自兹而作。

这里作者萧统叙屈原之事，其中"君非从流，臣进逆耳"两句都是运用了藏词表达策略，后句运用的是藏头（即由"忠言逆耳"藏头而来），前句"君非从流"是"典型的'藏腰'。在'从''流'中间藏去'善'字。从善如流，是中国社会上习见的成语"①。作者这里将"从善如流"藏去中间两字，不仅使本句与邻近几句构成以四字行文的整齐形式，更使表意婉约，文章显得深沉典雅，效果明显很好。

藏词表达策略的运用可使表意婉约，说写显得深沉典雅，有良好的表达效果。但是运用时应该避免过于晦涩的情形，不可使接受者难以解读，否则表达者运用这一策略的意义也就不复存在了。

五、留白：诸君必以为便便国家……

五年，诸侯及将相相与共尊汉王为皇帝。汉王三让，不得已，曰：

---

① 沈谦：《修辞学》，台湾空中大学 1996 年版，第 384 页。

"诸君必以为便便国家……" 甲午，乃即皇帝位汜水之阳。

这是汉人司马迁《史记·高祖本纪》中的一段记载。刘邦打败了楚霸王项羽后，诸侯将相们都拍马逢迎，共同劝进刘邦当皇帝。刘邦谦让再三，最后还是做了皇帝。刘邦虽是地痞无赖出身，但最终能够战胜楚霸王项羽，开创了大汉王朝四百余年基业。尽管我们不能完全以成败论英雄，但我们也不能说他不是英雄。即以上述他的一番话来看，说得也极有水准，表达策略运用得很高妙。

那么，刘邦上述一番话运用的是什么表达策略呢？这就是"留白"。

所谓"留白"，是一种"由于感情复杂一时说不清楚，或是说清楚了反倒不如不说清楚的好，而有意留下空白，让接受者尽情发挥想象力和理解力加以填补"[1]，从而获致表意婉转含蓄、耐人寻味效果的语言表达策略。上述刘邦所说的"诸君必以为便便国家……"，是一句没有说完的话，他只说了一个假设条件"假设大家认为我做皇帝有利于国家"。在此条件下的推论结果"我就做皇帝"这一句，就没有说出了。当然，刘邦心里是特别想做皇帝的，如果不想做，他何必跟项羽争得死去活来的呢？尽管心里想，但他还是没有将想说的后半句说出来，得虚意表示一下谦逊的风格，不要让人看破自己猴急急地想做皇帝的心理，要表现一下自己的高风亮节。明明想做，却要推脱，且设了一个假设条件，以国家利益为借口，真是冠冕堂皇！这样好的表达，谁能不由衷地佩服呢？如果刘邦不运用留白的表达策略，直话直说，那就索然无味了，司马迁也不会记录他的话入史了。另外，司马迁记录刘邦的话，除了表现刘邦的语言智慧外，还有另一层用意：通过刘邦说话激动口吃，"便国家"说成了"便便国家"，不着痕迹地凸显了刘邦口是心非、忸怩作态的鲜活形象，真是"春秋笔法"的妙文！

刘邦想做皇帝不好意思明说，运用留白策略体面地达到了目的。可见，这一语言表达策略确实效果不凡。其实，留白表达策略的作用还不止于此，在表达中国人羞于启齿的男女感情问题上，也非常有效。如《月老报》1986 年第 16 期载有一篇萌雅写的《初恋》的文章，讲述了这样一个故事：

> 我与她曾八年同窗，此期间接触很少，相遇时也只打个招呼，点点头。我们都很年轻，踌躇满志而又矜持骄傲。
>
> 后来，我们都踏上了工作岗位。时光悠远逝去，我成了大小伙子。偶然的机会我得知她仍然是个老姑娘。于是我冒昧给她去一封信：
>
> 小莉：你好！听说……对吗？若真的话，我想……

---

[1]　谭永祥：《汉语修辞美学》，北京语言学院出版社 1992 年版，第 45 页。

　　　　你的同学　萌雅

　　过了15天，我终于收到她的回信：

　　萌哥：您好！也听说……对吗？若是的话，我也想……

　　　　你的小妹　莉

　　这就是我的初恋。

　　现实生活中，确实有很多有情男女因为种种缘故而失之交臂，最终没能成为眷属，着实令人遗憾。然而，这个故事里的男女主人公萌雅和小莉可谓是"失之东隅，收之桑榆"，最后的关头，由于彼此的努力而最终成就了美满姻缘，真是令人为之欣慰！萌雅和小莉二人之所以"有情人终成眷属"，除了二人关键时刻的勇气之外，还与他们彼此表达爱意的智慧策略有极大关系，他们没有选择实话直说的方式，而是运用了留白的表达策略。两人表达彼此相爱意向的信中"没有一个和主题'恋爱'有关的词语，双方心里想说的话，全都溶化在那六个小圆点里"①。然而，正是这种"不著一字"的表达，才使双方都能从情感上最大限度地接受对方，达成心心相印却心照不宣的默契。如果萌雅的信不运用留白策略，而是直白地说："听说你还没找着对象，如果是真的话，我们是老同学，彼此也了解，你就嫁给我吧。"这样表达的意思与上述萌雅的留白表达的意思尽管没有区别，但会使对方受不了，心理情绪都不愉快，似乎自己是嫁不掉的老姑娘，现在要你老同学来"救济"似的，你想哪个大姑娘自尊心受得了？结果必然砸锅，不落顿臭骂才怪呢！如果小莉的回信不运用留白策略，而是直说："也听说你还没找到对象，若真的话，那我就嫁给你吧。"这样表达的意思也与她信上留白表达的意思没差别，可是真这样表达出来，萌雅也受不了，似乎小莉是可怜自己找不到老婆才"牺牲"自己似的。再者，这样表达，一个姑娘应有的羞涩感和矜持感全没了，萌雅也会看轻她的。由此可见，萌雅和小莉真的很有语言智慧，留白表达策略在男女情感表达方面真是效果奇特！

　　除此，留白表达策略的运用在日常生活中还有消解语言冲突，融洽人际关系的效果。如钱钟书小说《围城》中有这样一个情节：

　　　　鸿渐听他说话转换方向，又放了心，说："是呀！今天飞机震荡得利害。不过，我这时候倒全好了。也许她累了，今天起得太早，昨天晚上我们两人的东西都是她理的。辛楣，你记得么？那一次在汪家吃饭，范懿造她谣言，说她不会收拾东西——"

---

① 谭永祥：《汉语修辞美学》，北京语言学院出版社1992年版，第47页。

"飞机震荡应该过了。去年我们同路走，汽车那样颠簸，她从没吐过。也许有旁的原因罢？<u>我听说要吐的——</u>"跟着一句又轻又快的话——"当然我并没有经验。"毫无幽默地强笑一声。

鸿渐没料到辛楣又回到那个问题，仿佛躲空袭的人以为飞机去远了，不料已经转到头上，轰隆隆投弹，吓得忘了羞愤，只说："那不会！那不会！"同时心里害怕，知道那很会。

方鸿渐被国立三闾大学校长高松年解聘后，与女友孙柔嘉从桂林坐飞机绕道香港回上海完婚，路上二人双飞双宿。到了香港，原来的同事赵辛楣请吃饭，孙柔嘉因飞机震荡呕吐，不能赴宴，赵辛楣以为孙柔嘉怀孕了，所以就想告诉方鸿渐："我听说要吐的是怀孕的征兆。"但是他知道方孙二人没有办结婚手续就同居的，所以他就没把话说完，只说了"我听说要吐的——"这是运用了留白表达策略。尽管话没说完，意思方鸿渐却明白，所以连说"那不会！那不会！"赵辛楣的意思表达恰到好处，婉约含蓄，既打趣了朋友，又保全了朋友的面子，融洽了朋友间的关系。如果直白地说出本意，那么方鸿渐肯定颜面尽失，这顿接风宴就没法吃下去了，朋友关系也要大受影响。可见，留白表达策略的运用作用真是不小。

留白表达策略有上述诸多独特的表达效果，但这种表达策略的运用需要有特定的语境帮助，否则接受者不能解读，那表达者的交际目标就不能实现，表达策略的运用也徒然无效。

六、镶嵌：总而言之，统而言之，不是东西

<u>民犹是也</u>，<u>国犹是也</u>，<u>何分南北</u>？
<u>总而言之</u>，<u>统而言之</u>，<u>不是东西</u>！

"民初北洋军阀弄权，曹锟靠贿选当了总统，举国大哗，人神共愤。"[①] 著名学者章太炎遂作此《讽曹锟》联语，讽之刺之讨之伐之，可谓大快人心，令人叹妙！

那么，章太炎的这副联语妙在何处呢？仔细分析，我们不难发现，它的高妙处就在于讽刺讨伐含蓄婉约且耐人寻味。而这一表达效果的取得则是源于他所运用的一种表达策略——镶嵌。

---

① 沈谦：《修辞学》，台湾空中大学1996年版，第406页。

所谓"镶嵌"，是一种为着表意的婉转含蓄或是耐人寻味的机趣而有意将某些特定的字词镶嵌于语句之中的语言表达策略。上述章太炎所要表达的语意是说："民国何分南北？总统不是东西！"但是章太炎没有这样直白地说，而是选择了镶嵌表达策略，将表达这层语意的特定几个字词镶嵌于两个完整的语句中，让人思而得之，表达婉转，骂人尖刻而含蓄有机趣，耐人寻味，令人拍案叫绝！如果直陈本意，那就和泼妇骂街没什么区别了，章太炎也就不成其为章太炎了。

说到章太炎骂人机趣，这里想起宋代大文豪苏东坡运用镶嵌表达策略为官妓脱籍的故事。宋人陈善《扪虱新话》下集卷之三《东坡为郑容落籍高莹从良》条记其事云：

> 东坡集中有《减字木兰花》词云："<u>郑</u>庄好客，<u>容</u>我樽前先堕帻，<u>落</u>笔生风，<u>籍</u>甚声名独我公。<u>高</u>山白早，<u>莹</u>雪肌肤那解老，<u>从</u>此南徐，<u>良</u>夜清风月满湖。"人多不晓其意。或云：坡昔过京口，官妓郑容高莹二人尝侍宴。坡喜之，二妓间请于坡，欲为脱籍。坡许之而终不为言。及临别，二妓复之船所恳之，坡曰："尔但持我此词以往，太守一见，便知其意。"盖是郑容落籍高莹从良八字也。此老真尔狡狯耶。

中国封建社会的很多朝代都有蓄养官妓的风气，而官妓一旦入籍就很难脱籍从良，过正常人的生活，这实在是一种罪恶的制度，是对妇女的迫害。郑容和高莹是北宋时代京口的两位官妓，自然也有着很多封建时代官妓的痛苦，所以就时时想着脱籍，但是那时严格的官妓"户籍"管理制度又何以能够摆脱呢？想脱籍，没门！进来了就甭想溜号，就别再想当良家妇女，过正常人的生活了。但是，二人为此都作了最大的努力。真是机会最宠幸于有心人！一次，大文豪苏东坡经过京口，官妓郑容和高莹陪风流的苏学士喝酒聊天（类似我们今天所谓的"三陪小姐"所为，不过今天的"三陪小姐"没她们文化素质高，封建时代的不少歌妓或妓女都是琴棋书画样样精通的，有品位的名流也不在少数），侍候得苏大人很是高兴。郑、高二位"小姐"就趁机向苏大人提出了一个要求，希望他能帮助她们落籍从良（也就是利用职权或关系把她们的官妓"户籍"取消，让她们做个良家妇女，嫁人生子，过上正常人的生活）。苏东坡答应了她们的要求，可就是不去为她们说办此事。等到东坡要离开京口时，郑、高二位"小姐"着急了，又去东坡大人的船上恳求此事。苏大人就写了上述那首《减字木兰花》词交给二位"小姐"，叫她们拿这首词找她们的上级领导太守大人即可，说，太守见词就知。当然，凭苏东坡的关系和名望，最后当然能办成的。东坡是风雅文人，为两个官妓办事不便于直说要求，所以就运用封建时代文人都喜爱的镶嵌表达策略，将自己请托于太守的事项——"郑容落籍高莹从良"这几个特定的字词镶嵌于词作之中，送给太守。太守当然是风雅文士出身，能够得到东坡的赠词，那是无上光荣的事。当然他更能解读得出东坡词中所嘱托的事。如果能办，太守自然就爽快地办了；如果实在为难，太守权限不及，不能办，可以理解为太守不解词作用意，也可以理解为东坡仅是赠词，没有求托太守什么事，双方都不尴尬。可见，苏东坡这里运用镶嵌表达策略是何等的智慧，表达婉约含蓄，且充满机趣、风雅，真是让人佩服得五体投地！

镶嵌表达策略是中国古代文人常喜欢运用的，现代这种表达策略的运用相当少了。但是如果运用得好，能推陈出新，创出新意，还是大有用武之地的。如1991年3月14日台湾《中国时报》有一则报道说：

> 昨天，台视举行《雪山飞狐》试片会，会场高挂两标语："雪山压垮望夫崖，飞狐踹倒张三丰"，足可见台视企图借《雪山飞狐》重拾八点档威风的决心。

这里所说的台视试片会会场悬挂的标语是什么意思？据台湾学者沈谦教授解释，台湾有三大知名电视台：中视、华视、台视。当时中视正播映电视剧《望夫崖》，华视正播映《张三丰》。台视为了争夺电视观众，所以打出了这幅标语，意在与其他两家电视台竞争，是一种广告战。最后，台视是否盖过其他两家电视台，我们不知道。但是，台视所打出的这幅标语确实很煽情，表达效果很好。它把镶嵌表达策略运用到了电视广告战上，真是有创意，有商业头脑，而且还真是运用得好，婉约含蓄地贬低了对手所播的节目，抬升了自己所播映节目的可看性，让对手又生气又服气，让观众心知是宣传夸张却又不能不信、不看，堪称广告中的绝妙好辞！

由上可见，镶嵌表达策略的运用确能获致较好的表达效果。但是，应当指出的是，这种策略的运用应该在确有需要时运用，不可为卖弄文字技巧而为之，否则便会堕入文字游戏的恶趣之中。

七、倒反：跪在床前忙要亲，骂了个负心回转身

> 云鬟雾鬓胜堆鸦，浅露金莲簌绛纱，不比等闲墙外花。骂你个俏冤家，一半儿难当一半儿耍。
>
> 碧纱窗外静无人，跪在床前忙要亲，骂了个负心回转身。虽是我话儿嗔，一半儿推辞一半儿肯。

　　银台灯灭篆烟残，独入罗帷掩泪眼，乍孤眠好教人情兴懒。薄设设
被儿单，一半儿温和一半儿寒。
　　多情多绪小冤家，迤逗得人来憔悴煞，说来的话先瞒过咱。怎知
他，一半儿真实一半儿假。

　　这是元代大剧作家关汉卿的散曲《【仙吕】一半儿·题情》中的文字，写男
女欢爱中相聚的绸缪与相离的难耐之情，很是缠绵悱恻，生动逼真，耐人寻味，
也令人感动。
　　那么，这首散曲何以有如此好的表达效果呢？原因固然是多方面的，但其中
与作者三次所运用到的一个表达策略是有干系的。这个表达策略就是"倒反"。
　　所谓"倒反"，是一种正意而用反意来表达的语言策略。它可以分为两类，
一叫"倒辞"，是"因情深难言，或因嫌忌怕说，便将正意用了倒头的语言来表
现，但又别无嘲弄讽刺等等意思包含在内的"；二叫"反语"，是"不止语意相
反，而且含有嘲弄讥刺等意思的"。①
　　上述关汉卿的散曲，其中第一、二、四曲都运用了倒反表达策略，且都属于
"倒辞"类。所谓"骂你个俏冤家"，其实就是"叫你声最亲爱的人儿"；所谓
"骂了个负心回转身"，就是"叫了声亲爱的回转身"；所谓"多情多绪小冤家"，
就是"多情多绪亲爱的人儿"。由于正意反说，两位有情人之间难表的深情才能
得以凸显，两人相聚时的恩爱缠绵和离别时的相思苦痛才能鲜明地表现出来，女
子见情郎撒娇撒痴的生动情态才能逼真鲜活地呈现出来。这就是作家之所以运用
这一表达策略的缘由，也是这一表达策略的独特魅力所在。如果正意正说，反而
显得平淡了，不够感人，不够生动。
　　"反语"策略的运用，情况亦然。如《五代史·伶官传》记有这样一个
故事：

　　庄宗好畋猎，猎于中牟，践民田。中牟县令，当马切谏为民请。庄
宗怒，叱县令去，将杀之。伶人敬新磨知其不可。乃率诸伶走追县令，
擒至马前，责之曰："汝为县令，独不知吾天子好猎耶？奈何纵民稼穑
以供税赋，何不饥汝县民而空此地，以备吾天子之驰骋？汝罪当死！"
因前请亟行刑。诸伶共唱之。庄宗大笑。县令乃得免去。②

---

① 陈望道：《修辞学发凡》，上海教育出版社1997年版，第132～133页。
② 此例引自陈望道：《修辞学发凡》，上海教育出版社1997年版，第134页。

　　五代后唐的开国皇帝庄宗李存勖因是武将出身，好打猎。一次打猎至中牟县，马践民田。中牟县令是个正直为民的好官，认为皇帝为打猎取乐而践民田不对，就当马向庄宗痛切陈说其行为失当，为民请命。庄宗很恼怒，斥骂喝退中牟县令后，还不解恨，又要杀了他。伶人（宫中御用艺员）敬新磨觉得皇上这么干不对头，于是就率领诸伶人跑步追赶中牟县令，将他擒至庄宗马前，斥责数落他的不是，说："你是县令，难道不知道我们的皇上喜爱打猎吗？你为什么要纵容老百姓种庄稼来供国家的税赋呢？为什么不让你们县的百姓饿着肚子，将田地空出来，以备我们的天子纵横驰骋打猎呢？你该当死罪！"说完马上请求庄宗赶快把中牟县令杀了，别拖了。诸伶人也帮腔共唱。庄宗是一代开国之君，也是明白人，知道敬新磨的意思，加之诸伶人的双簧戏搞笑，忍不住大笑，就赦免了中牟县令。庄宗要杀中牟县令，敬新磨积极怂恿他快杀，结果金口玉言的皇帝却收回了成命，没有杀中牟县令，这是何故？这是因为敬新磨谏说皇帝时运用了一种非常有效的表达策略——反语，将其所要表达的正意以反语来表现，表面是数落中牟县令的不是，实质上是为中牟县令歌功颂德，从而十分婉约含蓄地提示了皇帝行为的失当，让皇帝思而得之，自己体面地下台，主动收回成命，由此中牟县令的性命得到挽救，庄宗在历史上的声名也得以维护。如果敬新磨直话直说："中牟县令没错，他鼓励百姓种庄稼为国家供赋税，这是有功于国的良臣好官，皇上你却因为打猎取乐践民田而要杀为民请命的好官，你的行为是错误的"，那么不仅救不了中牟县令，自己的小命恐怕也得搭上。臣下怎么能这样对皇上说话呢？再说敬新磨只是个供皇上取乐的伶人而已，要提谏议还轮不上他呢！所以，敬新磨是聪明人，他的表达策略运用得充满智慧，也运用得得体，确实值得上史书写一笔！

　　古人喜欢运用倒反表达策略，现代人亦然。如鲁迅《"题未定"草》一文有云：

　　旧笑话云：昔有孝子，遇其父病，闻股肉可疗，而自怕痛，执刀出门，执途人臂，悍然割之，途人惊拒，孝子谓曰，割股疗父，乃是大孝，汝竟惊拒，岂是人哉！是好比方；<u>林先生云："说法虽乖，功效实同"，是好辩解。</u>

　　这里，鲁迅所说的一个孝子想以股肉疗亲来尽大孝，却自己怕痛而执刀割路人肉，遭拒反怪他人的故事，其意是指斥林语堂先生的观点是强词夺理，是不讲道理的诡辩。但是，鲁迅却并未这样直说，而是运用了倒反表达策略，以反语来表达，既婉转地指斥了林语堂先生的观点之荒谬，又显示了文人之争的温文尔雅的风度，真不愧为文学大师！

倒反表达策略是一种极端的婉转表达策略，表达者运用时应该注意把握，接受者理解时更要用心体会。否则，表达者的交际目标不能实现，接受者会错了意，那么这种语言表达策略的运用就失败了，没有起到它应有的作用。

八、析字：五人张伞，四人全仗大人遮

> 有三女而通于一人者，色美而才。事发到官，出一对云："三女为奸，二女皆从长女起。"一女对云："五人张伞，四人全仗大人遮。"官薄惩之。

这是清人褚人穫《坚瓠首集》卷二"巧对"条所讲的一个故事。有三个女子，不仅长得美貌动人，而且很有才学，三人共通于一男子，大概这男子是个美男子兼大才子，不然不会引三位美才女为之动心，且一个"甜点"三人分而不致引发她们天生的醋劲。不管是什么原因，反正这在中国封建社会是件伤风败俗的大丑闻，是不得了的事（放在今天，问题不大，这是她们的自由，只要两厢情愿，想跟谁好就跟谁好，旁人管得着吗？顶多算是作风问题）。所以东窗事发后，就到了官府。未曾料到问案的大老爷是位好文的才子，他不问案情，先说了一句："三女为奸，二女皆从长女起。"其中一女子明白这位老爷的意思，是叫她们对对子呢！于是有一位女子就对上了一句："五人张伞，四人全仗大人遮。"结果，本来应该判大罪的，老爷却只给她们一点小小惩罚就放过她们了。

那么，这女子何以能让问案的官老爷一高兴就放她们一马（其实何止"一马"，放了不知"几马"），没怎么追究她们伤风败俗的大罪就饶了她们呢？这就是那女子的本事了。她运用了一种非常好的表达策略，表露了不凡的才学和智慧，让老爷佩服，让老爷高兴了。这种表达策略就是"析字"。

所谓"析字"，是一种利用汉字特有的条件，离合、增损汉字字形婉转含蓄或机趣地表情达意的语言表达策略。上述那位作奸犯科的女子回答官老爷的话以及官老爷自己的话，都是运用了析字表达策略的绝妙文本，用的都是离合字形的方法。汉字"奸"的原来写法是"姦"，所以官老爷将之离析为三个"女"字，并由此引出"三女为奸，二女皆从长女起"的话，是先离析，再拼合，婉转含蓄地表达了这样一个意思："你们三人作奸犯科，是谁领的头？"这种表达，既委婉地问了案情，又于问话中暗考了三个女子的才学，让她以同样的表达策略回答问题，申辩理由，同时得显露才学，对上一个好的下联。所幸老爷的这些机巧心思那位对答的女子都心领神会了，于是便运用离合字形的析字表达策略对了下

联："五人张伞，四人全仗大人遮。""伞"原来的写法是"傘"，由五个"人"
字和一个"十"字构成。那女子便利用此汉字的结构部件做文章，作出上述下
联，婉转地向老爷求情："我们做错了事，请老爷遮护，网开一面，放我们一
马。"但表面没有这层意思，全蕴含在联语的字里行间，既婉约蕴藉地向老爷求
了情，又显露了自己不凡的才学，令老爷不能不佩服，不能不惜才放她们一马。
那才女能将析字表达策略的作用发挥得如此淋漓尽致，我们今天读此故事也不能
不由衷地感佩！

　　上面所讲是离合字形的析字策略运用，下面我们再看曹操损形的析字表达策
略运用。南朝宋人刘义庆《世说新语·捷悟》中记其故事云：

　　　　杨德祖为魏武主簿，时作相国门。始构榱桷，魏武自出看，使人题
　　门作"活"字，便去。杨见，即令坏之。既竟，曰："'门'中'活'，
　　'阔'字，王正嫌门大也。"

　　杨修（字德祖）做魏武帝曹操（曹操称魏武帝是曹操之子曹丕篡汉建立魏
政权后追封其父的称号，曹操实未称帝）的主簿（本是汉代中央及郡县官署所
置典领文书，办理事务的官员。魏晋以后，渐为统兵开府大臣幕府中的重要僚
属，参与机要，总领府事）时，曹操还是汉朝的丞相。杨修为曹操监造相国门。
相国门刚架构椽子时，曹操亲自出来察看，没说什么，只让人在门上题了一个
"活"字后便扬长而去了。杨修是个绝顶聪明的人，见状立即让人把刚建好的门
毁了，并告诉大家："'门'中有'活'字，是'阔'字，魏王（曹操曾被汉献
帝封为魏王）嫌门建得太阔了。"曹操嫌门建得太阔，没有明说，而是运用了析
字中的损形表达策略，委婉曲折地告诉监修人杨修，这门造得太阔大，太扎眼
了，不好，拆了重造。杨修是个足智多谋的谋士，曹操的这点小聪明他一下子就
破解了。也许因为杨修太聪明，后来应了中国的一句老话："聪明反被聪明误。"
杨修与曹操之子曹植关系很好，曹植引之为羽翼。后来曹植失宠于曹操，曹操虑
及杨修太有智谋，同时杨修又是曹操的宿敌袁术之甥，怕自己死后留下后患，遂
借故把杨修杀了。当然，这是后话。不过，在这个故事发生之时，曹操与杨修君
臣之间关系还是不错的。所以曹操的表达是恰当的，他不便直接批评杨修说：
"这门太阔了，扎眼，拆了重建！"他运用析字表达策略来表情达意，一来显得
婉转，二来也想试试杨修的智慧，可谓一箭双雕，曹操不愧是一代奸雄！刘义庆
之所以要记这一个故事恐怕也是要表现这一点。

　　离合汉字字形的析字表达策略和损形的析字表达策略都有很独特的表达效
果，那么增形的析字表达策略效果又如何呢？记得小时候听人讲过这样一个故

事：有一个读书人家，父子二人都考中进士，这在封建社会可是件了不得的事。父子二人都掩饰不住内心的激动，于是就贴出一副对联："父进士，子进士，父子皆进士；婆夫人，媳夫人，婆媳皆夫人。"这样张狂的对联，看在别人眼里自然就有想法。于是有一位士子在夜里提了一支笔，在此对联的文字上略动了点手脚，便变成了这样一副对联：

> 父进土，子进土，父子皆进土；
> 婆失人，媳失人，婆媳皆失人。

士子夜中所改的对联，较之原对联只是将"士"字下的一横加长了，在"夫"字左上角加了一撇，都是在字形上做了点手脚而已，属于增形的析字表达策略。这一表达策略的运用，一下子就让那家得意的父子婆媳由天堂跌入了地狱，可谓骂人不费吹灰之力。虽然那改联的士子骂人有些过分尖刻，不够厚道，但是他的语言智慧则不由人不佩服！

在现代，运用这种表达策略的也不少，如台湾电视剧《追妻三人行大运》中有这样一个片断：牛家威是个很花心的男人，有个女子以请他的公司为她的女人内衣新产品做广告为由，来到牛家威的办公室与他厮磨。正在这个当口，负责此项广告策划的小蔡又不识相地进来了。这时牛家威对小蔡说了这样一句话：

> 两个山字叠在一块叫什么？

接着小蔡就马上退出牛家威的办公室了。

那么，小蔡何以听了此话就马上退出牛家威的办公室呢？原来，牛家威的话运用了析字表达策略，婉转地请小蔡"出去"。因为两个"山"字叠一起，即为汉字"出"。很明显，牛家威的表达策略是高明的，表意婉转，给小蔡留了面子，也在女人面前显出有才学有风度。如果直说本意，那么，他的下属小蔡是受不了的，自己在女人面前也失了风度。可见，析字表达策略只要运用恰当，不管是古是今，都有独特的效果。

虽说析字表达策略有达意婉约和传情机趣的独特效果，是一种有效的表达策略，但是我们应该注意，这种表达策略的运用应该根据需要，不能为卖弄文字技巧而硬性为之，那样就变成无谓的文字游戏了，是不足取的。

九、讽喻：单提老子的胡子做什么

有一天，参政员开会休息时，三三两两坐着闲谈，有人讲了些嘲笑胡子的笑话，说完还对沈老（沈钧儒）发笑，沈老是有一口不算小的胡子的。他立即笑着说："我也有一个胡子的笑话可以讲讲。"大家很诧异。沈老接着说："当关、张遇害之后，刘备决定兴兵伐吴，要从关兴、张苞二人中选一个当正先锋，叫他们当场比武，结果不分胜负，又叫他们各自讲述他们父亲的本领。关兴说他父亲过五关、斩六将；斩颜良、诛文丑，温酒斩华雄，讲了一大套。张苞也说他父亲如何一声喝断灞陵桥，'如何'三气周瑜芦花荡等等，说得也有声有色。关兴急了，说：'我父亲丹凤眼、卧蚕眉，一口长髯，飘到胸口，人称美髯公，你爸爸比得了么？'正讲到这里，关羽忽然在空中'显圣'了，横刀怒目对关兴说：'你老子有这么多长处你不说，单提老子的胡子做什么？'"自然，大家听完也是哄堂大笑。

这是徐铸成《旧闻杂忆续篇·王瑚的诙谐》一文所记沈钧儒"借着关公'显圣'骂关兴的话，来'反击'那几位嘲谑沈老胡子的参政员们"的轶事。[①]读来令人回味无穷，深为沈老表意的独特魅力所倾倒。

那么，沈老的这番话何以有这等深厚的魅力呢？这是因为沈老运用了一种很好的表达策略——讽喻。

所谓"讽喻"，是一种通过临时编造一个故事来寄托其讽刺或教导意向的语言表达策略。这种表达策略的运用往往能获致一种深文隐晦的表达效果。这种表达策略一般可以区分为两种类型：一种是只编造一个故事，其深层含意通过故事本身来表现；另一种是讲完故事后，用一两句话交代故事的主旨。一般来说，前一种类型表达效果比较突出，使用也比较多。上述沈钧儒所讲的一番话，只是沈老想表达对同僚们取笑他大胡子的不满而临时编造的一个子虚乌有的故事，历史上并无此事。他的深层含意是说："你们这帮家伙，干吗无聊地拿我的胡子开玩笑！"这层意思如果这样直白地表达出来，那出语太过直露，会伤害同僚之间的感情，同时也显得沈老自己开不起玩笑。沈老的过人之处在于通过讽喻表达策略的运用，既婉转地表达了自己对同僚们拿他胡子取笑的无聊行为的不满之情，又显得幽默诙谐，表现了自己的风度，同时还讨了他人的便宜，把取笑他的人说成

---

① 谭永祥：《汉语修辞美学》，北京语言学院出版社1992年版，第430页。

了是他的儿子。真是妙不可言！

说到沈钧儒的机智诙谐，这里想到台湾学者沈谦教授《林语堂的"风流"与"诙谐"》一文所记载的幽默大师林语堂的一则幽默精言：

> 犹记得1961年，林语堂返台，定居于阳明山，有一回应邀至文化大学参观，事先与文大创办人张其昀约定，没有充分准备，不能演讲。但是当幽默大师出现在学校餐厅午餐时，师生蜂拥而至，争睹风采，并一再要亲聆"幽默"，林氏难违众意，只好说了一个故事：
> "古罗马时代，有一个人犯法，依例被送到斗兽场，他的下场不外两种，第一是被猛兽吃掉，第二是斗胜则免罪。罗马皇帝和大臣都在壁上静观这场人兽搏斗的精彩好戏。不料，当狮子进场后，这犯人只过去在狮子耳边悄悄说了两句话，狮子就夹着尾巴转身而去。第二回合老虎出来，依然如此。罗马皇帝问他：有什么魔力使狮子老虎不战而退。他从容不迫地说：没有什么，我只告诉它们，要吃掉我不难，不过最好想清楚，吃掉我之后必须要演讲！"

林语堂先生是非常有名的幽默大师，他到台湾文化大学被师生们围观且要他讲演，这是正常的事。但是，讲演不是那么容易的事，讲不好反而不美。所以，他事先就有言在先，没有充分准备是不作讲演的。可是，事出突然，文化大学的师生要求讲演的盛意又不便于拂逆，不便直通通地说："讲演太难，我今天讲不好，大家别为难我了。"如果真的这样说，那么林语堂也就不成其为林语堂，大家对他这个幽默大师一定很失望。好在林语堂毕竟是林语堂，灵机一动便有妙语，通过上述那个故事，既婉转地告诉大家："讲演谁都怕，我没有准备，大家还是别勉强我了"，又于这层语意的表达中讲述了一个有趣的故事，显现了幽默大师的幽默，令人真正领略了什么是幽默大师！

至于讽喻表达策略在中国古代的运用，则更为发达了，效果也很好。如汉人刘向《说苑·正谏篇》中记载了这样一个故事：

> 吴王欲伐荆，告其左右曰："有敢谏者死。"舍人有少孺子者，欲谏不敢，怀弹操丸于后园，露沾其衣，如是者三旦。吴王曰："子来，何苦沾衣如此？"对曰："园中有树，其上有蝉，蝉高居悲鸣饮露，不知螳螂在其后也；螳螂委身曲附欲取蝉，而不知黄雀在其傍也；黄雀延颈欲啄螳螂，而不知弹丸在其后之患也。"吴王曰："善哉！"乃罢其兵。

　　吴王要起兵伐楚，他怕大臣们劝谏，所以就有言在先，谁敢谏阻就处死罪。于是，大臣们都一个个缩回去，没人敢言了。但是吴王左右比较亲近的属官少孺子，觉得吴王这样干不对，国家大事怎么不让大臣发表意见呢？但是，吴王有言在先，自己要是提谏议，那不是自己寻死，活得不耐烦了吗？不过，少孺子想来想去，还是觉得国家利益重要，应该劝谏吴王，不过得想一个恰当的办法，寻求一个恰切的表达策略，让吴王能听进自己的谏议。于是，他就故意拿个弹弓在吴王后园荡来晃去，衣服都被露水打湿了，希望能引起吴王注意，并询问他缘由。如此这般三天，吴王觉得奇怪，就叫他过来问话："你过来，你为什么这样辛苦地起早贪黑，衣服都沾湿了呢？"少孺子终于让吴王上钩了，吴王终于问他话了，他就逮住了机会，说："园中有棵树，树上有只蝉，蝉高居树顶悲鸣饮露，它自以为与世无争，不会有什么危险，不知道它的身后此时正有一只螳螂在打它的主意呢！螳螂正委身曲附，拉开捕食蝉的架势要吃蝉的时候，螳螂不知道此时它的身后也有一个想吃它的黄雀在伸着脖子要吃它。而当黄雀正要吃螳螂时，它眼睛只是盯着螳螂，没想到它有被我怀丸操弹打下的危险。"吴王听到此，立即明白了少孺子之意，马上说："说得真好啊！"于是罢兵不攻打楚国了。少孺子的上述一番话，明显是他自己心里早就编好的一个子虚乌有的故事。他的本意并不是要给吴王讲这个故事，而是想表达这样一个谏议："大王，您出兵攻打楚国，国家一片空虚，这个时候要是有别的国家乘虚而入，我们吴国没有灭掉楚国，别人已把我们吴国给吞了，这样不是失算了吗？"但是，这样直话直说，吴王肯定是听不进去的，自己反而要招致杀身之祸。所以，少孺子就运用了讽喻表达策略，通过上述螳螂捕蝉，黄雀在后的故事，婉转含蓄地告诉了吴王应该考虑的问题，终于让吴王彻底醒悟自己决策的失当，及时罢兵，避免了国家可能发生的一场巨大危机。于此，我们可见少孺子是何等智慧，讽喻表达策略效果是何等独特不凡！

　　以上三例都属于第一种类型的讽喻，即只编造一个故事，所要表达的含意要接受者自己通过故事本身去解读意会，表达相当婉转含蓄。下面我们来看一例第二种类型的讽喻，即编造故事，末了自己点明主旨的讽喻。如《辜鸿铭笔记》中有这样一段文字：

　　　有一西人，身服之衣敝，召裁缝至，问："汝能制西式衣否？"
　　　曰："有样式，即可以照做。"
　　　西人检旧衣付之。越数日，裁缝将新制衣送来，剪裁一切无差，惟
　　衣背后剪去一块，复又补缀一块。西人骇然问故。
　　　答曰："我是照你的样式做耳。"

今中国锐意图新，事事效法西人，不求其所以然，而但行其所当然，与此西人所雇之裁缝又何以异欤？噫！

辜鸿铭所编的上述中国裁缝依样画葫芦的故事，其意是批评当时的中国学习西方不知选择，全盘西化的错误倾向，这层意思其实故事本身即已表达，作者怕其意不彰，遂于文末加了一句，点明了自己这个故事所要表达的主旨。这也是运用了讽喻表达策略，属于第二种类型。相比于第一种类型，这种类型在表意上婉转含蓄性弱了不少，但是比起直述本意的平常表达还是显得有些婉转，因为在本意表达之前还有一个犹如引桥般的铺垫，使本意表达不至于显得太过突兀，因而从接受上看还是显得较为婉转。

讽喻的两种基本类型，前一种在特定的语境中使用特别是在口语表达时运用效果较好，既能婉转达意，又不至于让接受者不可理解，而是令接受者思而得之，愉快地接受；后一种类型宜在文章中运用，虽然点明主旨弱化了表达的婉转含蓄性，但可突出所要表达的主旨，避免主旨晦涩难解而达不到表达的目的。

第五章　歌咏之不足，手之舞之足之蹈之：强化语意的策略

> 譬若老婆发了命令，穿大衫之丈夫可漫应之，Yes，dear；而许久不动，直至对方把命令改成央求，乃徐徐起立。穿西服之丈夫鲜能为此：洋服表示干净利落之精神，一闻令下，必须疾驱而前，显出敏捷脆快：Yes，dear，<u>未及说完，早已一道闪光而去，脸上笑容充满了宇宙。</u>久之，夫人并发令之劳且厌之，而眉指颐使，丈夫遂成了专看眼神的动物！这还了得，西洋男子必须革命！

这是老舍《代语堂先生拟赴美宣传大纲》一文中的一段文字，读之不仅让人哑然失笑，更让人由此对穿洋装男人"惧内"的形象印象十分深刻。

那么，这段文字何以有此独到的魅力呢？

别无他因，乃是因为其中的一句："未及说完，早已一道闪光而去，脸上笑容充满了宇宙"，有效地运用了"夸张"语言策略（属"超前夸张"），通过句际关系，让一前一后两个行动在逻辑事理上呈现出悖逆反差（即让其后一个动作"去"先于前一个动作"听"），从而凸显出穿洋服丈夫对太太之命奉若神明的生动情状，给人留下深刻印象。

说写表达中，能够企及强化语意印象的语言策略，除了上面所提到的"夸张"外，还有"反复"、"倒装"、"叠字"、"设问"、"层递"、"同异"等等。下面我们就分而述之。

一、夸张：白发三千丈，缘愁似个长

> <u>白发三千丈</u>，缘愁似个长。不知明镜里，何处得秋霜。

这是唐代大诗人李白的《秋浦歌》第十五首，诗仙怀才不遇、壮志难酬的无限愁情让人为之深切感动，读之心情久久不能平静！

那么，这短短二十字的短诗何以有如此深厚的艺术魅力呢？这与诗人运用了一种有效的表达策略——夸张，是密切不可分的。

所谓"夸张"，是一种说写表达时重在主观情意的畅发而故意违背客观事实或逻辑事理，对所叙写的对象内容进行张皇铺张，以获致深切感动人心效果的语言表达策略。夸张，一般可以分为两种基本类型：一是"普通夸张"，二是"超前夸张"。① 其中，普通夸张又可以分为两小类：一是极力夸大，一是极力缩小。

上述李白的诗句"白发三千丈"，即是属于极力夸大的普通夸张。这一诗句通过夸张表达策略的运用，充分凸显了李白才高而不为世用、空有凌云壮志而不能一展抱负的无以言表的愁苦之情，读之让人为之深深感动，情不自禁地为其抱不平。这首诗之所以千古流诵，实与诗人夸张表达策略运用的成功分不开。如果不运用夸张策略，按照事实逻辑来写，那么这首诗就不可能有如此深厚的艺术感染力，让千古读者为之感动。

普通夸张的第二种类型——极力缩小，也很常见。如雷达《走宁夏》一文中有这样一段文字：

> 银川变得美丽多了，平添了好多现代建筑，习习晚风中徜徉于新扩建的"步行街"，有种身在高原的抬升之感，如踩高跷一般。前些年我曾第一次匆匆到银川，只记得灰蒙蒙的天底下，矮平房密麻麻挤成一簇，只有赫宝塔和承天寺塔一西一北高耸云中，遂显得塔愈高而房愈矮。不知那天是我心情不好，还是天阴得重，竟觉得银川老城如一座萧瑟的大村寨。我听人说，昔日银川民谣曰："一个公园两只猴，一条马路两个楼，一个警察看两头。"极言其小而寒伧，现在自然不可同日而语了。

这段文字是写宁夏的最大都会银川市的今昔变化之大。其中作者引用的"一个公园两只猴，一条马路两个楼，一个警察看两头"这首民谣，即是运用夸张表达策略创造出来的，属于普通夸张的第二类——极力缩小的夸张。它生动形象地凸显了昔日银川市政建设的落后和街市的狭小不堪，给人留下了深刻印象，由此更深刻地体认到今日银川市变化之大。尽管昔日银川市之小狭不至于如民谣所言，但是若照事实来写，则不足以凸显银川市城市建设的落后，不能给人留下深刻的印象，也凸显不出今日银川市变化之大。很明显，作者引这首运用夸张表达策略描写的民谣来写昔日银川市是非常富有表现力的。

夸张的第二种类型超前夸张，是指后起的事象与先起的事象同呈或后起的事象呈现于先起的事象之前。这种夸张策略，在说写表达中也颇为常见。如清代曹雪芹

---

① 陈望道：《修辞学发凡》，上海教育出版社 1997 年版，第 129 页。

《红楼梦》第一回中有这样一段文字：

> 二人归坐，先是款酌慢饮，渐次谈至兴浓，不觉飞觥献斝起来。当时街坊上家家箫管，户户笙歌，当头一轮明月，飞彩凝辉，二人愈添豪兴，<u>酒到杯干</u>。

这里写贾雨村与甄士隐二人饮酒情状，其中"酒到杯干"一句，即是"将后起的现象'杯干'说成同先呈的现象'酒到'同时"①，属于超前夸张策略的运用，它鲜明地凸显出贾雨村、甄士隐二人谈兴正浓之时，加之美丽夜景之助，愈益豪兴逸发，酒喝得十分畅快的生动情景，一幅酒逢知己千杯少、良辰美景助人兴的夜饮图画历历在目，读之让人如见其人，如临其境，让人陶醉。这就是曹雪芹的妙笔，真是令人叹服！

　　夸张表达策略确实有一种深切感动人心的艺术效果，但是运用这一语言表达策略时应该注意两点："（一）主观方面须出于情意之自然的流露"；"（二）客观方面须不致误为事实"。② 所谓"主观方面须出于情意之自然的流露"，就是表达者用一种违反事实和逻辑事理的语言表情达意之时，确实是因表达者当时有一种深切强烈的情感不得不抒以求心理能量的释放。如《史记·项羽本纪》所记载的项羽垓下被围时自歌悲愤的《垓下歌》："力拔山兮气盖世，时不利兮骓不逝。骓不逝兮可奈何，虞兮虞兮奈若何！"其中，"力拔山兮气盖世"一句，就是项羽在表达自己英雄盖世、才能远胜刘邦不知多少倍却兵败垓下、走投无路的不平之情时运用夸张表达策略建构起来的文本。尽管我们知道，项羽夸称自己的才能"力拔山"、"气盖世"，并不是事实，而是有悖事实和逻辑事理的"无理之辞"，但是这一"无理之辞"确实是项羽当时强烈的愤激之情的真实自然的流露，"强烈地凸现了表达者项羽那种有旷世奇才而终不得伸展其旷世大志、有旷世之勇而终落得旷世惨境的旷世愤激之情，满足了表达者项羽在极端的怀才不遇而极端愤激的激情状态下释放影响其心理平衡的能量以获得心理平衡和情感纾解的需要"③。所以，后世读者明知项羽之言是言过其实、悖理悖情的无理之辞，还是为之深受感动，并为之洒一掬同情的热泪，这就是项羽夸张表达策略运用得自然的结果。项羽刚愎自用导致最终的失败，落得个自刎乌江的悲情结局，在事业上他是个失败者；但是，他撒手人寰前的这首《垓下歌》，由于夸张表达策略

---

① 陈望道：《修辞学发凡》，上海教育出版社1997年版，第131页。
② 陈望道：《修辞学发凡》，上海教育出版社1997年版，第132页。
③ 吴礼权：《修辞心理学》，云南人民出版社2002年版，第110页。

运用得自然高妙，千古流传，由此我们又不得不感佩他是个成功者！所谓"客观方面须不致误为事实"，就是运用夸张表达策略时应该注意夸张之"度"，夸张的幅度应该与客观事实有较大距离，让人一看一听便知是夸张，是一种凸显某种强烈的情感情绪的语言表达策略，而不是在说客观事实。如果夸张的幅度太过于接近事实，则可能给人以误导，以为表达者说的是事实，而事实上又不是实际上所有，这就变成了浮夸或曰撒谎了。这样，表达便有了负面效果，自然就谈不上是成功的表达了。如李白《望庐山瀑布》诗有云："飞流直下三千尺"，我们一看一听便知这是李白在运用夸张表达策略来抒发自己对庐山瀑布壮观景象的无比赞叹之情，不至于认为庐山瀑布真的有三千尺。如果李白诗句写成"飞流直下三百尺"，接受者就有可能产生误会，以为庐山瀑布就是三百尺高。那么，诗句不仅不能深切地感动接受者，还会产生一种负面效果，诗的艺术魅力自然更是谈不上了。因此，夸张表达策略的运用，掌握好上述两个基本原则，才有可能取得好的表达效果；否则，便会产生"画虎不成反类犬"的负面效果。

二、反复：一怀愁绪，几年离索。错！错！错

> 红酥手，黄縢酒，满城春色宫墙柳。东风恶，欢情薄，一怀愁绪，几年离索。<u>错！错！错！</u>
> 春如旧，人空瘦。泪痕红浥鲛绡透。桃花落，闲池阁。山盟虽在，锦书难托。<u>莫！莫！莫！</u>

这是宋人陆游的名作《钗头凤》词。关于此词之作，南宋词人周密《齐东野语》卷一记其事甚详：

> 陆务观（案：陆游字务观，自号放翁）初娶唐氏，闳之女也，于其母夫人为姑侄。伉俪相得，而弗获于其姑。既出，而未忍绝之，则为别馆时时往焉。姑知而掩之。虽先知挈去，然事不得隐，竟绝之。亦人伦之变也。唐后改适同郡宗子士程。尝以春日出游，相遇于禹迹寺南之沈氏园。唐以语赵，遣致酒肴。翁怅然久之，为赋《钗头凤》一词，题园壁间。时绍兴乙亥岁（公元1155年）也。……未几，唐氏死。

据此可知，陆游的元配妻子为唐氏，是唐闳的女儿，和陆游的母亲为姑侄关系。陆游与唐氏结婚后，夫妻甚是恩爱，可是唐氏不讨婆婆的欢心。要知道，在那万恶的旧社会，封建家长的权力可大着呢！不管媳妇有没有错，只要是婆婆不

喜欢，就可以强迫儿子将媳妇休了。陆游的母亲休唐氏的原因也如此，并不是因为陆游与唐氏是近亲联姻怕影响下一代智商之类，那时代医学还不讲这一套，只不过是陆游母亲看唐氏不顺眼之类原因而已，于是就强迫陆游把唐氏休了。唐氏被休离开陆家之后，陆游对唐氏还很有感情，舍不得唐氏，于是就另置别馆让唐氏住下，自己常常去别馆与唐氏相会。可是，没想到老太太知道了，对其别馆突然袭击。虽然陆游预先得知消息，将唐氏带走，但这件事是再也隐瞒不了了，最后陆唐只能断绝往来，一对有情人就这样被活生生地拆散了。唐氏后来改嫁给宋朝宗室子弟赵士程。有一次，陆游与唐氏都因春日出游，不期在绍兴禹迹寺南的沈园遇见。二人可谓感慨万千，真是造化弄人！唐氏没有对丈夫赵士程隐瞒，就告诉其真情，并让其送了些黄滕酒（当时的宫酒）和鱼肉熟食给陆游。陆游感慨万千，怅然久之，于是就为唐氏写了一首《钗头凤》词，题于沈氏园壁间。这是发生于宋高宗绍兴二十五年（公元 1155 年）的事。不久，唐氏就离开了人世。

　　陆游的这首词之所以深切感人，不仅与上述令人悲叹的背景和词作内容所写故事本身的悲凉有关，也与作者陆游在词中两次运用了"反复"表达策略密不可分。

　　所谓"反复"，是一种在特定情境下让相同的词句一再出现，以凸显表达者某种强烈情感，以加深接受者印象，引发接受者思想情感共鸣的语言表达策略。一般说来，"反复"有两种基本类型：一是"连续的反复"，二是"隔离的反复"。① 所谓"连续的反复"，是指相同的词句，连续而不间断地出现；所谓"隔离的反复"，是指相同的词句之间有其他词句隔断，不连续出现。

　　上述陆游的词，上下两阕都运用了"连续反复"的表达策略，上阕的"错！错！错"，下阕的"莫！莫！莫"，都是相同词句连续重复出现。上阕的"错！错！错"，强烈地凸显了陆游对于与唐氏婚姻的结束的无限悔恨自责之情；同时作者通过"东风恶"一语的双关含义真切地表露了对母亲硬性拆散他与唐氏美满姻缘的愤恨之情。而在以"孝道"为大的封建时代，作者毫不掩饰地表露自己对母亲的怨怼之情，也由此凸显出作者对唐氏的深厚感情，读之令人情不自禁地引发情感的强烈共鸣，为陆唐美满姻缘的无端被拆散而悲惜！下阕的"莫！莫！莫"，则强烈地凸显了作者面对有情人纵有千种柔情万般爱意却无法倾诉的无奈之情。因为唐氏已是他人之妻，在封建时代（即使在今天），按照封建礼法，陆游不能再与唐氏互通表达心衷的书信了，所以他只好发出"锦书难托。莫！莫！莫"的悲叹。有情人不能长相厮守，共度白头，已是令人不堪的人生悲

---

① 陈望道：《修辞学发凡》，上海教育出版社 1997 年版，第 199 页。

剧了；而陆游不仅如此，连与心上人通信诉诉衷肠亦不可得，这悲情又何以堪？所以，"莫！莫！莫"的只好作罢的决断，读之就让人格外悲伤了。

"隔离反复"的表达策略运用，同样效果显著。如台湾作家李敖曾写有这样一首流行歌曲的歌词：

> 不看你的眼，
> 不看你的眉。
> 看了心里都是你，
> 忘了我是谁。
>
> 不看你的眼，
> 不看你的眉。
> 看的时候心里跳，
> 看过以后眼泪垂。
>
> 不看你的眼，
> 不看你的眉。
> 不看你也爱上你，
> 忘了我是谁。

这首名曰《忘了我是谁》的流行歌曲歌词，在台湾曾经风靡一时，很有知名度。关于这首流行歌曲歌词的写作，李敖在《李敖回忆录》中叙其本事说："我在景美军法看守所时，不准看报，外面消息只靠口耳相传。有一天，一个外役搞到几'块'破报纸，他说他喜欢搜集歌词，以备他年做谱消遣。如我能写几首歌词同他交换，这几'块'报纸便是李先生的了。我同意了。就立即写了几首，其中一首就是《忘了我是谁》"；"这歌词我发表在 1979 年 9 月 18 日《中国时报》，新格公司作为'金韵奖'第一名推出，由许翰君作曲、王海玲演唱，引起轰动。事实上，我认为作曲和演唱都比歌词好。这首歌词《忘了我是谁》五个字，后来变成台湾报刊常用语，经常用在标题上。传说这歌是我为胡茵梦作的，绝对错误，因为在牢中写它时全无特定对象，眼前只是一面白墙耳"！这首歌词也是运用了反复表达策略，属于"隔离反复"。"不看你的眼，不看你的眉"在三个段落中三次出现，"忘了我是谁"在两个段落中两次出现，它们都是隔离出现的。李敖所作的这首歌词，通过隔离反复表达策略的运用，一来加强了歌曲一唱三叹的音乐性，二来强烈凸显了现代社会男女相爱时非常矛盾的心态，发人深省，唱之令现代恋爱中的青年男女"心有戚戚焉"，情不自禁地引发出思想情感的强烈共鸣。所以，这首歌词能以流行歌曲的形式唱遍台湾，风靡一时，不能不归功于作者对于现代青年男女恋爱心态把握的准确，也不能不归功于作者表达策略运用的成功！

反复表达策略的运用，意在凸显表达者特定情境下某种强烈的情思；所以，表达者如果没有特别强烈的情思要表达，最好不要运用这种表达策略。否则，不仅显得辞费，而且徒增无病呻吟之恶趣。这一点，应该切记。

三、倒装：明月几时有？把酒问青天

明月几时有？把酒问青天。不知天上宫阙，今夕是何年。我欲乘风归去，惟恐琼楼玉宇，高处不胜寒。起舞弄清影，何似在人间。

转朱阁，低绮户，照无眠。不应有恨，何事长向别时圆？人有悲欢离合，月有阴晴圆缺，此事古难全。但愿人长久，千里共婵娟。

这是宋人苏东坡的一首名曰《水调歌头》的著名词作，于宋神宗熙宁九年（公元 1076 年）作于密州。"当时他在政治上的处境既不得意，和胞弟子由（苏辙字）亦已七年没有团聚在一起，心情抑郁，可想而知。可是词中抒幻想而留恋人世，伤离别而处以达观，反映了作者由超脱尘世的思想转化为喜爱人间生活的过程。笔调奇逸，风格健朗，成为文学史上的名篇。"[①] 宋人胡仔《苕溪渔隐丛话·后集》卷三九评此词曰："中秋词，自东坡《水调歌头》一出，余词尽废。"可见，此词在中国人心目中有何等崇高的地位，其魅力之深厚可知。

那么，此词何以能臻至如此高的艺术境界，成为中国人咏中秋词的巨擘呢？当然原因是很多的，前人称述备矣。不过，我们这里应该特别指出的是此词开首两句凌空起势，突兀而来，可谓先声夺人，对全词艺术上的成功助益不小。而这与作者运用了一种有效的表达策略——倒装，是有相当大的干系的。

所谓"倒装"，是一种说写中表达者有意突破语法或逻辑的常式结构模式以企及突出强调某一语意，引发接受者注意和加深印象的语言表达策略。

上述苏东坡的词作的开首二句，正常语序应该是"把酒问青天，明月几时有？"但是作者没有按正常语法和逻辑结构模式来安排句子，而是写成了"明月几时有？把酒问青天"，这是作者有意所为，运用的正是倒装表达策略。这一策略的运用，从表达上看，由于"明月几时有"成为全句乃至全篇叙述的起点和

---

① 朱东润主编：《中国历代文学作品选》（中编第二册），上海古籍出版社 1982 年版，第 27 页。

焦点，这就强烈"凸显了表达者极端寂寞和盼望与弟弟子由团聚畅叙兄弟亲情的急切之情，满足了表达者激情状态下心理能量的释放和情感纾解的需要；从接受上看，由于文本的超越正常句法规范所创造的新异性，很易引发接受者文本接受中的'不随意注意'，从而加深对表达者所建构的修辞文本的印象和理解，达成与表达者之间的情感思想的共鸣，体会到表达者的那种孤寂之情的况味"①。可见，这首词能够成为千古名篇，与作者开首两句倒装表达策略的成功运用是不无关系的。倒装表达策略的效能，于此我们也可见一斑。

古典诗词常有倒装表达策略的运用，现代诗亦然。如台湾诗人余光中的新诗《等你，在雨中》：

等你，在雨中，在造虹的雨中
蝉声沉落，蛙声升起
一池的红莲如火焰，在雨中

你来不来都一样，竟感觉
每朵莲都像你
尤其隔着黄昏，隔着这样的细雨

永恒，刹那，刹那，永恒
等你，在时间之内，在时间之外
等你，在刹那，在永恒

如果你的手在我的手里，此刻
如果你的清芬
在我的鼻孔，我会说，小情人

诺，这只手应该采莲，在吴宫
这只手应该
摇一柄桂桨，在木兰舟中

一颗星悬在科学馆的飞檐
耳坠子一般地悬着

---

① 吴礼权：《修辞心理学》，云南人民出版社2002年版，第130页。

瑞士表说都七点了。忽然你走来

步雨后的红莲，翩翩，你走来
像一首小令
从一则爱情的典故里，你走来

从姜白石的词里，有韵地，你走来

　　这首诗所写的是一位男主人公在雨中的黄昏时分急切等待情人到来的情景，写得缠绵而典雅，可谓新诗中的妙品。这首诗的成功最大程度上得益于诗人对倒装表达策略的充分而恰切的运用。诗题《等你，在雨中》，就是运用了倒装表达策略，为全诗所描写的男主人公（"我"）盼望情人（"她"）到来的急切之情奠定了基调，凸显了"我"对"她"深切的情感。诗的正文则十二次运用了倒装表达策略："等你，在雨中，在造虹的雨中"，通过状语"在雨中，在造虹的雨中"与谓语"等你"语序的倒置，既突出强调了"我"想见"她"的急切之情，因为谓语"等你"的前置助成了这一效果的产生；又凸显了"我"对"她"诚挚的深情，因为状语"在雨中，在造虹的雨中"从谓语的附着地位独立出来，强调了"我"等待"她"的环境是雨天而非风和日丽的晴日。"你来不来都一样，竟感觉"，通过谓语动词"感觉"与宾语"你来不来都一样"的语序倒置，强调了动词"感觉"的宾语部分，突出了"我"想"她"出神而把"莲"当成了"她"的幻觉心理状态，从而凸显出"我"对"她"的深切思念之情。"等你，在时间之内，在时间之外"、"等你，在刹那，在永恒"两句，都是通过时间状语与谓语位置的倒装，突出了"我"的行为"等你"，强调了行为时间的周遍性，从而凸显出"我"对"她"永恒的爱。"如果你的手在我的手里，此刻"，通过时间状语的倒置，既突出了"我"想与"她"牵手诉衷情的心理状态，又强调了"我"想与"她"相见牵手的急切性，就在"此刻"，再也等不及了，一种急切、真切的强烈情感跃纸而出，读之让人情不自禁为之动情！"这只手应该采莲，在吴宫"、"这只手应该摇一柄桂桨，在木兰舟中"两句，都是通过谓语与地点状语位置的倒装，强调了状语所在的地点，从而突出了"她"的美丽、高贵、典雅，让人想起了中国古典诗词中所写的江南采莲女的美妙浪漫的意境，提升了诗的审美价值。"一颗星悬在科学馆的飞檐，耳坠子一般地悬着"一句，正常语序应是"一颗星耳坠子一般地悬着，悬在科学馆的飞檐"，诗人通过比喻性描写状语与谓语的倒装，突出了状语，强调了"她"的矜持、高贵和不易接近，同时由"耳坠子"自然引出"她"的出现。"步雨后的红莲，翩翩，你走来"，通过两个状语"步雨后的红莲"、"翩翩"与主语"你"位置的倒装，突出强调了"她"仪态万方的行走姿态，表现了"她"的古典而浪漫的美，令人怦然心动。"从一则爱情的典故里，你走来"，通过状语前置于主语"你"之前，突出了状语的内容，使"她"的身世身份蒙上一层神秘的丝纱，让"我"和"她"的爱情更富古典而浪漫的情调，令人联想回味，余韵深长。"从姜白石的词里，有韵地，你走来"，也是让两个状语前置于主语"你"之前，突出了状语，导引接受者自然联想到宋人姜白石清空峭拔、格调高远、意味隽永、韵律和谐的词风，从而强调了"她"的步态的优雅和古典色彩，一个深具古典美韵致的绝妙佳人形象便栩栩如生地呈现在接受者面前，令人情不自禁地心摇神荡，陶醉深深而不能自拔。如果诗人不运用上述诸多倒装表达策略来写，而以平常的语序来叙写，这首诗与一般的散文就没有什么区别，在表达效果上自然亦味如白开水，不能给读者带来任何审美情趣，更不能让读者感动。那么，这首诗也就不能成为为人传诵的名篇。可见，倒装策略的运用确是此诗成功的关键所在。

　　一般来说，诗歌特别是古典诗词运用倒装表达策略比较常见。这有两方面原因：一是我们上面所说的表达者意欲强调突出某一特定的语意，所以要对语序作倒置处理；二是古典诗词格律上的需要。如唐人王维的名作《山居秋暝》诗："空山新雨后，天气晚来秋。明月松间照，清泉石上流。竹喧归浣女，莲动下渔舟。随意春芳歇，王孙自可留。"其中五、六两句正常语序应是"竹喧浣女归，莲动渔舟下"，诗人之所以要倒装成诗中五、六句的样子，其意即"俾'舟'字与'秋'、'流'、'留'等字协韵"①。又如宋代词人范仲淹的名作《渔家傲》词："塞下秋来风景异，衡阳雁去无留意。四面边声连角起，千嶂里，长烟落日孤城闭。浊酒一杯家万里，燕然未勒归无计。羌管悠悠霜满地，人不寐，将军白发征夫泪！"其中，上阕首二句就是运用了倒装表达策略，"衡阳雁去"是"雁去衡阳"的倒装。"相传秋天雁飞到衡阳回雁峰便不再南飞。物候常识也告诉我们'秋来'只能是'雁去衡阳'（北雁向南方的衡阳飞去）而不是衡阳之雁向北飞往塞下。可见，'衡阳雁去'是'雁去衡阳'的倒装。这是为了迁就平仄而把处所宾语前置，因为这两句诗按声律应该是仄仄平平平仄仄，平平仄仄平平仄。"② 也就是说，在古典诗词中，倒装表达策略的运用除了突出强调所要表达的重点语意外，为了押韵或平仄的和谐也是原因之一。现代诗已不讲究格律，而以挣脱形式束缚为目标，所以新诗中运用倒装表达策略，基本上是为了突出强调所要表达的重点语意。

---

① 沈谦：《修辞学》，台湾空中大学 1996 年版，第 634 页。
② 谭永祥：《汉语修辞美学》，北京语言学院出版社 1992 年版，第 360 页。

现代新诗运用倒装表达策略主要是为了突出强调语意表达的重点，至于散文运用倒装表达策略，则完全是为了表意重点的突出与强调。如张爱华《余韵》一文有云：

> 在历史积淀很厚的山西，我想起"余韵"一词，看到的听到的，一鳞半爪的印象，都是。侯马的古墓里，墓壁上刻着一座形象逼真的戏台，看到它，<u>你不能不震惊：为元曲的生命力，为那个戏迷痴迷的程度。</u>

这里末一句的正常语序应该是"你不能不为元曲的生命力，为那个戏迷痴迷的程度震惊"。但是，这样的表达在效果上不能突出强调作者意欲表达的重点——对元曲顽强的生命力和侯马古墓的墓主对戏曲的痴迷程度的惊叹之情。所以，作者运用了倒装表达策略写出了文中那样的句子，既凸显了作者的惊叹之情，又深切地感动了读者的心灵，与作者达成了思想情感的共鸣。

由于倒装表达策略的运用主要是为着突出强调表达的重点语意所在，或是为着诗词韵文格律上的和谐，因此，如果没有特别需要强调的语意重点，或不是为着韵律的和谐，我们在说写表达中就没有运用这种表达策略的必要。否则，便会破坏语言表达的正常规范，成为文理不通的病句。

四、叠字：寻寻觅觅，冷冷清清，凄凄惨惨戚戚

> <u>寻寻觅觅，冷冷清清，凄凄惨惨戚戚</u>。乍暖还寒时候，最难将息。三杯两盏淡酒，怎敌他、晚来风急！雁过也，正伤心，却是旧时相识。
> 满地黄花堆积，憔悴损，如今有谁堪摘！守着窗儿，独自怎生得黑！梧桐更兼细雨，到黄昏、点点滴滴。这次第，怎一个愁字了得！

这是宋人李清照的著名词作《声声慢》，是中国文学史上千古传诵的名篇之一。此词是作者晚年所作，此时她的丈夫赵明诚已离世，她一个女子流寓江南，就更倍感孤寂哀伤了，加之残秋时节，多愁善感的女词人，更是情何以堪？全词"通过写残秋的景色作为衬托，倾诉出夫亡家破、饱经忧患和乱离生活的哀愁"[①]，读之令人悲不自胜，唏嘘感伤不已。

那么，这首词何以有如此的艺术魅力呢？仔细寻究起来，除了词作内容本身

---

① 朱东润主编：《中国历代文学作品选》（中编第二册），上海古籍出版社 1982 年版，第 54 页。

的凄切感人之外，开首连下十四个叠音字，是关键所在。历代词论家叹赞此词，焦点也全聚于此。它是运用了一种特别的表达策略——叠字。

所谓"叠字"，是一种将汉语中"形、音、义完全相同的两个字紧密相连地用在一起"①，以相同语言刺激物的反复刺激来强化某种语意的表达策略。

上述李清照的词开首连叠了"寻"、"觅"、"冷"、"清"、"凄"、"惨"、"戚"七个单音节词成为连排而下的七对叠音词，正是叠字表达策略运用的极致。由"寻"、"觅"二字复叠而成的"寻寻觅觅"，鲜明地显现出词人失去恩爱的丈夫后失落空虚的精神世界真况；由"冷"、"清"二词复叠而成的"冷冷清清"，形象地凸显出词人失去丈夫后家庭生活的极度冷清境况；由"凄"、"惨"、"戚"三个单音节词复叠而成的"凄凄惨惨戚戚"，强烈地凸显出词人"独在异乡为异客"、秋风萧杀形影单的孤寂凄凉的晚景生活。加之全词又特意选择了仄韵体表达，遂使全词情调更形凄切悲凉，读之不能不使人唏嘘感伤！

叠字表达策略不仅能强烈凸显表达者的某种悲伤的情感，让人读之听之油然产生伤感哀愁的情感共鸣；也能鲜明地再现表达者的某种欣喜愉悦之情，令人听之读之情不自禁地生发一种激动，为之手舞足蹈。如晋人陶渊明的传世名篇《归去来兮辞》的开首一段文字有云：

> 归去来兮，田园将芜胡不归！既自以心为形役，奚惆怅而独悲？悟已往之不谏，知来者之可追。实迷途其未远，觉今是而昨非。舟摇摇以轻飏，风飘飘而吹衣。问征夫以前路，恨晨光之熹微。

陶渊明因为看不惯东晋官场的黑暗，更不愿同流合污，"为五斗米折腰"，遂产生逃避现实、向往田园闲适生活之情。这首骈体赋即是写他辞去彭泽县令后归隐乡野的愉悦之情。上引开首一段，意思是：回去吧，田园都要荒芜了，为什么不回去呢？既然本心不想做官混迹官场，却要为生活所迫不得奔走其间，那么为何还要惆怅感伤呢？现在体认到了已往的过错和糊涂，虽然已无法挽回，但只要知错，来日方长，自然可以补救的。实在还算是误入迷途不远，还能认识到过去的错误和今天选择的正确性。小船驶得飞快而摇摇晃晃，风儿飘飘吹起我的衣裳。问船夫前边还有多少路程，恨天色怎么才微明。这段文字生动地写出了作者挣脱官场名缰利锁后，急于回乡的无比愉悦之情，特别是"舟摇摇以轻飏，风飘飘而吹衣"两句最为传神，尤足以表达出作者的这种喜悦之情。两个单音节词"摇"、"飘"的重叠使用构成"摇摇"、"飘飘"，突出强调了船行之快，有力地

---

① 谭永祥：《汉语修辞美学》，北京语言学院出版社1992年版，第395页。

凸显了作者远离官场、企盼早日归乡的急切心情和回乡途中那种"无官一身轻"、归隐做农夫的喜悦之情。不需长篇累牍表白，只是两句中各用一个叠字即已写出了作者此时此刻的真实心理，可谓妙笔生花，令人叹服！

不仅古典诗词中常用叠字表达策略，现代散文作品也是常见的。如台湾著名诗人余光中的散文名篇《听听那冷雨》一文开首有一段文字说：

> 惊蛰一过，春寒加剧。先是料料峭峭，继而雨季开始，时而淋淋漓漓，时而淅淅沥沥，天潮潮地湿湿，即使在梦里，也似乎把伞撑着。

这段描写台湾初春季雨的文字，其中运用叠字表达策略最为密集，短短50个字就运用了五次叠字表达策略。"先是料料峭峭"，通过叠韵联绵词"料峭"的分拆重叠使用，强调突出了台湾惊蛰过后一段时间内春寒加剧的情形，读之令人印象深刻，情不自禁地瑟瑟战栗起来。"时而淋淋漓漓，时而淅淅沥沥"，分别通过双声联绵词"淋漓"和叠韵联绵词"淅沥"的分拆重叠，生动形象地再现了台湾春季季雨时而大时而小，下个不停，下得没完没了的雨季图景，让人读之如临其境，如沐其雨，感同身受。"天潮潮地湿湿"，通过两个单音节词"潮"、"湿"的分别重叠使用，强烈凸显了台湾季雨时间之长、空气之潮湿，读之令人深刻体认到作者对台湾季雨的无奈难耐之情。余光中这篇散文开首就给人留下深刻印象，让人叹赏，这是与作者大量运用叠字表达策略分不开的。

叠字表达策略的运用，意在通过语音形式的重复，以强化某种语意（当然也有一种韵律上的美感）。所以，如果表达者没有要强化的语意，自然就不必运用这种策略。一切应以表情达意的需要来决定，不能为叠字而叠字，否则就失去意义了。

五、设问：对酒当歌，人生几何

> 对酒当歌，人生几何？譬如朝露，去日苦多。慨当以慷，忧思难忘。何以解忧？唯有杜康。青青子衿，悠悠我心。但为君故，沉吟至今。呦呦鹿鸣，食野之苹。我有嘉宾，鼓瑟吹笙。明明如月，何时可掇？忧从中来，不可断绝。越陌度阡，枉用相存。契阔谈宴，心念旧恩。月明星稀，乌鹊南飞。绕树三匝，何枝可依？山不厌高，水不厌深。周公吐哺，天下归心。

这是汉末大政治家曹操的名作《短歌行》。其所表达的求才若渴的真切之情，读之令人深深感动；其所展现的一代大政治家急切希望广罗天下贤能建功立业的慷慨之情，读之令人豪情万丈；其所流露的人生苦短的忧虑悲叹，读之令人心有戚戚，顿起悲凉之情。

那么，这首诗何以有如此深厚的魅力，令千古以降的人们读之深切感叹呢？这里除了诗所表达的内容本身即很感人外，还与作者运用的表达策略有着密切关系。全诗篇幅不长，却四次运用了一种非常有效的表达策略，这就是"设问"。

所谓"设问"，是表达者"胸中早有定见，话中故意设问"①以凸显表达者特定情境下某种强烈的情感，并希望借此引发接受者的注意，达成与自己情感的共鸣的一种语言表达策略。设问作为一种语言表达策略，一般说来，可以分为两类：一是"提问"，二是"激问"。所谓"提问"，是"为提醒下文而问的"，"这种设问必定有答案在它的下文"；所谓"激问"，是"为激发本意而问的"，"这种设问必定有答案在它的反面"。②

上述曹操的诗中，这两类设问表达策略都运用到了。其中，"人生几何？譬如朝露，去日苦多"属于提问。问句"人生几何"之后，诗人自己接着就给出了答案："譬如朝露，去日苦多"，这样在一问一答中就强烈地凸显出了诗人作为一代志存高远的大政治家对于生命短暂而大业未成的深切感伤之情，读之令人不禁为之神伤。如果不以设问表达策略来写，说成："人生苦短，譬如朝露，去日苦多。"那么诗人那种强烈的情感就难以表现出来，接受者也不易于受到深深感染。"何以解忧？唯有杜康"，也属提问。问句"何以解忧"之后，诗人自己作答说："唯有杜康"，这样就突出强调了诗人迫切希望得到治国安邦之才帮助自己建功立业而不得的忧郁之情，读之令人情不自禁地为诗人求才若渴的真情所深深感动。"明明如月，何时可掇"，属于激问。意思是经国济世之才就像可望而不可即的皓皓明月，实在是难以得到啊！强烈地凸显了作者求才而不得的忧伤之情，读之令人不能不为其真情所动！"何枝可依"，也是激问，其意是说乌鹊月夜寻巢无枝可依。这是写景句，意在以景托意，强烈表现了诗人求才立业而一时难成，又叹生命短暂的复杂情感苦痛，读之令人倍感悲凉。如果诗人曹操没有四次运用设问表达策略，那么这首《短歌行》也就不会有如此好的表达效果，也不易那么深切地感动人心，成为千古流诵的佳篇！

中国古典诗词中运用设问表达策略的很多，可谓是"司空见惯浑闲事"。现代散文中，这一表达策略的运用则更是广泛而普遍。如李国文《从严嵩到海瑞》一文中有这样一段文字：

① 陈望道：《修辞学发凡》，上海教育出版社1997年版，第140页。
② 陈望道：《修辞学发凡》，上海教育出版社1997年版，第140页。

　　谁说中国人没有幽默感？不过中国人的幽默，是以"冷面滑稽"
的形式表现出来罢了。中国人会暗笑，会窃喜，会蔫着乐，会偷着奚
落，会等着看你大出洋相，看你鞠躬下台，看你去见上帝而开怀。这种
有足够的耐心，坚持到最后才笑，但面部表情绝对不动声色，一静如水
的功夫，恐怕是世界的独一份。

　　一般人的观点，都是认为中国人缺乏幽默感，幽默是西方人的事。作者李国
文认为这种普遍的看法是不对的，他觉得中国人很有幽默感，只是中国人的幽默
与西方人不同，有自己的特点，那就是以"冷面滑稽"的形式来表现。为了突
出强调他的这一独到见解，作者李国文选择了设问表达策略，将自己的观点以
"激问"句"谁说中国人没有幽默感"表达出来，表达力度远比陈述肯定句"中
国人很有幽默感"强烈，鲜明地表明了作者的见解，配以后文详尽的叙述，使其
所表达的语意得到了极大的强化，从而给接受者以深刻的印象，令人不得不心服
口服，达成与自己情感的共鸣，同化了接受者的思想观点。
　　设问表达策略主要是以口说的语音重音及句末语调的上升和书面上问号的视
觉提示，使接受者在视听觉上受到强化刺激，从而引发接受者的注意和思索；由
此达到表达者所欲企及的强化某种语意表达的目标。因此，如果表达者确有需要
强调的某种情感或语意要传达给接受者，让接受者引发情感思想的共鸣，运用设
问表达策略确是一个很好的途径。如果没有要强调突出的语意或强烈的情感，运
用这一表达策略就没有意义了，反而给人一种无病呻吟之恶感。这时，还是以不
用为好，情感表达自然便是美。

六、层递：天下之佳人，莫若楚国；楚国之丽者，莫若臣里

　　天下之佳人，莫若楚国；楚国之丽者，莫若臣里；臣里之美者，莫
若臣东家之子。

　　这是春秋时代宋玉的名作《登徒子好色赋》中的一段文字，是作者自夸自
己东邻女子之绝色美貌。读之令人印象十分深刻，为之向往不已！
　　那么，这短短几句何以有如此好的表达效果呢？这是因为作者在此运用了一
种非常有效的语言表达策略——层递。
　　所谓"层递"，是"说话行文时，针对至少三种以上的事物，依大小轻重本

末先后等一定的比例，依序层层递进"①，通过事物间的比较以突出强调某种语意，使接受者产生深刻印象的一种语言表达策略。一般说来，层递可以分为两类：一是递升，二是递降。递升是按从小到大，从浅到深，从低到高，从轻到重等等比例关系来排列诸事物；递降的排序则与递升相反。有时，这两者之间很难分别，因为从不同角度看，结果就会相反。如上述宋玉所写的一段文字，若从地域范围看，是从大到小依次排列，属于递降；若从美丽的程度看，则是程度逐层加深的，又属于递升。但不管从哪个角度看，也不管它是递升还是递降，这段文字都是通过逐层比较，突出强调了一个中心语意，就是作者东邻的女子是天下第一美人，无人能出其右。如果直接说"我的东邻女子是天下最美的"，那么这样的表达未必能给人太深的印象，不能激发接受者的想象，通过比较而深刻地体认到作者东邻女子那种不同寻常的美，进而产生一种强烈的向往之情。我们都知道有这样一句话，"有比较才有鉴别"，说的正是这个道理。层递表达策略实际上就是通过相同或相近事物的比较来突出其所表达的重点语意，以此加深接受者对表达者所欲表达语意的深刻理解。

层递表达策略的运用，在中国古典诗词辞赋中很普遍。上文我们说到宋玉的赋，下面我们来看看宋人蒋婕的词《虞美人·听雨》：

少年听雨歌楼上，红烛昏罗帐。壮年听雨客舟中，江阔云低断雁叫西风。　　而今听雨僧庐下，鬓已星星也。悲欢离合总无情，一任阶前点滴到天明。

这首词是整阕运用层递表达策略，运用得很有特色。"时间上是三层：少年、壮年、晚年，循序渐进。心境上也是三层：浪漫、漂泊、凄凉，层层递进。"②这是通过年龄由少年到壮年再到老年的递升，与心境由浪漫到漂泊再到凄凉的递降相形对比，凸显出这样一种语意重点：听雨的感觉与年龄、情境密切相关，不同情境和不同年龄感觉大不一样，从而突出强调了作者心境的每况愈下和晚景的凄凉，读之令人感伤不已。

层递表达策略在现代的运用更是常见。如钱钟书小说《围城》中有一段文字，运用层递表达策略甚妙，可以一赏：

苏小姐说不出话，唐小姐低下头。曹元朗料想方鸿渐认识的德文跟

---

① 沈谦：《修辞学》，台湾空中大学 1996 年版，第 506 页。
② 沈谦：《修辞学》，台湾空中大学 1996 年版，第 511 页。

自己差不多，并且是中国文学系学生，更不会高明——因为在大学里，理科学生瞧不起文科学生，外国语文系学生瞧不起中国文学系学生，中国文学系学生瞧不起哲学系学生，哲学系学生瞧不起社会学系学生，社会学系学生瞧不起教育系学生，教育系学生没有谁可以给他们瞧不起了，只能瞧不起本系的先生。曹元朗顿时胆大说："我也知道这诗有来历，我不是早说古代民歌的作风么？可是方先生那种态度，完全违反文艺欣赏的精神。你们弄中国文学的，全有这个'考据癖'的坏习气。诗有出典，给识货人看了，愈觉得滋味浓厚，读着一首诗就联想到无数诗来烘云托月。方先生，你该念念爱利恶德的诗，你就知道现代西洋诗人的东西，也是句句有来历的，可是我们并不说他们抄袭。苏小姐，是不是？"

　　方鸿渐听说苏文纨病了，去苏家探望。接着，唐晓芙、曹元朗二人先后也来苏家。曹元朗是个诗人，带来了他写的十四行诗《拼盘姘伴》之类的诗请苏小姐指教。苏小姐没有马上看，方鸿渐先看了，并虚意恭维了他几句，苏小姐便接口也夸奖了几句，曹元朗甚是得意。后来，苏小姐自己也忍不住，拿出一把雕花沉香骨的女用折扇，上有一首诗云："难道我监禁你？／还是你霸占我？／你闯进我的心，／关上门又扭上锁。／丢了锁上的钥匙，／是我，也许你自己。／从此无法开门，／永远，你关在我心里"，请大家欣赏。方鸿渐见诗后有"民国二十六年秋，为文纨小姐录旧作。王尔恺"的落款，以为是王尔恺录自己的旧作赠苏小姐，所以方鸿渐就直言说出了自己的看法，说此诗是偷来的，是抄袭自德国十五六世纪的民歌。苏小姐听了很不高兴，因为此诗是苏小姐自己作的。于是便有上述曹元朗为苏小姐护盘的一席大道理。其中"因为在大学里，理科学生瞧不起文科学生，外国语文系学生瞧不起中国文学系学生，中国文学系学生瞧不起哲学系学生，哲学系学生瞧不起社会学系学生，社会学系学生瞧不起教育系学生，教育系学生没有谁可以给他们瞧不起了，只能瞧不起本系的先生"这段文字是写曹元朗瞧不起方鸿渐的理由，运用的是层递表达策略，依系科在当时社会的学生心目中的地位逐一对比，逐层递降，强烈地凸显了曹元朗打心眼里瞧不起出身中文科背景的方鸿渐之真切心理，且表现出深刻的讽刺意味，让读者真切地见出20世纪三四十年代中国社会以系科论人的偏见之深之普遍，从而深刻了解到那个时代中国社会世俗人心的真实情形。如果作家不运用层递表达策略，而是直接表达说："曹元朗料想方鸿渐认识的德文跟自己差不多，并且是中国文学系学生，更不会高明，因为在大学里，学生的素质高低是由他所学的系科决定的。"那么，表达虽然直接，但上述诸多表达效果都无由企及了。

层递表达策略的运用，可以通过各事物之间的相互对比，层层递升或递降，从而突出所要表达的语意重点，给接受者以深刻的印象，使其加深对表达者表达语意的理解。因此，层递确是一种强化语意印象的有效表达策略。但是，这种表达策略的运用应该遵循自然和需要的原则，不可勉强为之，以免徒然弄拙。

七、同异：暖风熏得游人醉，直把杭州作汴州

> 山外青山楼外楼，西湖歌舞几时休？
> 暖风熏得游人醉，<u>直把杭州作汴州</u>。

这首诗名曰《题临安邸》，是宋人林升所作。全诗意在表达作者对南宋统治者不思恢复中原故土而只知偏安江左图眼前之乐行为的深刻批判，但寄悲痛于深沉，表意含蓄婉转却讽刺辛辣，在中国文学史上有着崇高的地位。

那么，这短短的四句诗何以有如此的魅力呢？这是因为诗人在其中运用了一种很有效的表达策略——同异。

所谓"同异"，是一种"把字数相等，字面同中有异、异中有同的两个以上的词语，用在一个语言片断里，同异对比，前后映照"[1]，以强化某种语意的表达策略。

上述诗句中的末一句"直把杭州作汴州"，其中"杭州"和"汴州"是同而有异的表示地名的两个名词，作者之所以不选择"汴梁"来与"杭州"并举描写，而让一句诗中两个辞面相同的"州"字重复出现，是有深刻用意的，这也是这首诗的妙处所在。因为作者通过"杭州"与"汴州"字面上的近似与两词实际上所代表的语义内涵的迥异（杭州只是宋朝偏安江左的都城，汴州才是大宋王朝的真正京师）的对比，强调了"杭州"与"汴州"的根本差异性和对立性，从而十分强烈地表达出作者对南宋统治者苟且偷安、置深陷金人铁蹄蹂躏下的广大北方人民的死活于不顾而只图自己一时安逸的腐朽本质的深切痛恨之情，语意突出却表达婉转，真可谓是达到了"不著一字，尽得风流"的崇高境界。因此，这首诗之所以在中国文学史上占有很高地位，是有其道理的。同时，也可见出同异表达策略运用的良好效果。

文人学士的表达策略自然高妙，但人民的智慧同样也不可低估。下面我们看一个百姓运用同异表达策略的成功范例。清人程世爵《笑林广记》记有这样一个故事：

---

[1] 谭永祥：《汉语修辞美学》，北京语言学院出版社 1992 年版，第 159 页。

> 一官好酒怠政，贪财酷民，百姓怨恨。临卸篆，公送德政碑，上书"五大天地"。官曰："此四字是何用意？令人不解。"众绅民齐声答曰："官一到任时，金天银地；官在内署时，花天酒地；坐堂听断时，昏天黑地；百姓喊冤的，是恨天怨地；如今可交卸了，谢天谢地。"

这是一则清代民众讽刺贪昏之官的故事：一官员贪好杯中物，常常怠于政务，加之又生性贪财，对老百姓特别残酷，所以老百姓都很怨恨他。但是，在封建时代，老百姓又无奈他何。到了这位官员任满交印卸职离开之时，当地老百姓就想好好收拾收拾他，当然不能动武揍他，于是就恭送他一块德政碑，讽刺他的为政德行。这德政碑上只写了四个字：五大天地。这贪昏之官不解其意，于是众绅民就解释给他听。其中这解说词："官一到任时，金天银地；官在内署时，花天酒地；坐堂听断时，昏天黑地；百姓喊冤的，是恨天怨地；如今可交卸了，谢天谢地"，就是运用了同异表达策略。众绅民通过字面上"金天银地"、"花天酒地"、"昏天黑地"、"恨天怨地"、"谢天谢地"五个词语的字面近似与这五个词语所代表的各不相同的语义内涵的对比，突出强调了这五个词语所展示的那个贪昏之官不同情形下贪昏酷民的劣迹，于五个同中有异的词语的并置中凸显出众绅民对那个贪昏之官强烈的愤恨之情，批判尖锐深刻、淋漓尽致，讽刺辛辣而别具婉转含蓄、幽默诙谐的机趣，令人印象深刻，经久难忘。这里我们既可见出同异表达策略的独特表达效果，也能深刻体认到中国人民的语言智慧！

现代人运用同异表达策略也不让古人专美于前。如上海电视台著名节目主持人叶惠贤 2000 年 8 月在烟台的一次中青年干部培训班的联欢晚会上主持节目时，有这样一个情景：一位女士刚上台表演，下边的人开始打趣："芳龄几何？"那女士倒也大方坦荡，说："三十五了。"等那女士表演完，轮到一位五十岁的男士上场表演时，叶惠贤上台走向前，问那男士："可以告诉我您的年龄？"女士不介意别人问年龄，那男士更没问题了，说："五十了。"也许是开玩笑，实际没五十岁。叶惠贤抓住这一机会插话说：

> "三十五岁的女士是光彩照人的年龄，那么男士呢？有这样一种说法，二十岁的男人是赝品，三十岁的男人是正品，四十岁的男人是精品，五十岁的男人是极品。在座的各位不是正品，就是精品，或者是极品。下面我们欢迎这位极品级的男士给我们表演。"

一番话说得台下掌声雷动。在座的各位男士都是三十岁至五十岁的各级领导干部，自然人人都被恭维到了，真是把话说到了大家的心坎上，怎么叫人不叫好

呢？叶惠贤这番话的妙处也就在于同异表达策略运用得好。表达者叶惠贤通过
"赝品"、"正品"、"精品"、"极品"这四个词语字面上的相近与四个词语各自
代表的语义内涵差异的对比，鲜明地凸显了不同年龄段男子的魅力和价值品级，
含义隽永而耐人寻味，令人印象深刻，久久难忘，真是令人击节赞叹的绝妙好
辞！这里我们既可见出一代电视"名嘴"的风采，也能深刻体认到同异表达策
略运用之妙的独特魅力。

　　我们说同异表达策略的运用能强化语意印象，使表达别具耐人寻味的机趣，
效果很好，但是这种表达策略应该运用得自然，不能特意去搜寻一些字面相同意
义相异的词语堆砌在一起，否则便会给人一种矫揉造作之感，效果恰恰适得
其反。

第六章　插科打诨，妙成文章：
幽默诙谐的策略

20 世纪 30 年代，有一回上海艺文界的名流在国际饭店宴请张大千，稔知他最爱听梅兰芳唱戏，特地邀请梅兰芳作陪。入席时，大家公推张大千坐首席，再三恭请。

"大千先生，您是主客，理应坐首席，这个位子您如果不坐，还有谁能坐呢？"

大师面露诡谲的神情，莞尔一笑：

"梅先生是君子，理应坐在首位；我是小人，该当叨陪末座。"

几句话使众人莫名其妙，当下都愣在现场。梅兰芳很不好意思地赔笑道：

"张大师，今天是上海艺文界合请您，在下奉命来作陪，颇感光荣，何来'君子'、'小人'？请不吝指教！"

大千先生好整以暇，从容不迫地说：

"不是有句话'君子动口，小人动手'吗？您唱得一口好戏，誉满天下！我只不过动手画几笔画而已。所以特地要请您君子上坐，让我小人动手执壶！"

一席话使众人恍然大悟，宾主开怀，于是请梅张二位并排上坐。

这是台湾学者沈谦教授《张大千小人执壶》一文所记的一则故事，读之不禁让人对国画大师张大千的幽默机智感佩得五体投地。

那么，张大千何以一席话能够当席令宾主解颐，并传布久远，在文坛艺坛传为佳话呢？

其实，细究一下，也没什么奥妙，就是表达者张大千巧妙地运用了一种叫做"别解"的语言策略，通过对"君子动口，小人动手"这一俗语的有意别解、曲解，在自嘲自贬中让人大出意表，从而获得了意想不到的幽默风趣的效果。

臻至幽默诙谐效果的语言策略，除了"别解"外，常见常用的还有诸如"仿讽"、"旁逸"、"歧疑"、"移时"、"降用"、"精细"等等。下面我们分而述之。

一、仿讽：大风起兮眉飞飏，安得壮士兮守鼻梁

> 贡父晚苦风疾，鬓眉皆落，鼻梁且断。一日与子瞻数人小酌，各引古人语相戏。子瞻戏贡父云："大风起兮眉飞飏，安得壮士兮守鼻梁。"座中大噱，贡父恨怅不已。

这是宋人王辟之的笔记《渑水燕谈录》（十）所记的一则故事。北宋时代的刘攽（贡父）和苏轼（字子瞻，号东坡）是当时文坛的两位著名文学家，这两位也是一对好朋友。贡父晚年患风疾，鬓发眉毛都脱落了，鼻梁也快烂断了。就这样，贡父还很达观潇洒。有一天他跟苏轼等人聚会小酌，喝酒不能闷喝，文人更是如此，总得找点话说说，助助酒兴。于是大家就引古语相戏调侃娱乐（那时代又没有如今的 KTV 包房可以唱唱卡拉 OK 之类）。苏轼生性喜欢开玩笑，于是就引了古人语说了这样两句："大风起兮眉飞飏，安得壮士兮守鼻梁。"一座之人为之笑倒，被调侃的贡父为之怅恨不已。

那么，苏轼这短短两句话怎么有如此魅力，让一座之人为之"大噱"呢？这是因为苏轼运用了一种很能产生幽默诙谐效果的表达策略——仿讽。

所谓"仿讽"，是一种故意仿拟前人名句名言（甚或全篇）的结构形式而更换以与原作内涵语义大相径庭的内容，使原作与仿作在内容意趣上形成高下迥异的强烈反差，从而获致一种幽默诙谐、机趣横生效果的语言表达策略（与前文我们所说的"仿拟"策略不同）。

上述苏轼的两句话是"套拟刘邦《大风歌》'大风起兮云飞飏，威加海内兮归故乡，安得猛士兮守四方'首尾两句"[1]。但是，套拟得十分自然高妙，贡父与汉高祖都姓刘，二人是本家（中国人说同姓五百年前是一家）；而且二人名字（刘邦与刘攽）声音相同，这就更有意思了。刘邦的《大风歌》是他平定天下后回到故乡与父老乡亲一起喝酒，酒酣意畅时，即兴唱出的。它充分表达了刘邦一统天下后的那种志得意满的万丈豪情，同时也表露了对于寻求猛将守护江山的深切思虑。这首歌的主题意趣充分展现了一代开国帝王的风流，读之令人不禁顿起"大丈夫当如此也"的万丈豪情。而苏轼改《大风歌》调侃贡父的"大风起兮眉飞飏，安得壮士兮守鼻梁"两句，则在内容和格调意趣上与刘邦原作形成强烈的反差，高下之别不可以道里计，幽默诙谐之趣油然而生，所以一座之人为之"大噱"。

---

① 陈望道：《修辞学发凡》，上海教育出版社 1997 年版，第 109 页。

　　仿讽表达策略的运用，在现代也很常见。如鲁迅有一首名曰《我的失恋》的诗说：

> 我的所爱在山腰；
> 想去寻她山太高，
> 低头无语泪沾袍。
> 爱人赠我百蝶巾；
> 回她什么：猫头鹰。
> 从此翻脸不理我，
> 不知何故兮使我心惊。
>
> 我的所爱在闹市；
> 想去寻她人拥挤，
> 仰头无法泪沾耳。
> 爱人赠我双燕图；
> 回她什么：冰糖壶卢。
> 从此翻脸不理我，
> 不知何故兮使我胡涂。
>
> 我的所爱在河滨；
> 想去寻她河水深，
> 歪头无法泪沾襟。
> 爱人赠我金表索，
> 回她什么：发汗药。
> 从此翻脸不理我，
> 不知何故兮使我神经衰弱。
>
> 我的所爱在豪家；
> 想去寻她兮没有汽车，
> 摇头无法泪如麻。
> 爱人赠我玫瑰花；
> 回她什么：赤练蛇。
> 从此翻脸不理我，
> 不知何故兮——由她去罢。

鲁迅的这首诗是"拟古的新打油诗，是讽刺嘲弄当时'阿育阿育，我要死了'之类腐朽颓废的失恋诗的"①。其对当时那种无聊爱情诗的嘲弄讽刺不仅辛辣深刻，而且显得机趣横生，读之令人忍俊不禁，哑然失笑。之所以如此，也是缘于作者运用了仿讽表达策略。略知古典诗歌的，便知这首诗是套仿东汉大文学家也是大科学家张衡的诗作《四愁诗》，原诗是这样写的：

　　我所思兮在太山，欲往从之梁父艰，侧身东望涕沾翰。美人赠我金错刀，何以报之英琼瑶。路远莫致倚逍遥，何为怀忧心烦劳。

　　我所思兮在桂林，欲往从之湘水深，侧身南望涕沾襟。美人赠我金琅玕，何以报之双玉盘。路远莫致倚惆怅，何为怀忧心烦伤。

　　我所思兮在汉阳，欲往从之陇阪长，侧身西望涕沾裳。美人赠我貂襜褕，何以报之明月珠。路远莫致倚踟蹰，何为怀忧心烦纡。

　　我所思兮在雁门，欲往从之雪纷纷，侧身北望涕沾巾。美人赠我锦绣段，何以报之青玉案。路远莫致倚增叹，何为怀忧心烦惋。

　　张衡的《四愁诗》是写古代女子因为交通不便、路途遥远而久离情人的情感痛苦，表现了女子对其情人深切的思念之情（从"东望涕沾翰"、"南望涕沾襟"、"西望涕沾裳"、"北望涕沾巾"等悬望情人归来的行为情景中可以清楚地看出），凸显出女子对其情人的深情厚意与二人相爱的真心真意（从女子赠男子"金错刀"、"金琅玕"、"貂襜褕"、"锦绣段"和男子回赠女子"英琼瑶"、"双玉盘"、"明月珠"、"青玉案"等信物可以见出）。而鲁迅所套拟的打油诗表现的则是当时无聊失恋诗写作者唯利是图的爱情观（从男子看上的是女子的"百蝶巾"、"金表索"之类，追攀的是豪家女子可知），虚情假意、玩世不恭的恋爱心理（如寻她怕"山高"、"水深"，去见她怕城市人多拥挤，没有汽车为工具等等；回赠女子的是"猫头鹰"、"冰糖壶卢"、"发汗药"、"赤练蛇"之类无价值、不严肃的物品）。原作与仿作相比，一个所表现的是深切真挚的爱，一个是玩世不恭、虚情假意的恋爱游戏，两者结构形式的相同与格调意趣的高下形成巨大的反差，由此仿作中的强烈的讽刺嘲弄意味和幽默诙谐的机趣便在与原作的对比中鲜明地凸显出来，令人思索，促人省思，从而使读者深刻体认到作者鲁迅对

①　陈望道：《修辞学发凡》，上海教育出版社1997年版，第112页。

那种无聊失恋诗的强烈否定和深刻批判的情感。

由于仿讽表达策略有着较强的幽默诙谐的效果，所以不仅仅是文人学士乐用，就是一般民众也常常运用。如台湾作家阿盛《厕所的故事》中有这样一段文字：

> 我读高一的时候，乡里举办中北部春节旅行，我也参加。第一天晚上，住在台中火车站附近的一家旅馆，这才第一次看见了抽水马桶，以前只看过图片。住进旅馆以后，大家都往厕所里跑。乡长站在一边维持秩序，一面叫着慢慢来，他说留得屎橛在，不怕没得拉？等轮到我，我一头冲进去，看见抽水马桶，心里有点害怕，还好我知道是用坐的，坐了上去，也不知怎么搞的几乎用了两百公斤的力量，仍然拉不出来，外头敲门敲得很急，我在里边更急，好一阵子，看看是不会有"结果"了，只好出来，身上直冒汗，乡长问：好啦？我说好了。那天晚上，好不容易熬到厕所空了，我才放心地走进去，蹲在马桶上，以后的两天，我都是一样。

这段叙写台湾嘉南平原乡下孩子进城上厕所，用抽水马桶出洋相的故事，本身读来就令人忍俊不禁。其中乡长所说的一句话："留得屎橛在，不怕没得拉"，尤其令人捧腹。乡长的这句话之所以读来令人捧腹，就是因为他仿讽表达策略运用得好。我们都知道，中国自古以来就有这样一句流传广泛的名言："留得青山在，不怕没柴烧"，讲的是人在某种绝境中应该有一种暂时退后一步，保存实力，以待日后东山再起，不必一条道走到黑的人生智慧。这种讲述非常严肃而富含哲理的句言，那位乡长竟然套仿其句式结构，创造出"留得屎橛在，不怕没得拉"的新句来，真是出人意表，令人做梦也想象不出。仿句内容意趣的滑稽性与原句内容意趣的严肃性形成了强烈的反差，于是一种幽默诙谐的表达效果便跃然纸上，令人不禁哑然失笑，不得不感佩这位乡下老伯的语言智慧。

仿讽表达策略因为有较强烈的幽默诙谐或讽刺嘲弄的效果，所以运用时要注意场合情境，在正规场合或需要严肃表达的情况下，就不宜使用，否则便有违"得体"原则，效果适得其反。这一点，是应该注意的。

二、别解：一次"性"处理

> 做学生虽然很苦，但生活却也丰富多彩，尤其结束学生生活后的若干年后每每忆起，其间的点点滴滴倒也有不少很是耐人寻味。记得有这

样一件事，1986 年我正在读研究生。一次午饭后，当时宿舍住五人，其中四人在一起聊天，另一人独自在看报。正当我们四人聊得来劲的时候，忽然那位看报的同学说：

"注意听，有一则消息值得关注。"

于是我们大家停下谈话，忙问：

"什么消息？"

那位同学是个慢性子，不紧不慢地念道：

"一次'性'处理。"

"啊？'性'处理？怎么处理？"大家都来了兴趣。因为那时代"变性手术"的事件还不太多见多闻（如今说到男变女，女变男的事，差不多没人有兴趣听了）。

"羊毛衫六折优惠。"那同学又不紧不慢地说了一句。

"哦！"大家都很失望，但都忍不住哈哈大笑起来。

那么，笔者的那位同学何以一则十分平常的消息被他说得那么有趣，而引发大家哈哈大笑呢？原来他是运用了一种叫做"别解"的语言表达策略。

所谓"别解"，是一种在特定语境下"临时赋予一个词语以原来不曾有的新义"①，通过对词语的常规语义规约出人意表的突破，使原语义与新语义的反差造就出接受者心理的落差，注意为之骤然集中，细一思量，不禁哑然失笑，从而在文本解读接受中获取了一种幽默风趣或讽嘲快感的审美享受的语言表达策略。上述那位同学所说的"一次'性'处理"，是通过表示语法范畴类别的"性"一词的语音重读，突破了"一次性"一词所具有的常规语义内涵："只一次的；不须或不做第二次的"（《现代汉语词典》修订本 1473 页释义），临时赋予"一次性"一词以"一次性别"这种不曾有的新语义，从而使"一次性处理"由常规语义"只一次就处理完"，变成"一次性别处理"（即性别变异的手术处理）之意。而这临时所赋予的新义与原语义形成了强烈的意趣格调反差，从而造就了接受者理解接受时的巨大心理落差，注意为之骤然集中，等到那位同学说出真相，接受者（笔者等四人）的心理预期便告落空，细一思量，不禁为表达者的新异表达而哑然失笑。

别解表达策略在日常生活口语表达中时常有闻。如台湾人讽刺那些把妻子送到美国，自己则在美国和台湾之间飞来飞去来回奔波的台商是"内在美"、"空中飞人"，这也是典型的别解表达策略的运用，令人发噱。因为表达者是将本意

---

① 谭永祥：《汉语修辞美学》，北京语言学院出版社 1992 年版，第 113 页。

是"心灵和品德高尚"的"内在美"一词别解作"内人在美国"，将本意是"在高空表演杂技的人"的"空中飞人"别解为"坐飞机飞来飞去的人"，出人意表，令人失笑。别解表达策略不仅在口语表达中常常被运用，在书面表达中也是常常被运用的。如李敖《李敖回忆录》中有一段文字说：

> 　　王克敏是浙江杭州人，清朝举人，做过清朝留日学生副监督。民国以后，三度出任财政总长。卢沟桥事变后，做"中华民国临时政府"行政委员会委员长，又做"新民会"会长，成了"<u>前汉</u>"（前期汉奸）。到了 1940 年，跟"<u>后汉</u>"（后期汉奸）汪精卫的"中华民国国民政府"合并，把"中华民国临时政府"改为"华北政务委员会"，王克敏做委员长兼内政总署督办，名义上归汪精卫管，事实上自成体系。

　　李敖这里所说的"前汉"、"后汉"，即是别解表达策略的运用。因为"前汉"、"后汉"二词都是有特定内涵的词语，前者指刘邦建立的西汉王朝，后者指刘秀建立的东汉王朝。一般情况下，我们都在这一含义下使用"前汉"、"后汉"二词的。可是李敖却分别临时赋予这二词以"前期汉奸"和"后期汉奸"这等不曾有的语义，令人无法梦见。由于表达者表情达意时对"前汉"、"后汉"二词的常规语义规约进行了出人意表的突破，二词的原语义与表达者临时所赋予的新语义的巨大反差就造就了接受者心理上的巨大落差，注意为之骤然集中，细一思量，不禁哑然失笑，深深感佩表达者李敖谈笑中对汉奸王克敏、汪精卫的无情鞭挞与嘲弄的表达智慧，于文本解读接受中获取一种幽默风趣和讽嘲快感的审美享受。

　　又如台湾女作家郑明娳《邋遢行江湖》中也有别解表达策略的运用，文内有一段叙写道：

> 　　记得中学时代曾经盛行"布袋装"，两片切割整齐的布料相对一缝，成为直布笼统的一个袋子，上下开口，就可以装人，腰间一带轻轻绾系。当时见姐姐日日穿着，玲珑有致，婀娜多姿。而今的"布袋"实要复杂许多；不论冬装夏衫，一律在肩部垫块大海绵，让每位女性天天耸肩缩耳；其次是宽领大袖，肩线掉在手臂上，腋下宽幅比裙摆还大。上衣穿在我身上，比洋装还长。想来"潇洒"、"帅劲"是今日时兴的潮流。不过老眼看去，像一串不修整的流苏挂在身上，"<u>吊儿郎当</u>"四字足以尽之。

　　"吊儿郎当"这一成语的固定内涵是形容一个人仪容不整、作风散漫、态度不严肃等情状，这里表达者却将之临时赋予"宽领大袖，肩线掉在手臂上，腋下宽幅比裙摆还大，像一串不修整的流苏挂在身上的样子"之语义，这明显不是"吊儿郎当"一词常规语义的使用，而是一种别解表达策略的运用。这一文本，由于表达者对成语"吊儿郎当"的常规语义规约进行了出人意表的突破，原语义与新语义对比所产生的反差造就了接受者心理的落差，注意为之骤然集中，细一思量，不禁令人哑然失笑，从而于文本解读接受中获取到一种幽默风趣的审美享受。

　　别解表达策略的运用能够取得较好的幽默诙谐的表达效果，但对某一词语原本语义规约的突破既要出人意料，又要有一定的合理性，否则效果就很难达到。也就是说，别解表达策略的运用是需要表达者具有相当的语言智慧的。没有足够的语言智慧，还是不要使用，以规规矩矩说写为好。

三、旁逸：青眼我会装，白眼我却装不好

　　　　嵇阮二人的脾气都很大；阮籍老年时改得很好，嵇康始终都是极坏的。

　　　　阮年青时，对于访他的人有加以青眼和白眼的分别。白眼大概是全然看不见眸子的，恐怕要练习很久才能够。青眼我会装，白眼我却装不好。

　　这是鲁迅《魏晋风度及文章与药及酒之关系》一文中的两段文字，读来饶富情趣，幽默生动。那么，鲁迅谈历史的这段文字何以有如此的魅力呢？这是因为鲁迅这里运用了一个有效的表达策略——旁逸。

　　所谓"旁逸"，是一种说写中"有意地离开主旨而旁枝逸出，加以风趣的插说或注释"①，以获致表达上幽默机趣效果的语言表达策略。这种表达策略的运用，主要是通过"在轨"叙写内容（围绕主旨的叙述）的严肃性与"脱轨"叙写内容（即暂时离开主旨而旁枝逸出的"题外话"）"插科打诨"的非严肃性所形成的格调意趣上的巨大反差，从而导致接受者接受心理的落差，在思味中哑然失笑，由此在接受中获取一种幽默风趣的审美享受。

　　上述鲁迅的两段话"是叙述曹魏时代的嵇康与阮籍两人的生平行事特别是阮氏著名的评品人物的独特方法：对被其看重的人加以青眼垂顾，对被其看轻的人

---

　　①　谭永祥：《汉语修辞美学》，北京语言学院出版社 1992 年版，第 132 页。

则施以白眼。本来，叙述历史人物的行事叙述清楚了即可，文章应该围绕主旨继续下去，不可节外生枝，旁枝逸出"①，而鲁迅文中所说的"青眼我会装，白眼我却装不好"，正是脱离文章主旨的"旁枝"，运用的就是旁逸的表达策略。鲁迅此文是一篇颇长的演讲稿，于谈史中别含深意，这是它"在轨"叙述的内容，也是它的严肃性所在。而"青眼我会装，白眼我却装不好"这一句，则是"脱轨"叙写的内容，具有明显的非严肃性特点。这样，当两者不协调地匹配在一起时便形成了文章格调意趣上的巨大反差，从而使接受者心理产生巨大的落差，于文本思味中不禁哑然失笑，由此在文本解读接受中自然获取到一种幽默风趣的审美享受。

旁逸表达策略因为有明显的幽默生动的效果，所以在很多作家笔下时有所见。如李国文《从严嵩到海瑞》一文中有这样一段文字：

> 历史的对比效应，有时很有意思，嘉靖这两位臣下，一个贪赃纳贿，藏镪亿兆；一个家无长物，死无殓资。尽管如此水火不容，但这也能找到共同点，他俩都是进《四库全书》的文人。一为铮铮风骨的文章高手，一为贪赃枉法的词赋名家，舍开人格不论，在文品上，两人倒也旗鼓相当，不分伯仲。<u>要是生在今天，在文协担当一个什么理事之类，不会有人撇嘴，说他们尸位素餐。至少，他们真有著作，这是一；他们有真著作，这是二；比那些空心大老、附庸风雅、小人得志、自我爆炒者，强上百倍。</u>

这段文字的主旨很明确，说的是海瑞和严嵩在人品上，一个特清廉，一个特贪浊，根本不可同日而语，但在文品上二人则难分上下，都是很有成就的文士。按常理，作者述说至此，就可以了，应该继续往下行文。然而，作者不然，突然斜刺里杀出"要是生在今天，在文协担当一个什么理事之类，不会有人撇嘴，说他们尸位素餐。至少，他们真有著作，这是一；他们有真著作，这是二；比那些空心大老、附庸风雅、小人得志、自我爆炒者，强上百倍"这一大段与本段主旨无关的议论来。这是为何？无他，也是运用了旁逸表达策略。它对当今文坛风气大坏，无学问而有手段的小人附庸风雅，得意非凡地跳窜于文坛之上，搞得文坛乌烟瘴气的社会现实进行了无情的揭露与嘲弄，调侃之中见深沉，幽默之中有苦痛，令人感慨，更发人深省。

小说家李国文的散文运用旁逸表达策略甚是成功，下面再来看看著名学者、

---

① 吴礼权：《修辞心理学》，云南人民出版社 2002 年版，第 133 页。

北京大学教授季羡林《过年的感觉》一文的开头两段文字：

> 我可真正是万万也没有想到，我能够活到 89 岁，迎接一个新世纪和新千年的来临。
>
> 我经常说到，我是幼无大志的人。其实我老也无大志，那种"大丈夫当如是也"的豪言壮语，我觉得，只有不世出的英雄才能说出。但是，历史的记载是否可靠，我也怀疑。刘邦和朱元璋等人，一无所有，从而一无所惧，运气好成了皇上。一批帮闲的书生极尽拍马之能事，连这一批人的并不漂亮的长相也成了神奇的东西，在这些书生笔下猛吹不已。他们年轻时未必有这样的豪言壮语，书生也臆造出来，以达到吹拍的目的。

这两段文字的主旨是说自己自幼至老都无大志，不意却活到 89 岁，并跨过 20 世纪，迎来了新世纪。本来，正意说到此，应该继续依逻辑顺序再叙述下去。可是，作者却于此本应结句之处，突然由自己不会说"大丈夫当如是也"之类豪言壮语，而横空伸出一硕大巨"枝"——"但是，历史的记载是否可靠，我也怀疑。刘邦和朱元璋等人，一无所有，从而一无所惧，运气好成了皇上。一批帮闲的书生极尽拍马之能事，连这一批人的并不漂亮的长相也成了神奇的东西，在这些书生笔下猛吹不已。他们年轻时未必有这样的豪言壮语，书生也臆造出来，以达到吹拍的目的"的一大段对于历史人物的感慨议论。这明显也是与"在轨"叙述的正意不协调的非严肃性"脱轨"叙述，与正意表达内容的严肃性形成了强烈反差，不仅调侃嘲弄了刘邦、朱元璋之流皇帝，也对历史上那些为刘邦、朱元璋之流抬轿子，虚造故事来神话帝王以讨生活的无耻书生进行了辛辣无情的嘲讽，但调侃讽刺得十分自然，大有顺手牵羊，不着痕迹的妙趣，读来生动幽默，且韵味隽永。

旁逸表达策略的运用确有幽默生动之妙，但这一表达策略运用得好并不是易事，一般人可能弄巧成拙，结果反使表达出现"一行白鹭上青天"——离题万里的情况。所以，如果不是文章大家，没有足够的语言功力，这一策略的运用应该谨慎之！

四、歧疑：对于落后的东西是另一种学法，就是不学

在我们自己方面，对外宣传不要夸大。无论什么时候，都要谦虚谨慎，把尾巴夹紧一些。对苏联的东西还是要学习，但要有选择地学，学

先进的东西，不是落后的东西。<u>对于落后的东西是另一种学法，就是不学。</u>

这是毛泽东《在省市自治区党委书记会议上的讲话》中的一段文字，读来生动幽默，令人对毛泽东的语言智慧感佩不已。

那么，毛泽东的上述政治讲话何以会有如此深厚的魅力呢？这是因为毛泽东善于运用"歧疑"表达策略。

所谓"歧疑"，是表达者在说写表达中故意"把其中关键性的部分暂时保留一下，不一口气说出来，有意地使信息接受者产生错觉或误会，然后才把那关键性的部分说出来"①，从而使接受者的心理预期落空而产生幽默诙谐效果的一种语言表达策略。

上述毛泽东的讲话"对于落后的东西是另一种学法，就是不学"，就是通过先"造疑"——"对于落后的东西是另一种学法"，让接受者自然而然地按常规猜测为："以之作为反面教材进行反思"。然后再自己"释疑"，给出答案——"就是不学"，使结果与接受者先前作出的猜测大相径庭，大出接受者的意料，心理预期顿然落空，从而为之哑然失笑。如果不运用歧疑表达策略，严肃的政治内容的讲话是很难产生令人愉悦的幽默诙谐表达效果的。

毛泽东的幽默机智是人所公认的。下面我们看看大文豪梁实秋的幽默妙语。梁实秋有一篇名曰《握手》的小品文，其中有这样一段文字：

<u>"有一桩事，男人站着做，女人坐着做，狗翘起一条腿儿做。"这桩事是——握手。</u>和狗行握手礼，我尚无经验，不知狗爪是肥是瘦，亦不知狗爪是松是紧，姑置不论。男女握手之法不同。女人握手无需起身，亦无需脱手套，殊失平等之旨，尚未闻妇女运动者倡议纠正。在外国，女人伸过手来，男人照例只握手尖，约一英寸至两英寸，稍握即罢，这一点在我们中国好像禁忌少些，时间空间的限制都不甚严。

梁实秋的这段文字的内容和表达本来就很幽默生动，特别是"'有一桩事，男人站着做，女人坐着做，狗翘起一条腿儿做。'这桩事是——握手"两句尤其幽默诙谐，读之令人忍俊不禁。这两句也是运用了歧疑的表达策略，前一句"'有一桩事，男人站着做，女人坐着做，狗翘起一条腿儿做'"，是用以"造疑"的，每一个中国人都会毫不犹豫地想到作者所说的这件事是指"小便"，这是任

---

① 谭永祥：《汉语修辞美学》，北京语言学院出版社1992年版，第200页。

何人都有的生活常识。然而，当接受者读到作者给出的答案是"这件事是——握手"，真是万分意外，心理预期大大落空，但细一思量，不禁为之捧腹，为之称妙！这就是梁实秋的高明处，不能不令人感佩！如果作者不运用歧疑表达策略，直接写成："握手这件事，男人站着做，女人坐着做，狗翘起一条腿儿做"，那么文章就显得十分平淡，毫无令人回味的情趣。可见，歧疑确是一种十分有效的表达策略，运用得好真能为说写表达增趣添味不少。

正因为歧疑表达策略有鲜明的幽默生动的表达效果，所以往往成为古今很多笑话故事建构的主要手段。如清人游戏主人《笑林广记》中记有这样一个笑话故事：

> 性缓人买新靴一双，性急人问之曰："吾兄这靴子多少银子买的？"性缓人伸一只脚示之曰："二两四钱。"性急人扭家人便打，说："好大胆奴才，你买靴子因何四两八钱？赚钱欺主，可恶已极。"
>
> 性缓者劝之曰："吾兄慢慢说，何必动气？"又徐伸了一只脚示之曰："此只也是二两四钱。"

我们都知道，问靴价总是问一双之价，这是人所共知的常识和社会规约。但是这个故事中的慢性子人（性缓人）回答急性子人（性急人）的问题，却故意突破这一社会规约，不说一双靴的价格，而是先说一只靴价，让性急人误会而扭打其仆人之后，才把关键的后半句说出。而当他把这后半句说出时，不仅让性急人大出意料，大呼上当，而且也让读这则故事的读者大跌眼镜，惊叹这性缓人竟然会对靴价作如此奇特的回答，在感叹性急人上当和性急者仆人白白挨打的同时，情不自禁地哑然失笑，从而获取到了一种幽默诙谐的文本解读的审美快慰。

歧疑表达策略的运用可以臻至幽默诙谐的表达效果，在口语表达中尤其常见。表达者可以根据特定情境和表达的需要适当运用，以使自己的表达机趣横生，调节言语交际时的氛围，密切交际者之间的关系，使言语交际更顺利地进行下去，使言语交际的目标顺利实现。但是，应该注意运用的对象和场合，否则效果会适得其反。

五、移时：夜赶洋车路上飞，东风吹起印度绸衫子，显得腿儿肥

> 上海的摩登少爷要勾搭摩登小姐，首先第一步，是追随不舍，术语谓之"钉梢"。"钉"者，坚附而不可拔也，"梢"者，末也，后也，译成文言，大约可以说是"追踪"。据钉梢专家说，那第二步便是"扳

谈"；即使骂，也就大有希望，因为一骂便可有言语往来，所以也就是
"扳谈"的开头。我一向以为这是现在的洋场上才有的，今看《花间
集》，乃知道唐朝就已经有了这样的事，那里面有张泌的《浣溪纱》调
十首，其九云：

晚逐香车入凤城，东风斜揭绣帘轻，慢回娇眼笑盈盈。
消息未通何计是，便须伴醉且随行，依稀闻道"太狂生"。

这分明和现代的钉梢法是一致的。倘要译成白话诗，大概可以是
这样：

夜赶洋车路上飞，
东风吹起印度绸衫子，显得腿儿肥，
乱丢俏眼笑迷迷。
难以扳谈有什么法子呢？
只能带着油腔滑调且钉梢，
好像听得骂道"杀千刀"！

但恐怕在古书上，更早的也还能够发见，我极希望博学者见教，因
为这是对于研究"钉梢史"的人，极有用处的。

这是鲁迅《二心集》中一篇名曰《唐朝的钉梢》的短文，读来既耐人寻味，
又令人捧腹。

那么，这篇短文何以有如此的效果呢？这与其中鲁迅所运用的一种独特的表
达策略有着密切关系。这种表达策略就是"移时"。

所谓"移时"，是表达者说写时故意"把现代的事物用于古代，把古代的事
物加以现代化，有意造成事物的时空错位"[1]，以太过明显、太显幼稚笨拙的逻
辑错误，大出接受者意表，从而为之哑然失笑的一种语言表达策略。

上述鲁迅的文章正是这一表达策略的成功运用。此文写于1931年，看似游
戏笔墨，实是有所寓意的，是讽刺当时上海洋场上的"摩登少爷"们钉梢"摩
登小姐"的无聊行为。其中，作者据唐人张泌的诗所译成的白话诗，是将20世
纪30年代前后风行于上海滩的时髦摩登事物如洋车、印度绸衫子、超短裙（即

---

[1]　谭永祥：《汉语修辞美学》，北京语言学院出版社1992年版，第216页。

诗中所指的"显得腿儿肥"的那种)、上海方言"扳谈"和"杀千刀"等等拿来对译唐代的事物，将古今地域等时空界限统统打通，读来令人好生新奇怪诞，逻辑错误犯得如此低级、幼稚、笨拙，使接受者大出意表，不禁哑然失笑。然而笑后寻思出表达者于调笑中讥讽洋场无聊少年之用意后，则又不禁为表达者高妙的表达称叹叫好，于文本解读接受中获取了一种幽默风趣的审美享受。

下面我们再来看看梁西廷《太罗嗦》一文中的一段文字：

> 有一天，朱熹去拜见孔夫子，适夫子外出，便留下名片一张，并写道："门人朱熹百拜。"这本不足为奇。可不知怎的，朱熹竟在名片上注释一通："朱者姓也，熹者名也，门人者学生也，百拜者百次顿首也。"孔夫子回家一看，大为不满，便在名片上批了两个字："罗嗦！"不料朱熹知道后，却又再加注："罗嗦者麻烦也。"孔夫子又批："太罗嗦！"但朱熹没有罢休，续予加注："太者更进一层也，罗嗦见前注。"

这段朱熹拜访孔子的故事，"构思可谓新颖。末了一句更是妙趣横生"[1]。它是运用移时的表达策略，将相距一千多年的先秦时代的孔子与宋代的朱子联系起来，煞有介事地编造了朱子拜见孔子及二人反复批注名片文字的情节，文本构思与表现都显得稀奇古怪，其所显现的逻辑错误也过于明显、离谱、笨拙，使接受者大出意表，不禁为之哑然失笑。然而笑后寻思出表达者如此表达的深刻用意——讽刺那些烦琐注释派的无味迂腐——后，则又不禁为表达者寓庄于谐的表达艺术所折服，为之会心一笑，于文本解读接受中获取到一种讽嘲快感的审美情趣。

由于移时表达策略的运用能产生鲜明的幽默生动的效果，现在很多作家都喜欢运用。如韩静霆《书生论剑》一文中有这样一段文字：

> 当年的铸剑师干将莫邪，怎么也想不到我们今天的人口爆炸和剑器普及。他们要是知道宝剑终于成为大众手里的平常玩意儿，宁肯弹铗垂泪"下岗"，宁肯把铸剑的炉子改烤羊腿烤羊肉串的炉子，也不会纵身投火的。事已至今，我们应该对干将莫邪做些深入细致的思想工作。敬爱的干将同志莫邪大嫂，从远处想呢，铸剑为犁，熔戈为爵，化干戈为玉帛，是普天下志士仁人的千年梦想，如果有这么一天，能把这个世界美坏了！

---

[1]　谭永祥：《汉语修辞美学》，北京语言学院出版社1992年版，第221页。

这段文字是谈剑与时代的关系，说古代神圣的剑器今天已不复神圣。其中将"下岗"、"烤羊肉串"、"做些深入细致的思想工作"、"同志"、"大嫂"等十分现代化的流行词汇用在两千多年前的干将莫邪身上，在逻辑事理上太过离谱，令人无法梦见，格调意趣大不协调，使接受者在接受时心理产生极大的落差，不禁哑然失笑。虽是调侃文字，但于严肃语意表达中偶插这种文字，顿使全文机趣横生，别添几多情趣，表达效果明显有很大提高。

移时表达策略的运用确实能产生幽默生动的表达效果，可以提高语言表达的魅力。但是，运用这一策略时，应该把握分寸，不能太过，还要看情境场合，防止产生油滑的负效应。

六、降用：所以只把他作为个"过渡时期"的丈夫

> 在李宝珠看来，她这位丈夫也不能算最满意的人，只能说是"比上不足比下有余"——因为不是个干部——所以只把他作为个"过渡时期"的丈夫，等什么时候找下了最理想的人再和他离婚。

这是赵树理的小说《锻炼锻炼》中的一段文字，写李宝珠眼睛向上，评价丈夫的满意不满意以是不是干部为标准。其中写到她对现任丈夫的态度时说"所以只把他作为个'过渡时期'的丈夫"，读之令人捧腹。

那么，这句话的表达何以有如此的魅力呢？这是因为作家运用了一个有效的语言表达策略——降用。

所谓"降用"，是一种在表达中故意"把一些分量'重'的、'大'的词语降作一般词语用，也就是词语的'降级使用'"[1]，使其原级使用的严肃性与降级使用的调侃性相形对比，形成格调意趣的巨大反差，出人意料，令人发噱的语言表达策略。

上述赵树理所写的"所以只把他作为个'过渡时期'的丈夫"，是"将政治用语'过渡时期'降作日常用语，有'临时'的意思"，[2] 明显是运用了降用表达策略。我们都知道，"过渡时期"是一个有着特定含义的政治术语，是指"从中华人民共和国成立到生产资料私有制的社会主义改造基本完成的这一段时间"，是个十分严肃的政治术语。可是作家这里却将此降级使用于李宝珠对丈夫的态度上，这就使原词语特定严肃的内涵变了味，大出读者意料，不禁为之哑然失笑。

[1]　倪宝元：《修辞》，浙江人民出版社1982年版，第99页。
[2]　倪宝元：《修辞》，浙江人民出版社1982年版，第101页。

而笑过之后，细细品味，便深切体认到作家于调侃戏谑中对李宝珠之流势利的婚姻观进行辛辣的讽刺嘲弄之深意，可谓耐人寻味，妙不可言。

降用表达策略的运用，鲁迅先生也很擅长。如他的《马上支日记》记 1926 年 6 月 29 日事有云：

六月二十九日

晴。

早晨被一个小蝇子在脸上爬来爬去爬醒，赶开，又来；赶开，又来；而且一定要在脸上的一定的地方爬。打了一回，打它不死，<u>只得改变方针</u>：自己起来。

这段写与苍蝇搏斗的情节，写来真是幽默生动。其中"只得改变方针"一句，将政治术语"方针"用在打苍蝇方面，真是"大词小用"，原词内涵的严肃性与降用内涵的戏谑性形成了强烈反差，出人意料，读之令人忍俊不禁。正因为如此，这则日记才能作为文学作品来读。

鲁迅大概比较喜欢这种表达策略，《马上支日记之二》中记 1926 年 7 月 8 日事，开头有这样的文字：

七月八日

上午，往伊东医士寓去补牙，等在客厅里，有些无聊。四壁只挂着一幅织出的画和两副对，一副是江朝宗的，一副是王芝祥的。署名之下，各有两颗印，一颗是姓名，一颗是头衔；江的是"迪威将军"，王的是"佛门弟子"。

午后，密斯高来，适值毫无点心，只得将宝藏着的搭嘴角生疮有效的柿霜糖装在碟子里拿出去。我时常有点心，有客来便请他吃点心；最初是"密斯"和"密斯得"一视同仁，但密斯得有时委实利害，往往吃得很彻底，一个不留，我自己倒反有"向隅"之感。如果想吃，又须出去买来。于是很有戒心了，<u>只得改变方针</u>，有万不得已时，则以落花生代之。这一着很有效，总是吃得不多，既然吃不多，我便开始敦劝了，有时竟劝得怕吃落花生如织芳之流，至于因此逡巡逃走。<u>从去年夏天发明了这一种花生政策以后，至今还在厉行</u>。但密斯们却不在此限，她们的胃似乎比他们要小五分之四，或者消化力要弱到十分之八，很小的一个点心，也大抵要留下一半，倘是一片糖，就剩下一角。拿出来陈列片时，吃去一点，于我的损失是极微的，"何必改作"？

密斯高是很少来的客人，<u>有点难于执行花生政策</u>。恰巧又没有别的点心，只好献出柿霜糖去了。这是远道携来的名糖，当然可以见得郑重。

这几段文字写自己本来对于先生（密斯得，英文 Mister 的音译）和小姐（密斯，英文 Miss 的音译）都是一视同仁的，来做客都待以点心的。后来，由于先生们"委实利害"，所以只好采用花生待客的新方法。这段叙述用花生待客方法由来的文字，虽是微不足道的个人琐事，却被鲁迅写得摇曳生姿，读来幽默风趣，令人解颐。之所以有此效果，这其中与作者运用降用表达策略是密不可分的。我们都知道，"政策"、"方针"、"厉行"等词都是政治性很强的术语，鲁迅却拿这种"大词"来写待客之琐事，这些词的原级内涵与被作者降级使用的内涵之间形成了强烈的格调意趣上的反差，读之无法不使人大跌眼镜，为之哑然失笑。由此可见，降用表达策略确是一种创造幽默风趣效果的有效表达策略，鲁迅确是善用此一表达策略的大家。

降用表达策略的运用，应视自己的语言功力。若能娴熟地驾驭语言，能运用恰当，确能使自己的表达增色不少，提升自己语言表达的魅力。但是，若没有足够的语言智慧和语言文字运用功力，还是应该谨慎之。否则会给人"用词不当"的感觉，当作病句来批评。

七、精细：她撒娇地坐在他的御膝上，特别扭了七十多回

游山并不能使国王觉得有趣；加上路上将有刺客的密报，更使他扫兴而还。那夜他很生气，说是连第九个妃子的头发，也没有昨天那样的黑得好看了。<u>幸而她撒娇坐在他的御膝上，特别扭了七十多回</u>，这才使龙眉之间的皱纹渐渐地舒展。

这是鲁迅《故事新编·铸剑》中的一段描写，读之令人大叹其妙，久久不能忘怀。

那么，何以有如此效果呢？这是因为鲁迅这里运用了一种很独特新颖的表达策略——精细。

所谓"精细"（或称"拟实"），是一种说写中故意"把不需要也不可能说出

精确数据的事物，故意说得十分精确"①，以表面的精细精确、言之凿凿的"正经"与实质上的"调侃"形成强烈对比，从而使接受者心理产生极大落差，不禁为之哑然失笑的语言表达策略。

上述鲁迅的这段文字，写楚王觉得在王宫中生活无趣，就想去游山调节一下情绪，可是游山也没感到有多大趣味，加上路上闻听到他以前屈杀的剑师干将之子眉间尺要为其父报仇而想行刺自己，于是就更加扫兴了。楚王的第九个妃子想博楚王一乐，便在楚王怀中撒娇。其中，"幸而她撒娇坐在他的御膝上，特别扭了七十多回"，写楚王九妃忸怩作态之状特别生动幽默，这便是作者运用精细表达策略的结果。我们都知道，楚王九妃的"扭"，不可能扭"七十多回"。如果要夸张，可说"扭了千百回"。可是作者也不这么写，而是一定要将九妃之"扭"坐实"精细"到具体的"七十多回"，看起来煞有介事，写得一本正经，好像很认真很严谨的样子，实际上却是在调侃，这就使表面的"正经"与实际的"调侃"形成了极大的意趣格调反差，令人忍俊不禁，同时也在调笑中使那位撒娇作态的九妃形象更显突出、逼真，表达上不仅幽默生动，而且别具鲜明的生动性和形象性的效果。这就是鲁迅的生花妙笔！

下面我们再来看看钱钟书《围城》中的一段描写：

> 这次吵架像夏天的暴风雨，吵的时候很利害，过得很快。可是从此以后，两人全存了心，管制自己，避免说话冲突。船上第一夜，两人在甲板上乘凉。鸿渐道："去年咱们第一次同船到内地去，想不到今年同船回来，已经是夫妇了。"……柔嘉打了个面积一方寸的大呵欠。像一切人，鸿渐恨旁人听自己说话的时候打呵欠，一年来在课堂上变相催眠的经验更增加了他的恨，他立刻闭嘴。

方鸿渐与孙柔嘉在从三闾大学回上海的路上时有口角。在香港上船时正好是吵完后的言归于好。方鸿渐有感于两次同船的不同情状而大发了一通议论，而孙柔嘉不感兴趣，结果又闹了一场不愉快。这里，"柔嘉打了个面积一方寸的大呵欠"的写法，运用的也是精细表达策略。我们都知道，人的嘴巴并不是方形，所以打呵欠也不可能打出方形来，更无法精确计算出其打呵欠时嘴巴的面积。可是，作者却硬要将孙柔嘉打呵欠时的面积精确计算到"面积一方寸"，表面看来很认真严谨，写得一本正经，实际内里只是调侃，这样表面的严肃性与实质上的戏谑性形成了强烈反差，出人意料，令人不禁为之哑然失笑，同时也在幽默诙谐

---

① 谭永祥：《汉语修辞美学》，北京语言学院出版社1992年版，第237页。

中鲜明地凸显出孙柔嘉对方鸿渐议论全无兴趣的心理状态，使其听话时心不在焉的情状更具形象性、生动性、逼真性；于此还暗中揭示了方、孙二人心存芥蒂、口角不断的深层原因，预示二人甚不和谐的婚姻生活与不甚美妙的婚姻结局。可见，钱钟书的这一精细表达策略的运用也特别成功，令人感佩！

鲁迅和钱钟书的精细表达策略运用，使文章不仅显得幽默生动，而且还有鲜明形象的效果。至于当代作家王蒙，其对精细表达策略的运用则另具特色。请看他的短篇小说《说客盈门》中的三段文字：

> 请读者原谅我跟小说做法开个小小的玩笑，在这里公布一批千真万确而又听来难以置信的数字。
> 在六月二十一日至七月二日这十二天中，为龚鼎的事找丁一说情的：一百九十九点五人次。（前女演员没有点名，但有此意，此点五计算之。）来电话说项人次：三十三。来信说项人次：二十七。确实是爱护丁一，怕他捅漏子而来的：五十三，占百分之二十七。受龚鼎委托而来的：二十，占百分之十。直接受李书记委托而来的：一，占百分之零点五。受李书记委托的人的委托而来的，或间接受委托而来的：六十三，占百分之三十二。受丁一的老婆委托来劝"死老汉"的：八，占百分之四。未受任何人的委托，也与丁一素无来往甚至不大相识，但听说了此事，自动为李书记效劳而来的：四十六，占百分之二十三。其他百分之四属于情况不明者。
> 丁一拒绝了所有这些说项。这种态度激怒了来客的百分之八十五。他们纷纷向周围的人们进行宣传，说丁一愚蠢。……

这篇小说所写内容是："生性耿直的丁一，1959 年因坚持正义而被打成了右派。1979 年 1 月平反落实政策后被任命为县属玫瑰糨糊厂厂长。上任后，发现厂里生产管理不善，劳动纪律松散，经与多方反复研究，做出了有关规定和奖惩细则，公布实施。厂里合同工、县委第一把手李书记的表侄龚鼎因犯规且态度恶劣而被抓了典型，厂里贴出了布告，按有关规定和细则解除了与龚鼎的劳动合同，将其除名。然而，布告贴出后，从县委办公室主任老刘开始，一系列与龚鼎相干和不相干的人都接踵而至，纷纷为其说情说项。"① 丁一开除县委书记的表侄龚鼎，肯定会有不少人为其说情说项。如果作者说"龚鼎被开除的布告贴出后，前来为其说情的人络绎不绝，很多很多"。这样，于表意就足矣。可是，作者却硬

① 吴礼权：《修辞心理学》，云南人民出版社 2002 年版，第 159 页。

要将前来说项的人次精确精细地作出统计，并分析出百分比，且人数还精确到零点五，表面看来特别严肃认真，一本正经得有些古板了，而实质上却意在调侃讽刺，这样表里意趣便出现了巨大反差，大大出人意料，不禁为作者那种认真而可笑的统计哑然失笑。然而，笑过之后，便会体味出作者的深意是在以此穷形尽相地揭示国人难以根除的人情观念的劣根性以及 20 世纪 80 年代初改革工作进行的巨大难度。王蒙的这一精细表达策略的运用可谓是寓庄于谐，寄深刻于谐谑，幽默之中令人哭。真是大家手笔！

精细表达策略的运用，意在创造幽默诙谐的表达效果，所以这种策略应该根据特定的情境，或是为了调节言语交际时的气氛，或是为了达到某种讽嘲目的而加以运用，严肃的场合或正面表意不能运用，否则便会显得不得体，效果适得其反。

第七章　吟安一个字，捻断数茎须：
炼字（遣词）的策略

　　<u>不错，朋友们也有时候背地里讲究他；谁能没有些毛病呢</u>。可是，地山的毛病只使朋友又气又笑的那一种，绝无损于他的人格。他不爱写信。你给他十封信，他也未见得答复一次；偶尔回答你一封，也只是几个奇形怪状的字，写在一张随手拾来的破纸上。我管他的字叫作鸡爪体，真是难看。这也许是他不愿写信的原因之一吧？另一毛病是不守时刻。口头的或书面的通知，何时开会或何时集齐，对他绝不发生作用。只要他在图书馆中坐下，或和友人谈起来，就不用再希望他还能看看钟表。所以，你设若不亲自拉他去赴会就约，那就是你的过错；他是永远不记着时刻的。

　　这是老舍《敬悼许地山先生》一文中的一段文字。其中第一句读来就让人感到老舍笔触的不平凡。

　　这是为什么？因为他"讲究"一词用得特别讲究，含义深刻，婉转得体。可以说，在此情境中作者所要表达的情意，我们在汉语中再也寻不出一个比"讲究"更恰切的词了。老舍之所以要苦心孤诣地选择"讲究"一词，是在讲究修辞策略。这种修辞策略叫做"炼字"。

　　"炼字"是古人的说法，用我们现代的术语来讲，应该叫"遣词"。我们知道，每个词（古人叫"字"，因为古代汉语是单音节词占绝对优势，一个词往往就是一个字）在整个语言体系中本无任何优劣高下之别，但不同的词进入具体的句子后，在表达效果上却能显出高下优劣的差异来。所以，要讲究语言的表达和接受效果，就不能不用心"遣词"（即"炼字"）。

　　上面我们说老舍第一句话说得好，就是因为"炼字"（遣词）策略运用得好的结果。我们都知道，许地山先生是中国现代著名作家，老舍是他的好朋友。许地山逝世以后，作为老朋友的老舍自然要写文章悼念，谈到许地山的许多往事自然也会涉及他的缺点。老舍在谈及许地山的缺点时，先有一句总括的话："不错，朋友们也有时候背地里讲究他；谁能没有些毛病呢"。其中单单只选择了动词"讲究"，而没有使用与"讲究"意思相近的"批评"、"指责"、"议论"等词，这是老舍的修辞策略。因为只有"讲究"一词最能表达他要表达的意思，也最得体，效果最好。如果用"批评"、"指责"、"议论"等词，意指许地山缺点确实存在，且可能是有很大的缺点；相反，用"讲究"一词，则表明许地山的缺点本就不存在或微不足道，如果朋友要议论他，也只是对他过分提出了高要求。写悼念文章本来就是要为逝者讳的，更不用说是为自己的好友而写了，即使有什么也应该为朋友辩护或讳饰。因此，老舍这样用词是得体的，也是再恰当不过的了。再结合下文提到许地山的两个所谓"毛病"：字写得不好而不愿给人回信，到图书馆坐下或与友人交谈而忘记约会时刻，更觉得老舍用词高妙。因为这两个"毛病"并不算什么，从另一个角度看还是优点呢。老舍这样把它当"毛病"写出来告诉读者，实际是绕着弯子赞誉老友许地山专心学术，重友健谈的学者风范。可见，老舍先生这里的"讲究"一词，用得真是讲究，可谓是将最恰当的词放在了最恰当的位置，发挥了一个词最极致的表达效果。我们都知道，在现代汉语词汇库中，动词"批评"、"指责"、"议论"、"讲究"等等都是极其寻常普通的词，它们之间没有优劣高下之别。可是，当它们被表达者调遣出来并配置到特定的题旨情境之中，则就显出极大的差别了。我们之所以赞赏老舍这里的"讲究"一词用得好，用得妙，并不是说"讲究"这个动词本身有什么特殊的表达效果，而是说只有这个动词才能适切这篇悼念文章的题旨情境，并能真切地表达出老舍对朋友许地山先生深厚的感情，凸显出许地山先生高尚的人格魅力。

老舍的经验告诉我们，汉语是一种词汇异常丰富的语言，也是一种非常有魅力的语言，因此我们在讲修辞策略时，自然不应该忘记"炼字"（遣词）的修辞策略。"炼字"（遣词）的修辞策略，除了要讲究动词、名词、形容词等的精挑细选，力争一字传神外，还包括诸如怎样配置韵脚字，如何调配字词音节，如何运用古语词、方言词、俚语词等许多方面。下面我们分六节予以介绍，希望能给大家在炼字（遣词）时提供一些启发。

一、悦耳动听，韵脚字的有效配置：做了过河卒子，只能拼命向前

偶有几茎白发，
心情微近中年。
做了过河卒子，
只能拼命向前。

这是胡适20世纪30年代末40年代初做中国驻美大使时，在赠与他驻美大

使任上的同事、著名金融家陈光甫的一幅小照上题写的表露当时心情的小诗。胡适本是书生，无意于在宦海中沉浮，但是当时为了抗战的需要，为了争取美国对中国抗战的支持，又考虑到胡适在美国的背景和影响，蒋介石于 1938 年 7 月急电其时正在法国访问的胡适，要他出任中国驻美大使。9 月 17 日国民政府正式对外宣布：任命胡适为中国驻美大使。10 月 5 日，胡适到馆上任，27 日向罗斯福总统递呈国书。胡适任驻美大使，意在为中国抗战求援，但开始时并不顺利，幸得同事陈光甫辅佐，在美国苦撑了 4 年。因为他不改书生本色，专心学问，不愿应酬国府至美访问的要人，所以当时在重庆曾掀起多起"倒胡风潮"（事略见《环球时报》2002 年 8 月 5 日，张伟《胡适当过四年驻美大使》一文）。上述题照小诗，大概正是他当时复杂心情的真实写照。

胡适上述小诗，短短 24 字，就形象地写尽了他这个书生"赶鸭子上架"做官的复杂心情，令人印象深刻，过目不忘。那么，这是为什么呢？原因当然很多，其中一个很重要的原因是诗在第二、四两句运用了两个韵脚字"年"、"前"，读来悦耳动听，朗朗上口，自然易于记忆，令人历久难忘了。我们知道，胡适在"五四"文学革命时期是以反对旧文学、提倡新文学出名的，其中就有一项反对格律诗，提倡白话诗，主张不押韵。可是，上述小诗却不自觉间运用了韵脚字。可见，在中国无论是谁都无法抵挡押韵所造就的悦耳动听的魅力，除非你不想让接受者接受。

正因为韵脚字的运用可以造就音韵和谐、悦耳动听的表达效果，而汉语本来就是乐感很强的语言，因此中国人自觉不自觉地利用韵脚字的安排，寻求一种悦耳动听的表达效果，也就自然而然了。不仅文化界人士注重在行文说话中对韵脚字的有效配置，就是普通老百姓也喜欢这样：

上车睡觉，下车撒尿，到了风景点拍照，回家一问什么也不知道。

这是 20 世纪末中国的民间顺口溜，嘲笑团体旅游的通病。一听就让人记住，且诙谐好笑。之所以成为顺口溜，之所以流行，关键原因在于创作者懂得运用同韵字（词）表达，易上口，易记诵且有悦耳动听的效果。

韵脚字的有效配置，除了可以造就朗朗上口、悦耳动听，易于记诵的效果，还可以表现出说写者特定的情感，使情感与思想表达趋于圆满。例如：

东湖瓜田百里长，
东湖瓜名扬全疆，
那里有个种瓜的姑娘，

姑娘的名字比瓜<u>香</u>。

枣尔汗眼珠像黑瓜子，
枣尔汗脸蛋像红瓜<u>瓤</u>，
两根辫子长又<u>长</u>，
好像瓜蔓蔓拖地<u>上</u>。

年轻人走过她瓜<u>田</u>，
都央求她摘个瓜尝<u>尝</u>，
瓜子吐在手心<u>上</u>，
带回家去种在心坎<u>上</u>。

年轻人走过她身<u>旁</u>，
都用甜蜜的嗓子来歌<u>唱</u>。
把胸中燃烧的爱<u>情</u>，
倾吐给亲爱的姑<u>娘</u>。

充满爱情的歌谁不会<u>唱</u>？
歌声在天山南北飞<u>翔</u>，
枣尔汗唱出一首短<u>歌</u>，
年轻人听了脸红脖子<u>涨</u>——

"枣尔汗愿意满足你的愿<u>望</u>，
感谢你火样激情的歌<u>唱</u>；
可是，要我嫁给你<u>吗</u>？
你衣襟上少着一枚奖<u>章</u>。"

这是现代诗人闻捷的新诗《种瓜姑娘》，特别讲究韵脚字的配置。第一节四句尾字"长"、"疆"、"娘"、"香"，韵母分别是 ang, iang, iang, iang，第二节四句尾字"子"、"瓤"、"长"、"上"，韵母分别是 i, ang, ang, ang，第三节四句尾字"田"、"尝"、"上"、"上"，韵母分别是 ian, ang, ang, ang，第四节四句尾字"旁"、"唱"、"情"、"娘"，韵母分别是 ang, ang, ing, iang，第五节四句尾字"唱"、"翔"、"歌"、"涨"，韵母分别是 ang, iang, e, ang，第六节四句尾字"望"、"唱"、"吗"、"章"，韵母分别是 ang, ang, a, ang。

很明显，这首诗除了第二节第一句尾字"子"、第五节第三句尾字"歌"、第六节第三句尾字"吗"以外，全诗通篇几乎句句相押，或同韵相押，或近韵相押，一韵到底，表达上自然流畅，一气呵成，不仅听觉上有悦耳和谐之美感，同时一系列带有 ang，a 等韵母尾字的配置相押，在语义上恰切地密合了诗人对种瓜姑娘枣尔汗情感热烈的赞美主旨，因为一般说来，带有 a，an，ao，ang，ong，eng等韵母的字多有表现雄壮激昂的感情色彩。①

上面是利用韵脚字的配置来表达雄壮激昂的感情色彩，下面再看看如何利用韵脚字的有效配置来表现悲伤忧愤的情感情绪：

> 老丫头，你别吹！自从有了你，家里就倒了霉！爸爸叫你给克死，家里缺米又缺煤，连个媳妇娶不上，谁也不肯来作媒！费了多大劲，跑了多少回，才娶上媳妇，生了娃娃，人口一大堆。你就该老老实实在家里，抱孩子，干活儿，不等嫂子催。可是你，一心一意往外跑，好象一群野马后面追。你不想，没人作饭洗衣抱孩子，累坏了妈妈嫂子你对得起谁！对得起谁！

这是老舍话剧作品《女店员》中的一段文字，② 是剧中余母数落其女儿"老丫头"的"不是时"的一段话。这段话中，"吹"、"回"、"堆"、"催"、"追"、"谁"相押，韵母都是 ui，"霉"、"煤"、"媒"是同音字相押，韵母都是 ei。这种对话中的字词音韵谐和的讲求，表达效果也是很明显的。由于两韵交错相押，听觉上不仅有相协相谐的美感，且有交错变化、同中有异的抑扬顿挫之悦耳效果，这于话剧的表演效果是大大加强了。同时一系列 ui，ei 韵字的配置，也有力地、突出地表现了剧中人物余母对女儿的不满之情。因为一般说来，i，ui，ei 等韵母字多有表现悲愤、哀悼、忧郁、伤感、苦闷等感情色彩。③

总之，说写中注重韵脚字的有效配置，其效果是非常明显的。因为有了韵脚字的配置，表达上易于上口，接受上易于记诵。从学理上讲，讲究同韵字（词）的选置，可以提高修辞的接受效果，因为同韵字的反复可以刺激接受者的大脑皮层，使其产生较深刻的印象。同时，同韵字的配置可以产生一种回环流畅的听觉美感，可以引发接受者的"不随意注意"，进而诱使其进入接受的"随意注意"阶段，以此加强对表达者表达内容的理解。另外，从文化背景上看，中国是诗歌

---

① 胡裕树主编：《现代汉语》（增订本），上海教育出版社 1999 年版，第 505 页。
② 此例引见倪宝元：《修辞》，浙江人民出版社 1982 年版，第 38 页。
③ 参见胡裕树主编：《现代汉语》（增订本），上海教育出版社 1999 年版，第 505 页。

的国度，诗歌发展在中国有悠久的历史，中国人爱诗的原因之一就是喜欢它的朗朗上口，而这正是由诗中同韵字（词）的选配（即押韵）造就的。因此，我们说写时，应该明白上述道理，在遣词炼字时应该自觉地进行字（词）声音之炼，讲求音韵的谐和，以使我们的说写生动些，效果尽可能好些。

二、需要第一，音节与平仄的调配：团团的月彩，纤纤的波鳞

> 扫开一块雪，露出地面，用一枝短棒支起一面大的竹筛来，下面撒些秕谷，棒上系一条长绳，人远远地牵着，看鸟雀下来啄食，<u>走到筛下时将绳一拉，便罩住了</u>。（A）

> 扫开一块雪，露出地面，用一枝短棒支起一面大的竹筛来，下面撒些秕谷，棒上系一条长绳，人远远地牵着，看鸟雀下来啄食，<u>走到竹筛底下时候将绳一拉，便罩住了</u>。（B）

这是大家都熟悉的鲁迅名作《从百草园到三味书屋》一文的两个不同版本中的文字。A 与 B 两段文字基本一样，只是末一句文字上有点差异，这是因为经过了作者的修改。前者是原稿文字，后者是修改稿文字。[①] 中国有句老话，叫"有比较才有鉴别"。两段文字，如果单独看，可能都觉得很好。可是一比较，则会发现，B 较 A 读起来要顺畅，效果好得多。

那么，为什么会这样呢？这其实也就是鲁迅为什么要对自己的文章进行修改的原因所在。

我们都知道，汉语是一种富有乐感的语言，因此汉语修辞在字音上讲究、做文章的，自古及今皆未消歇过。现代汉语修辞中尽管已不特别看重这一方面，但修辞实践中还是时时有之的。在字（词）上做文章，除了上面我们讲到的韵脚字的配置（即押韵）外，还讲究单双音节的配合，特别是注重双音节词的运用，还有适度注重字（词）平仄的调配。之所以如此，是因为根据题旨情境的需要而对字（词）的音节、平仄进行合理调配，可以增添语言的听觉美感，使接受者于语义内容信息接受的同时获取一种接受解读的审美享受。

我们还知道，在汉语词汇中有单音节词，也有双音节词。就古代汉语而言，是单音节词占绝对优势，而于现代汉语来说，则是双音节词占了绝对优势。这种语言发展的趋势，除了汉语发展自身特别是语音发展的内部规律在起作用外，从

---

① 此例引见倪宝元：《修辞》，浙江人民出版社 1982 年版，第 43 页。

修辞的角度看，也是有其必然性的。在语感上，我们都不难体会到双音节词有一种整齐、匀称、谐和的效果，加之汉民族人凡事喜爱偶双的传统心理的作用，人们在说写实践中常常自然而然地表现为对双音节词的偏好倾向。例如"我们有时说'努力争取'，有时说'力争'，但不说'力争取'，也不说'努力争'。我们有时说'整顿作风'，有时说'整风'，但不说'整作风'，也不说'整顿风'。我们有时说'深深相信'，有时说'深信'，但不说'深深信'，也不说'深相信'。'志坚如钢'，不说'志坚如钢铁'，'钢铁意志'，也不说'钢意志'。这种例子是非常多的"。① 正因为上述原因，在现代汉语修辞中，修辞者常常倾向于选用双音节词，几乎成为一种普遍的"炼字"规律之一。

上述鲁迅的两段文字，通过比较我们可以发现，后者与前者的差异只是将前者所用的三个单音节词"筛"、"下"、"时"分别改为三个双音节词"竹筛"、"底下"、"时候"。然而就是这样简单地一改，在表达效果上却有了较大的提升，视觉上的齐整匀称和听觉上的谐和顺畅之感毕现。这是大作家"炼字"的功夫。

和鲁迅一样，现代文学史上另一位作家叶圣陶对于"炼字"也是非常重视的：

> 有些人连带想起全县的教育费不知究是多少，仿佛就想问一问；又觉这有点不好意思，只得暂且闷在肚里。（A）

> 有些人连带想起全县的教育经费不知道究竟是多少，仿佛就想问一问，又觉得这有点不好意思，只得暂且闷在肚里。（B）

这是《叶圣陶选集》中《抗争》一文的两种不同版本的同一段文字。A 和 B 两段文字，前者是原稿文字，后者是作者后来的修改稿文字。② 后者与前者相比，只是将原稿中的四个单音节词"费"、"知"、"究"、"觉"分别改为四个双音节词"经费"、"知道"、"究竟"、"觉得"。虽然改动不大，但在表达效果上大大不同了。改文除了避免了行文中文白夹杂的明显弊端外，在视觉接受效果上明显具有整齐、匀称的特点，在听觉接受上谐和顺畅的效果亦十分突出。

有时实在不能实现由单音节词到双音节词的替换，那么就以结构助词"的"或"之"来助成。如"我们常说'小桥'、'高山'、'蓝天'、'红旗'、'明灯'，一般不说'狭小桥'、'高高山'、'蔚蓝天'、'鲜红旗'、'明亮灯'。碰到

---

① 倪宝元：《修辞》，浙江人民出版社1982年版，第40页。
② 此例引见倪宝元：《修辞》，浙江人民出版社1982年版，第43页。

这种情况，就请结构助词'的'来帮忙，说成'狭小的桥'、'高高的山'、'蔚蓝的天'、'鲜红的旗'、'明亮的灯'"。[①]　只要我们留心一下人们的修辞实践，这种情况是时常见到的。例如：

> 朋友斜倚盛水的大陶缸，十分愉快地说起这栋老屋，原是她家第一代渡海来台的祖先，筚路褴褛，凭着自己的双手，一砖一瓦，一木一石，辛辛苦苦堆砌而成的。想不到百年来，风雨不动，安然如山，<u>竟成了后代子孙安身立命之处</u>。

这是台湾作家陈幸蕙《春雨·古宅·念珠》中的一段文字。最后一句也可以写成"竟成了后代子孙安身立命处"。若删去结构助词"之"，从意义表达上完全没有任何问题。但是，从语感上看，就不会有视听觉上的齐整顺畅的效果。可见，这里的一"之"之遣，非是羡余，而是有其实际修辞效果的。

除了音节的调配在"炼字"中具有重要意义外，平仄问题也须讲究。我们都知道，汉语中的每个字（词）都是有声调的，这与世界其他语言是大不相同的，也是汉语之所以诵读起来有抑扬顿挫之美感的关键原因所在。声调因为是落实于每个字上的，所以又称"字调"。所谓"字调"，就是"一个字音的高低升降，也就是一个音节的声调。构成字调的主要因素是音高的变化，其次是音长的差异"。"过去汉语字调分平上去入四声，现在普通话调类分阴阳上去四类。平上去入，过去又归为'平''仄'两声，平声为'平'；上去入三声为'仄'。现代汉语语音阴平、阳平为'平'；上声、去声为'仄'。"[②]

由于声调的客观存在，又由于声调的变化能产生抑扬顿挫的音乐美感效果，所以自古以来的修辞者都注重字（词）声调问题，讲究平仄的合理配置，古人叫"调平仄"。这在古代律诗中是特别讲究的，而且还有很多门法。比如，如果因为语义的关系不能在前一语句的特定位置配置特定的平仄声字，就要在后一语句的相应位置进行"拗救"等等。现代我们尽管不再做律诗了（当然也有少数人偶尔为之），但现代汉语修辞中注重字（词）平仄声的协调，力求语言表达的声律美，仍然是一种普遍的修辞目标。之所以如此，这是因为"平声、仄声的配合运用有如打鼓，平声就像打在鼓中心的 dōng – dōng 声，仄声就像打在鼓边上的 dà – dà 声。老是打在鼓中心，一味的 dōng – dōng – dōng，就显得单调；老是打在鼓边上，一味的 dà – dà – dà，也会使人厌烦。只有 dōng – dōng – dà – dà –

---

① 倪宝元：《修辞》，浙江人民出版社 1982 年版，第 41 页。
② 倪宝元：《修辞》，浙江人民出版社 1982 年版，第 35 页。

dōng, dà–dà–dōng–dōng–dà 地打，才能打出个调子来。"① 也就是说，只有平仄交错配置，才能造就出声律上的抑扬顿挫的美感效果。例如：

> 我送你一个雷峰塔影，
> 满天稠密的黑云与白云；
> 我送你一个雷峰塔顶，
> 明月泻影在眼熟的波心。
>
> 深深的黑夜，依依的塔影，
> 团团的月彩，纤纤的波鳞——
> 假如你我荡一只无遮的小艇，
> 假如你我创一个完全的梦境！

这是徐志摩的一首新诗《月下雷峰塔影》。新诗虽然不比旧体诗那样讲究格律，但作者还是不自觉地在遣词炼字时追求了诗的平仄协调。如第一节诗，依据现代汉语普通话语音系统来看，其平仄情况是：

仄仄仄平仄平平仄仄，
仄平平仄（的）平平仄平平；
仄仄仄平仄平平仄仄，
平仄仄仄仄仄平（的）平平。

如果将二、四两句中的两个结构助词"的"（轻声）除外不计，这四句上下平仄对得相当工整，交错有致，诵读起来抑扬顿挫的音乐美感效果十分明显。诗的第二节虽然没有第一节那样讲究平仄的相对，但第二节第一句的末二字"塔影"与第二句的末二字"波鳞"是"仄仄"对"平平"，对得也相当好，增加了诗的音乐美感。徐志摩在新诗人中是较为讲究诗的韵律者，这也是他的诗作艺术性和诵读性较强的原因所在。可见，字（词）在声音平仄上的调配是很重要的。

其实，在语言实践中，人们不仅做诗（即使是新诗）或其他韵文讲究平仄交错，就是散文创作往往亦然。因为这种修辞努力事实上是能取得很好的效果的。对此，作家老舍在《对话浅论》一文中曾有过这样的一段通俗而精辟的总结："在汉语中，字分平仄。调动平仄，在我们的诗词形式发展上起过不小的作用。我们今天既用散文写戏，自然就容易忽略了这一端，只顾写话，而忘了注意声调之美。其实，即使写散文，平仄的排列也还该考究。'张三李四'好听，

---

① 倪宝元：《修辞》，浙江人民出版社 1982 年版，第 35 页。

'张三王八'就不好听。前者是二平二仄，有起有落；后者是四字皆平，缺乏抑扬。四个字尚且如此，那么连说几句就更该好好安排一下了。'张三去了，李四也去了，老王也去了，会开成了'，这样一顺边的句子大概不如'张三、李四、老王都去参加，会开成了'，简单好听。前者有一边顺的四个'了'，后者'加'是平声，'了'是仄声，抑扬有致。"老舍是作家，这番话是他的经验之谈，也是深谙字（词）声音平仄调配个中三昧的至理名言。对于这一点，同是作家的鲁迅在创作中就有鲜明的体现。例如：

> 鬼眨眼的天空越加非常之蓝，不安了，仿佛想<u>离去人间</u>，<u>避开枣树</u>，只将月亮剩下。

这是鲁迅《秋夜》中的文字。其中，"仿佛想离去人间，避开枣树"一句的写法，是有一定讲究的，① 因为"离去人间"与"避开枣树"，依现代汉语普通话语音系统是"平仄平平"对"仄平仄仄"，交错相对，给文章平添了一种抑扬有致的声律美。如果作者不说"离去人间"，而是说"离开人间"或"离去人世"，那么就不能与"避开枣树"形成平仄上的交错对应，也就不可能产生表达上抑扬顿挫的声律美感效果了。由此可见，散文中讲究字（词）声音平仄上的调配也是十分重要的。

三、以故为新，古语词的恰切运用：吟哦沧浪，主管风骚

有人说："在历史里一个诗人似乎是神圣的，但是一个诗人在隔壁便是个笑话。"这话不错。看看古代诗人画像，一个个的都是宽衣博带，飘飘欲仙，好像不食人间烟火的样子。《辋川图》里的人物，<u>弈棋饮酒</u>，投壶流觞，一个个的都是儒冠羽衣，<u>意态萧然</u>，我们只觉得摩诘当年，千古风流，而他在苦吟时堕入醋瓮里的那尴尬相，并没有人给他<u>写画流传</u>。我们凭吊浣花溪畔的工部草堂，<u>遥想杜陵野老典衣易酒卜居茅茨之状</u>，吟哦沧浪，<u>主管风骚</u>，而他在耒阳狂啖牛炙白酒胀饫而死的景象，却不雅观。我们对于死人，照例是隐恶扬善，何况是古代诗人，篇章遗传，好像是痰唾珠玑，纵然有些小小乖僻，自当加以美化，更可资为谈助。王摩诘堕入醋瓮，是他自己的醋瓮，不是我们家的水缸，杜工部旅中困顿，累的是耒阳知县，不是向我家叨扰。一般人读诗，犹如观

---

① 此例引见倪宝元：《修辞》，浙江人民出版社 1982 年版，第 38 页。

剧，只是在前台欣赏，并无须侧身后台打听优伶身世，即使剌听得多少
奇闻轶事，也只合作为梨园掌故而已。

这是梁实秋《诗人》一文的开首一段，是写对诗人的认识。说古道今，数
典论人，娓娓道来，就如闲谈。但读来既亲切，又典雅，读之不禁令人抚掌捻
须，颔首称是，心有戚戚，味之再三。

那么，这段文字何以有如此这等魅力呢？这其实是有赖作者对古语词的恰切
运用。

所谓"古语词"，就是那些在古代汉语中经常使用而在现代汉语中已经不使
用或很少使用的具有古典色彩、文言色彩的词语。

上述梁实秋的文字，全段都是用平白如话的大白话行文，但中间时有诸如
"宽衣博带"、"弈棋饮酒"、"投壶流觞"、"吟哦沧浪"、"主管风骚"、"痰唾珠
玑"等等典雅有韵味的古语词的穿插，犹如一池清澈之水，偶有三两小鱼跃动其
中，顿然显得生机盎然，情、趣、味俱增。如果全段文字都是运用白话语词，则
显平淡无味；如果过多地使用古语词，则又显得晦涩艰深，令人难以卒读。梁实
秋的高妙之处，就在于恰如其分地运用了古语词，古语词的运用犹如菜中着盐，
不多也不少，咸淡适度，读来自然有一种既亲切又典雅的韵味。

古语词的恰切运用不仅可以增添语言表达的典雅韵味，有时还可以造就一种
庄严凝重、恰切得体的语言风格效果。例如：

到十二日上午我再去看望郭老的时候，他已在弥留之际，不能言
语了。

这是周扬《悲痛的怀念》一文中的文字，① 是写郭沫若临终时的情况。其
中，用到"弥留"和"之"、"际"三个古语词。所谓"弥留"，是指"人病重
将死"，"之际"，即"的时候"。这三个古语词的使用，既使表达语言精练，又
凸显了作者周扬作为文艺界领导对学术界、文学界前辈郭沫若的崇敬之情和对郭
老即将辞世的悲痛之情，读之一种庄严凝重的感觉兜头而来。同时恰切得体的语
言表达，也使读者为其深切的情感所打动，并与之达成情感的共鸣。如果"弥留
之际"，改成现代白话语词来表达，说成"痛重得快要死了的时候"，不仅文章
没深度、没品位，也让读者不知作者是何心态，对郭老是什么感情。所以，关键
时候，恰切运用恰切的古语词，效果是难以比拟的。比方说，我们常常看到报纸

---

① 此例引见倪宝元：《修辞》，浙江人民出版社 1982 年版，第 85 页。

上有关于某某国家元首访问中国，下榻于某某宾馆，中国领导人同他在亲切友好的气氛中进行了会谈等等，运用的都是"下榻"、"会谈"等古语词，而不用"住宿"、"聊天"。之所以如此，因为古语词的运用可以造就一种庄重的风格色彩，表达出对他国领导人的一种尊崇之情。反过来，如果是我们普通人，就不能运用这些特定的古语词了。如果有人说"小王昨天与他老婆到杭州游玩，下榻于西湖旁边的玉皇山庄，并与老友、大学同班同学小李会晤、会谈"，那就成了笑话。可见古语词的使用是有其特定效果的，运用起来也是有规矩的。

除了上述两种表达效果外，古语词的恰切运用，有时还能造就一种幽默诙谐或讽刺嘲弄之效应。例如：

> 还有一个大问题，是会不会乳大忽而算作犯罪，无处投考？我们中国在中华民国未成立以前，是只有"不齿于四民之列"者，才不准考试的。据理而言，女子断发既以失男女之别，有罪，则天乳更以加男女之别，当有功。但天下有许多事情，是全不能以口舌争的。总要上谕，或者指挥刀。
>
> 否则，已经有了"短发罪"了，此外还要增加"天乳犯"，或者也许还有"天足犯"。呜呼，女性身上的花样也特别多，而人生亦从此多苦矣。

这是鲁迅《忧"天乳"》一文中的文字，该文发表于 1927 年 10 月《语丝》周刊第 152 期，是有感于当时广州"禁女学生束胸，违者罚洋五十元"一事。文章都是用白话词行文的，但其中有"者"、"上谕"、"呜呼"、"亦"、"矣"等五个古语词点缀其间，除了"上谕"是实词外，其余都是虚词类古语词。这些虚词类的古语词不和谐地放入诸多白话语词中，与整段文字的风格极不协调，形成了极大的色彩风格反差，于是一种讽刺嘲弄之意油然而生，文章的幽默诙谐情趣突而出之。鲁迅文章特别是杂文，常常呈现出一种冷嘲热讽的风格特色，实际上是与鲁迅善于恰切地运用古语词是大有干系的。

四、以俗为雅，俚语词的有限运用：老鸨子死了粉头，没指望了

> 贼淫妇，我只说你日头常晌午，却怎的今日也有错了的时节？你斑鸠跌了弹，也嘴答谷了，春凳折了靠背儿，没的倚了。王婆子卖了磨，推不的了。老鸨子死了粉头，没指望了。却怎的，也和我一般！

这是《金瓶梅》第六十回描写李瓶儿孩子死后，潘金莲幸灾乐祸地指桑骂槐的话语。读之令人如见其人，如闻其声，一个刻薄而又伶牙俐齿的泼妇形象跃然眼前，仿佛置身市井底层，生活于其中。

那么，作者何以有这等功力呢？这应该归功于作者擅长运用俚语词的语言策略。

所谓"俚语词"，一般是指流行于民间最底层民众中的歇后语、谚语之类。这些语词都是底层劳动人民在生活生产活动中创造出来的，与下层的现实生活密切相关，而且比较形象生动。因此，在说写中有限地运用这类语词，不仅不会使自己的语言表达低俗，反而显得活泼有生气，增添说写的情趣与表达的魅力，就好比一队美丽的时髦洋妞中杂着一两位拖着长辫子的中国村姑，反而看了让人眼前一亮，土洋映衬，交映生辉，一队佳丽更显娇艳动人了。俚语词最初可能是由某一地民众所创造，但它并不特别难懂，不像方言词（下面我们即将讲到）只为某一地人所懂，而是具有较广泛的使用范围。因此，有限地使用一些俚俗语词一般不会影响说写的接受效果，反而会增加接受的效果。

上面潘金莲所说的"日头常晌午，却怎的今日也有错了的时节"、"斑鸠跌了弹，也嘴答谷了"、"春凳折了靠背儿，没的倚了"、"王婆子卖了磨，推不的了"、"老鸨子死了粉头，没指望了"等，都是源于山东的歇后语、谚语、俗语，但似乎全国各地人都能读懂其意。读过《金瓶梅》的人都会有一个非常深刻的印象，就是它的语言在中国古典小说中是非常有特色的，整篇小说都是以平实浅近的口语来叙述行文的。而其中的许多人物对话则采用非常生动形象的俚俗语词，市民文学的特色十分显明，即使是尤好雅韵的文人读了也叫好。如果我们把整部小说平实浅近的口语叙述特色比作是一条潺潺而流的小溪的话，那么《金瓶梅》中许多人物对话甚或是叙事语言中的丰富多彩的谚语、歇后语等俚俗语词的运用则浑然而为小溪中欢跳的鱼儿，"它伴随着小溪生动的流淌，直至汇入那艺术的海洋"。① 潘金莲人物形象之所以鲜活生动，正是有赖于作者让她口出诸如上述那些俚俗语词，不仅表现了她的性格，也符合她的身份身世。如果作者让她口出雅言，那她要么是大家闺秀如崔莺莺，要么就是矫情造作、丫环硬充小姐身的假夫人，不是那鲜活的、栩栩如生的潘金莲了。因此，可以说兰陵笑笑生善于有限运用俚俗词来展示人物"声口"，是他创造的人物形象大多都非常成功的最大法宝。

兰陵笑笑生写的《金瓶梅》被誉为"中国第一奇书"，这个没人敢提出异议。那么，现代台湾大作家李敖自称中国近 500 年来白话文写得最好的前三名都

---

① 吴礼权：《中国言情小说史》，台湾商务印书馆 1995 年版，第 229 页。

是他，虽然文学界有人会有异议，但是李敖的文笔确实非同一般，他的语言魅力是无人不佩服的。这其中当然有很多因素，不过有一点，大家都会有共同体认，就是李敖与兰陵笑笑生一样都很善于运用俚俗语词，读之不仅不令人觉得浅和俗，而是令人叫好称妙。请看：

> "蒋介石、蒋经国对我的政策是放虎归山，章孝慈则是引狼入室。"时常撰文批评"蒋家"，且曾因政治主张入狱十年的作家李敖，受蒋家第三代现任私立东吴大学校长章孝慈之邀，今天开始在东吴大学历史系教书。李敖表示虽然与章有所交情，在上课时如果谈到必须批评蒋家的内容，李敖强调："一句话都不会饶他。"
>
> 李敖表示，这是近十余年来他的第一份正式职业，以前没想到有人敢聘请他到大学教书，更有趣的是：出面"三顾茅庐"的还是身份特殊的东吴校长章孝慈。他表示，年届五十八岁，许多同年龄的人都快从大学教职退休了，他才进大学教书，心里觉得怪怪的。……
>
> 李敖说，很佩服章孝慈的胆量和度量。例如他形容章孝慈是"歹竹出好笋"，而且打比喻说，秦桧的曾孙秦钜也是抗金而死的好臣。听到李敖这番形容，章孝慈只反问：究竟指谁为秦桧呢？然后一笑置之。此外，李敖担心聘他任教会遭刁难，章孝慈也坦白相告：让李敖进来教书后，未来的麻烦可多呢。

这是1993年9月21日美国华文《世界日报》记者简余晏题为"到东吴大学教书，自嘲这是十余年来的第一份正式职业；李敖笑称章孝慈'引狼入室'"的专访文章。文中说到李敖认为章孝慈与乃祖蒋介石不同，赞赏章孝慈，贬斥蒋介石，说祖孙二人的优劣不同是"歹竹出好笋"。这是一个比喻，是民间的俚俗语词。李敖信手拈来，用在这里，出人意表，表达新颖生动，十分耐人寻味，而且显得幽默机趣，令人不得不佩服他过人的语言运用能力。

俚俗词的运用，不仅在小说、散文中常见，古今诗歌中也是常有的。例如：

> 李白斗酒诗百篇，长安市上酒家眠。
> 天子呼来不上船，自称臣是酒中仙。

这是杜甫《饮中八仙歌》写大诗人李白的为人行事作风。一般人读这首诗，一定是这样理解的：李白一喝酒就文思如泉涌，写出很多好诗篇。喝醉了就在长安酒家睡起来。唐明皇在船上召见他，他也不上船应对，自称自己是酒中仙人。

这种理解大体上是不差的，但有一处在理解上大大错误了，就是"不上船"。"'不上船'为俗语，意思是'不扣衣纽'。"① 释惠洪《冷斋夜话》说："句法欲老健有英气，当用方俗言为妙，如奇男子行人群中，自然有脱颖不可干之韵。老杜八仙诗序李白曰：'天子呼来不上船'，方俗言也，所谓襟纽是也。"杜甫诗中运用了俚俗词"不上船"，现在可能造成很多人理解上的错误，但是在唐代的人读来却显得亲切幽默，使诗妇孺能诵。所以杜甫运用俚俗词也是有他的一种语言策略，实际上修辞效果也是很好的。只是由于时间所造成的语言变化，令现代人不易体会到其妙趣所在而已。

五、有无互通，方言词的选择运用：夥颐，涉之为王沈沈者

　　南北的官僚虽然打仗，南北的人民却很要好，一心一意的在那里"有无相通"。

　　北方人可怜南方人太文弱，便教他们许多拳脚：什么"八卦拳""太极拳"，什么"洪家""侠家"，什么"阴截腿""抱桩腿""谭腿""戳脚"，什么"新武术""旧武术"，什么"实为尽美尽善之体育"，"强国保种尽在于斯"。

　　南方人也可怜北方人太简单了，便送上许多文章：什么"……梦""……魂""……痕""……影""……泪"，什么"外史""趣史""秽史""秘史"，什么"黑幕""现形"，什么"淌牌""吊膀""拆白"，什么"噫噫卿卿我我""呜呼燕燕莺莺""吁嗟风风雨雨"，"耐阿是勒浪勒面孔哉"！

　　直隶山东的侠客们，勇士们呵！诸公有这许多筋力，大可以做一点神圣的劳作；江苏浙江湖南的才子们，名士们呵！诸公有这许多文才，大可译几页有用的新书。我们改良点自己，保全些别人；想些互助的方法，收了互害的局面罢！

　　这是鲁迅杂文《有无相通》的全文，发表于1919年11月1日《新青年》第6卷第6号，是讽刺北方所谓"侠客"勇士以新旧武术来"强国保种"的言动的不切实际，嘲弄南方所谓才子的"梦"、"魂"类小说的无聊、无意义，希望北方"有筋力"的诸公多做些对国家人民有益的"劳作"，南方的所谓"才子"最好不要写什么无聊小说，哪怕是译几页有用的新书，也是对国民的素质提高有益

---

① 黄庆萱：《修辞学》，台湾三民书局1979年版，第139页。

的；认为南方北方真正有良知的人都应该想些互助的办法，不要拿彼此的所谓“绝活”来互害，这才是对国家民众负责。这篇文章虽短，但含义很深刻，发人深省，耐人寻味，读之令人历久难忘。

那么，何以如此？这当然是与文章内含的深意发人深省有关，但其中也与作者善于选择运用一些方言词有些干系。

所谓“方言词”，是指那些在某一特定地域流行并为特定地域的人所习用，尚未进入民族共同语的词语。如上海方言的“白相”（玩）、广东话中的“靓”（漂亮）、四川话的“名堂”、陕西方言中的“二流子”等，都是当地人习用，而尚未进入或尚未完全进入普通话词汇中的方言词。一般说来，按语言使用规范，用民族共同语说写，应该避免使用方言词。但是，完全符合语言规范化要求的说写未必都有很好的表达效果。因此，有时说写者为了取得特定的表达效果，常常会有选择地使用一些方言词。这是因为，方言词的使用，“对懂得此种方言的人，有一种亲切感；对不懂此种方言的人，有一种新奇感”。[①] 有亲切感，自然就已达到了说写上所要追求的修辞效果；而有新奇感，也是一种很好的修辞效果。有了新奇感，他才有一种探求的兴味；有探求兴味，通过努力他弄清了原委，自然有一种成功的快慰，同时也就加深了对所认识对象内容的印象。这就好比一个男人追求一个女人，如果太容易得到，即使再美的佳人，他可能并不特别珍惜宝贵她。如果追求过程中遇到很多挫折，最终得到，他肯定有一种成功的快感，也会特别珍惜他的佳人，同时在追求过程中为达到目标而作出的种种努力，自然也就加深他对她的深刻了解。

上面鲁迅的文章中用到的“淌牌”、“吊膀”、“拆白”、“耐阿是勒浪覅面孔哉”，都是吴方言词语。所谓“淌牌”，即“私娼”；所谓“吊膀”，又叫“吊膀子”，是指男女调情；所谓“拆白”，是指设计诱骗他人钱财，一般是以异性为诱饵。这三个词都是旧上海的流氓切口，是只有上海人才了解的词汇。至于“耐阿是勒浪覅面孔哉”，则是一句苏州话，意为“你是不是在不要脸呢”！这是吴语小说中妓女打情骂俏时的常用语。[②] 这些方言词的使用，懂得吴方言的人读之，觉得亲切有味，能够深切体味出鲁迅此种行文遣词的讽嘲用意，幽默风趣，令人解颐；不懂吴方言的人读之，通过种种努力最终了解这些吴方言词的语义，会觉得非常有趣，也有一种破译语义后的成功快慰，从而加深了对鲁迅此文用意的深刻理解。鲁迅杂文中常有选择运用某些吴方言词的修辞策略的情况，这也对他杂文特有的冷嘲热讽的风格形成有一定影响。

---

① 黄庆萱：《修辞学》，台湾三民书局 1979 年版，第 138 页。

② 王得后、钱理群编：《鲁迅杂文全编》（上编），浙江文艺出版社 1996 年版，第 73 页注解。

有选择地运用方言词，其实不是鲁迅一个人的个别现象，很多大作家都善于运用此等修辞策略。如现代著名画家、音乐家和教育家丰子恺也喜欢在作品中选择性地运用方言词：

> 常见闲散的少爷们，一只手指间夹着一支香烟，一只手握着一把瓜子，且吸且咬，且咬且吃，且吃且谈，且谈且笑。从容自由，真是"交关得意"！

这是丰子恺《吃瓜子》一文中的一段文字。① 其中，末一句"真是'交关得意'"，"交关"，是吴方言词，意思是"非常"、"特别"。这段文字，如果没有"交关"这一个方言词的使用，谁也不会发现这段文字的韵味，读起来也就平平常常。可是"交关"一词一用，懂得吴方言的人立即判断作者应是江浙沪一带说吴方言或懂吴方言的人（事实上，丰子恺是浙江桐乡人），立即有"他乡遇故知"的感觉，情不自禁地用吴方言读起这段文字，感觉"交关"亲切！不懂吴方言的人，在上下文语境中，也能判断出"交关"的大致语义，而一旦了解到这"交关"的语义，便也觉得长了知识，学得了另一方言的词汇，有了一种成就感、收获感和新奇感，阅读接受中便平添了几多情趣。

其实，有意识地在说写中选择运用少量方言词，也不是现代作家的发明。中国古代文学家就已经有此方面的妙笔了：

> 陈胜王凡六月。已为王，王陈。其故人尝与佣耕者闻之，之陈，扣宫门曰："吾欲见涉。"宫门令欲缚之，自辩数，乃置，不肯为通。陈王出，遮道而呼涉。陈王闻之，乃召见，载与俱归。入宫，见殿屋帷帐，客曰："夥颐，涉之为王沈沈者！"楚人谓多为夥，故天下传之，夥涉为王，由陈涉始。客出入愈益发舒，言陈王故情。或说陈王曰："客愚无知，颛妄言，轻威。"陈王斩之。诸陈王故人皆引去，由是无亲陈王者。

这是司马迁《史记·陈涉世家》中的一段文字。陈涉（即陈胜）起事称王后六个月，已经有了一定的地盘实力，真正算个大王了。攻下陈地后，就把陈作为称王的根据地。这时，一个曾经与陈涉一起替他人打工耕地的伙伴听到消息后，就去陈，扣陈涉大王的宫门，说："俺想见陈涉。"把守宫门的宫廷侍卫长

---

① 此例引见沈谦：《修辞学》，台湾空中大学 1996 年版，第 545 页。

见这个人这么造次，敢叫大王名字，胆子还不小，就想把他捆起来。经过再三自辩，才把他放了，但就是不肯替他通报大王。正在无奈之时，突然见到陈涉大王出来，他就拦道大呼"陈涉！陈涉！"陈涉听到是原来一起打工的伙伴兄弟，就召见了他，并邀他上了大王专车，载回宫中。进了宫，只见宫殿巍峨，帐幔森然，那气派他这乡下人几曾见过，不禁感叹说："夥颐（这么多啊）！陈涉做大王多气派啊！"楚人的方言把"多"称为"夥"，所以天下就传开了"夥涉为王"这一流行语。由于是大王的故旧，宫廷侍卫们也就没有人再为难他了，他出入宫廷就越发随便了，而且还常常跟人说起陈涉大王早年的轶事趣闻，吹嘘自己与大王的交情。于是就有人跟陈涉大王进言说："大王，您这客人有点不识相，愚蠢得很，专门瞎说妄言，恐怕要有损大王的威严和威信。"陈涉觉得也对，我都是大王了，毕竟不是当年的打工仔了，你还说早年的那些陈谷子烂芝麻的丑事干什么？就下令把这位不识相的乡巴佬故旧伙伴给斩了。（这人也活该！人家都出息成大王了，你还不识相，摆什么故旧的谱，发布什么小道消息呢？也不知道"一阔脸就变"的人情世故）这样，陈涉的其他一些故旧一看他这样不念旧情，就自己找借口走人，不想沾陈涉的光了。从此，陈涉这个大王就成了孤家寡人，再也没有亲近他的人了。

上段历史记载，读史者印象最深，表现最鲜活的就是那楚客的一句"夥颐，涉之为王沈沈者"感叹语。为什么？其实，也是因为作者司马迁善于选择运用方言词的结果。一个"夥颐"楚方言词，一下子就把一个没有见过世面的乡下汉进宫的惊奇情态表露无遗，因为用自己的方言脱口而出的感叹最能体现说话者的真实情貌。懂得楚方言的人读之觉得亲切，不懂的人也能略知其意，半懂非懂，兴味无穷。如果用通用语词，就表现不出这个楚地乡下汉的音容笑貌了，表达也就不生动，读起来也印象无多。因此，《史记》特别是其中的传记被历代的人们当作文学作品来读，不是没有道理的，它与太史公善于运用各种修辞策略是大有干系的。

六、一字传神，动名形副量词之炼：各家大半懒洋洋地踱出一个国民来

我最佩服北京双十节的情形。早晨，警察到门，吩咐道："挂旗！""是，挂旗！"各家大半懒洋洋地踱出一个国民来，撅起一块斑驳陆离的洋布。这样一直到夜——收了旗关门；几家偶然忘却的，便挂到第二天的上午。

这是鲁迅《呐喊·头发的故事》中的一段文字，写北平"双十节"挂旗之事，给人留下了深刻印象。

何以如此？这与鲁迅善于"炼字"有着密切关系。

所谓"炼字"，就是根据所要传达的情意，在汉语众多的同义词或近义词中选择一个最能表达自己情意又具最佳表达效果的字（词）。"炼字"是古代的说法，古代汉语是单音节词占绝对优势，一个字往往就是一个词。现代汉语已经是双音节词占优势了，所以现在应该叫"遣词"。我们知道，任何语言中都有很多同义词和近义词的存在，汉语中的同义词、近义词更是十分丰富，这就在客观上为我们的"炼字"提供了可能性。中国古人之所以特别重视"炼字"并在这方面积累了大量成功的经验，正是凭借了汉语词汇本身的条件。而在现代汉语中，意义大致相同或相近但色彩、风格、适用对象有异的同义词或近义词数量则更是巨大，这点是人所共知的。因此，在现代汉语修辞中，"炼字"的条件更是得天独厚。从理论上讲，名词、代词、动词、形容词、副词、量词、连词、语气词等，都可以大"炼"一番，究竟从中调遣哪个词，都是有文章可做的。但是，从实际的修辞实践看，名词、动词、形容词、副词、量词等五类是修辞者最看重的，尤其是动词之"炼"，更是修辞者关注的焦点和重点。

上面鲁迅的一段文字，精彩之笔正是集中体现在两个动词之"炼"上。"各家大半懒洋洋地踱出一个国民来"中的"踱"，一字写尽了当时北平市民对于双十节挂旗的非自发活动的虚应故事、漫不经心、消极敷衍的逼真心态和生动情状，因为"踱"的语义是"慢慢地走"。如果使用与"踱"意义相同相近的"走"、"跑"、"行"等动词，因为它们没有"慢慢"这一内涵差别，就不能形象地表现北平市民消极、被动而非主动积极的心态；"撅起一块斑驳陆离的洋布"中的"撅"，也是通过一字而写尽了北平市民挂旗时那种心中老大不乐意、行动没精打采的生动情状，表达婉约且极具讽意。若是换上与"撅"意义相同相近的动词如"挂"、"插"等，表达上就不可能臻至上述的效果。因为"撅"是"翘起"之意，有"随意一插"的含义，其他同义词、近义词没有这一特定内涵。

又如：

　　车子在凹凹凸凸的路上往前蹦着。我不讨厌这种路——因为太讨厌被平直光滑的大道把你一路输送到风景站的无聊。

这是张晓风《常常，我想起那座山》中的一段文字，其中精彩处在于动词"蹦"之使用得好，它简洁而形象地写出了车行崎岖道路上的颠簸情状。若不选

"蹦"一词，则这段文字的叙述就应该多费些笔墨，写成："车子在凹凹凸凸的路上往前开着，上下颠簸。"这样，既失却简洁的韵致，又不具形象感，表达效果就差得多了，读者在接受上也无由体会一种阅读的审美享受。

动词之"炼"，有很鲜明的生动性或形象性的表达效果，这从上述二例中可以清晰地见出。名词、形容词、副词、量词之"炼"也有这种表达效果。名词之"炼"，例如：

> 这个老头儿是地道英国的小市民，有房，有点积蓄，勤苦，干净，什么也不知道，只晓得自己的工作是神圣的，英国人是世界上最好的人。

> 达尔曼太太是女性的达尔曼太太，她的意见不但得自《晨报》，而且是由达尔曼先生口中念出的那几段《晨报》，她没工夫自己去看报。

这是老舍《我的几个房东》中的一段文字，其中"达尔曼太太是女性的达尔曼太太"一句，名词"女性"一词使用得十分精彩。它把达尔曼太太这个英国老式的、保守的、没有主见的妇女形象生动地呈现出来，表达简洁，表意婉转，真是妙笔生花，一字千钧。如果不选用"女性"这一名词，而是按正常的表述，把意思说清楚，就得费这样一大段笔墨："达尔曼太太是一个典型的老式英国妇女，没有主见，没有思想，人云亦云。"如果这样表达，既不简洁，也不婉转，表达直露而无韵味，读者在接受上也无由获取任何美感。可见，名词之"炼"也是大有作用的。

又如：

> 方鸿渐准五点钟找到赵辛楣住的洋式公寓，没进门就听见公寓里好几家正开无线电，播送风行一时的《春之恋歌》，空气给那位万众倾倒的国产女明星的尖声撕割得七零八落——……

这是钱钟书《围城》中的一段文字。其中末一句特别生动，主要缘于名词"国产"对名词性词组"女明星"的修饰显得新颖奇特。"国产"一词本是与"机器"之类表示商品的名词相匹配，作定语修饰"机器"之类的名词或名词性词组的。这里作者却将它遣置于"女明星"之前作定语修饰之，不仅使表达新颖生动，且语意中饱含讽嘲之意味。

形容词之"炼"，也是十分常见，且有形象生动的表达效果。例如：

走出电话亭，天完全黑了。她的心很亮很亮。迎面过来的车灯白光一串，照亮了她面前的世界，疾驰而去的尾灯像一根红色的长绸带，绵延不见尽头。她深深地吸了一口气，由衷地发出感叹：好人！这世界上还是好人多啊！

这是上海著名女作家王周生的小说《陪读夫人》中的一段文字，描写"陪读夫人"蒋卓君在美国律师西比尔家做保姆，西比尔犹太籍太太露西亚因为电话账单中多出一笔八角三分的不明长途电话费而怀疑是蒋卓君所打。蒋卓君拿出种种证据，作了各种解释也无济于事。蒋一气之下离开了露西亚家，去大街电话亭按照那个不明电话号码向纽约打了一个电话，接电话的老太太很热情，帮她弄清了那个不明电话的来龙去脉。写到蒋卓君弄清原委后，作家写道："走出电话亭，天完全黑了。她的心很亮很亮。"其中的形容词"亮"运用得可谓一字千钧，生动传神。它不仅写出了女主人公蒋卓君弄清原委，心中豁然开朗、冤屈一扫而光的轻松心态，也以心中之"亮"与天色之"暗"形成对照，写尽了"陪读夫人"心中无限的感慨。形容词"亮"本是个寻常的词，没有什么特别，但被作家用在此情此境，效果上大放异彩。这也展示了一个实力派作家深厚的语言功力。

又如：

台湾湿度很高，最饶云气氤氲雨意迷离的情调。两度夜宿溪头，树香沁鼻宵寒袭肘，枕着润碧湿翠苍苍交叠的山影和万籁都歇岑寂，仙人一样睡去。山中一夜饱雨，次晨醒来，在旭日未升的原始幽静中，冲着隔夜的凉气，踏着满地的断柯折枝和仍在流泻的细股雨水，一经探入森林的秘密，曲曲弯弯，步上山去，溪头的山，树密雾浓，蓊郁的水气从谷底冉冉升起，时稠时稀，蒸腾多姿，幻化无定，只能从雾破云开的空处，窥见乍现即隐的一峰半壑，要纵览全貌，几乎是不可能的。

这是余光中《听听那冷雨》一文中的一段文字。作者写台湾山中雨景，有"山中一夜饱雨"之句。其中一"饱"字，是独显出作者运笔之匠心的。"饱"是一个很寻常的形容词，表示充足之意，一般多用于形容人或动物进食充足的。在上文的语境中，作者所说的"饱雨"是"大雨"、"豪雨"或"暴雨"之意。但是，作者描写山中夜雨之大，没有选用"大"、"豪"、"暴"等形容词修饰名词"雨"，而是选用了"饱"这一形容词。这是因为"大雨"、"豪雨"是个中性词，表现不出作者对山中这场夜雨的情感态度，而"暴雨"一词则包含有否定的情感态度。很明显，从上文中我们可以见出，作者没有否定这场山中夜雨的情感态度，而是持肯定欣喜的情感态度的。因此，作者才遣置了一个形容词"饱"与名词"雨"匹配，从而准确、形象地写出了山中夜雨的情况和作者对这场雨的情感态度，可谓妙绝而不可更替，是形容词之"炼"中的妙品。

副词之"炼"，在修辞实践中也是频率很高的。因为副词之"炼"也多半具有形象生动的表达效果。例如：

> 好多没办法的事都得马上有办法，小孩子不会等着"国联"慢慢解决儿童问题。这就长了经验。半夜里去买药，药铺的门上原来有个小口，可以交钱拿药，早先我就不晓得这一招。西药房敢情也打价钱，不等他开口，我就提出："还是四毛五？"这个"还是"使我省五分钱，而且落个行家。这又是一招。找老妈子有作坊，当票儿到期还可以入利延期，也都被我学会。没工夫细想，大概自从有了儿女以后，我所得的经验至少比一张大学文凭所能给我的多着许多。

这是老舍《有了小孩以后》一文中的一段文字。其中作者说了一句"还是四毛五"，为什么西药房就给减了五分钱呢？这是作者说话时选用了一个副词"还是"的结果。因为这副词"还是"有许多言外之意，说明自己到此买药不是第一次了，是老主顾了，行情我都知道了，你没有必要再跟我"打价钱"了；再说，既是老主顾，你总得关照点，价钱上要便宜点才是。如果把这些话都明白清楚地说出来，不仅辞费，效果也不好，药房偏不给你便宜，难道你孩子病了还为了五分钱不吃他的药？所以，老舍不仅写作上是语言大师，日常生活上的说话也是很有艺术性的。这一副词"还是"之选用，足可见出他的语言功力，既简洁，又含义丰富，表意婉转，令人不得不佩服！

又如：

> 辛楣又把相片看一看，放进皮夹，看手表，嚷道："不得了，过了时候，孙小姐要生气了！"手忙脚乱算了账，一壁说："快走！要不要我送你回去，当面点交？"他们进饭馆，薄暮未昏，还是试探性的夜色，出来的时候，早已妥妥帖帖地是夜了。

这是钱钟书《围城》中的一段文字。其中末一句描写"早已妥妥帖帖地是夜了"，按正常写法应是"早已完全是夜了"或"早已确实（或确确实实）是夜了"。如果是这样，那么，这句描写也就是寻常语句，没有任何特别的效果值得读者眼前一亮。可是，由于作者在副词之"炼"上下了功夫，遣置了一个副词

"妥帖"并重叠之而成"妥妥帖帖"，置于"是"前作状语，遂使表达顿然生动起来，平常情事平添出几许的艺术性。

量词之"炼"，作用也很明显。例如：

> 水姜花的香气从四面袭来，它距离我们只有一抬手的距离，我和依各采了一朵。那颜色白得很细致，香气很淡远，枝干却显得很朴茂。我们有何等的荣幸，能掬一<u>握</u>莹白，抱一<u>怀</u>宁静的清芬。

这是张晓风《归去》中的一段文字，其中最精彩处是两个量词的选用。分别是"能掬一握莹白"句中的量词"握"和"抱一怀宁静的清芬"句中的量词"怀"，将只能诉诸视觉的"白"和诉诸嗅觉的"芬"（香）形象化，强烈凸显了水姜花颜色之莹白、气味之清芬以及自己对水姜花的喜爱之情，诸多意蕴只通过两个量词的选用就达到了。可见，量词选用得好，作用不可低估。

又如：

> 最近又读到几<u>篇</u>文章，是谈"五四"的，也有谈相关问题的，有长有短，有深有浅，都是得些启发。……我读到的几<u>个</u>文章是谈"民间立场"的，虽然冠以"五四"的名望，我以为是有悖于"五四"风貌的。
>
> 譬如，有个身体结实的人走进一个村子，四处打听，问"你们这里谁最厉害"？有人告诉他是某某，于是，这人便提着拳头上门把某某打了一顿，之后又转悠着去下一个村子了，我觉得，这种行为不是"民间立场"。

这是穆涛《时代烙印还是时尚趣味》中的一段文字。作者在谈到关于对"五四"持"民间立场"的文章时，选择了量词"个"来修饰中心语"文章"，而谈到关于对"五四"持主流传统立场的那些"得些启发"的文章时，则选择了量词"篇"。同样是修饰"文章"，一个选择量词"个"，一个选择量词"篇"，说明作者没有对量词使用不当的嫌疑，而是有意所为，即是说，选择量词"个"来修饰"文章"是作者的一种修辞行为。量词"个"的使用，婉曲地传达出作者对于少数所谓对"五四"持"民间立场"的人的文章的否定态度，批评的艺术相当高明。因为对于文章，中国人向来都看得很神圣，古人有"文章乃经国之伟业"的说法，唐代大诗人杜甫有"文章千古事，得失寸心知"的名句，因此说到文章，人们总是很严肃，总会中规中矩地选择固定的量词"篇"

来修饰。而上述引文的作者别出心裁地选择表示物件的量词"个"来修辞"文章"，在表达上既新颖奇特，又别具深沉婉约的韵致。表达自己否定态度和厌恶情感只通过一个量词的选择就实现了，真可谓是"一字见褒贬"！

第八章　两句三年得，一吟双泪流：
句子锻选的策略

　　　　我特别的恨你！你辜负了先生的教训，<u>你这没骨气的无耻文人</u>！
（A）
　　　　我特别的恨你！你辜负了先生的教训，<u>你是没骨气的无耻文人</u>！
（B）

　　这是郭沫若新编历史剧《屈原》中作者所拟的婵娟的三句台词。A 是修改稿，B 是原稿。两相比较，我们从直观上就能感觉到 A 句优于 B 句。那么，为什么 A 优于 B 呢？这就涉及句子锻选的修辞策略问题了。

　　我们知道，汉语中有不同的句式，类型很多。从语气上看，可分为陈述句、疑问句、祈使句、感叹句四类；从语法结构上看，可分为主谓句、非主谓句两大类；从句子形体长短上看，可分为长句、短句；从句子组织的松紧看，可分为紧句、松句；从句子的整散看，可分为整句、散句；从施受关系上看，可分为主动句、被动句；从对表述内容的态度上看，可分为肯定句、否定句等等。应该说，每一种句式都有它特有的表达作用，我们不能笼统地说哪一种句式一定比别的句式表达效果好。但是我们可以说，不同的句式运用于不同的语言情境中在表达效果上却能显出个高下优劣。

　　上面作者所拟的婵娟的三句台词，A 中"你这没骨气的无耻文人"一句，原作是 B 的形式："你是没骨气的无耻文人。"后来"经过作者精益求精的推敲，才把判断词'是'改成指示代词'这'"。① 那么，这样一改有何特别的效果呢？有！原文"你是没骨气的无耻文人"，是一个判断句，从语气上看属于陈述句，从语法结构上看属于主谓句。一般说来，陈述句的语气都较平缓，所显示的感情色彩不是太强烈。这明显是与作者所要表达的意旨——显示婵娟对宋玉无耻行径的极度愤慨之情——不相匹配。而改句"你这没骨气的无耻文人"，从语气上看是个感叹句，从语法结构上看属于非主谓句。而感叹句多能表达比较强烈的情感，非主谓句由于在结构上不能分析出主谓宾等结构成分，句子叙述的起点和终

---

　　① 倪宝元：《修辞》，浙江人民出版社 1982 年版，第 125 页。

点不能区分出来，也就没有叙述的焦点与非焦点之别，因而整个句子都成了叙述的焦点，再加上指示代词"这"的指示，"没骨气的无耻文人"句中的"没骨气"、"无耻"两个修饰语都同时得到了强调。这样，剧中所要表现的主人公婵娟对反面人物宋玉的愤恨、轻蔑之情都达到了极点，由此也将观众或读者的情绪带动起来，产生的接受效果自然也更好了。

由此可见，句子锻选也是要讲究修辞策略的。下面我们拟分五节，就长句与短句、紧句与松句、整句与散句、主动句与被动句、肯定句与否定句等锻选问题，从修辞策略的角度略作分析，以期能对大家有一个举一反三的启示。

一、各有所宜，长句与短句的锻选：情况的了解，任务的确定，兵力的部署

> 情况的了解，任务的确定，兵力的部署，军事和政治教育的实施，给养的筹划，装备的整理，民众条件的配合等等，都要包括在领导者们的过细考虑、切实执行和检查执行程度的工作之中。

这是毛泽东《抗日游击战争的战略问题》一文中的一段文字，读来觉得对问题的论述显得非常周密、准确、精练。

那么何以能取得这种效果呢？这应该说，全赖作者对于长句的锻选非常恰当。首先，作者将"了解情况"、"确定任务"等七个动宾词组，通过结构助词"的"的帮助，置换成"情况的了解"、"任务的确定"等七个偏正词组，然后联合起来作"都要包括在领导者们……工作之中"的主语。同时三个补语也作了压缩，组成联合词组共同作补语中心语"工作"的修饰语。这样，本应是一个字数多、子句多、结构复杂的复句，便变成了一个字数多但结构简单的单句。很明显，作者在写作时是经过了一番句式锻选，否则不易写出上述这样的一个精彩长句。因为从表达效果看，"这种长句，内容丰富，结构紧密，一气呵成。如果改用短句，就会使句子拖沓，表达无力"。[1]

像上面的情况，我们说选用长句更适宜，那么下面的情况则明显是选择短句来表达更显生动恰切：

> 可是，这里分明是我的家呀！两年前来过，四年前也来过，十几年前的我，每一天都呼吸这样带着焦油香的空气。那么，总有一些熟悉的

---

[1]　郑颐寿：《比较修辞》，福建人民出版社1982年版，第129页。

人可供记忆吧！我问父亲，隔壁再隔壁的那家人呢？搬走了。父亲的脸埋在报纸里。那个娶印度媳妇的儿子呢？<u>死了，车祸，耶诞节那天喝醉酒</u>。父亲皱着眉，两道不老的剑眉凝聚着杀气，一定是被新闻挑动了怒火。你看看这些人，把死猪全丢到河里，公德心拿去喂狗了。

　　这是马来西亚华裔女作家钟怡雯《候鸟》一文中的一段文字。其中，写作者父亲回答作者关于隔壁邻居那个娶印度媳妇的儿子的情况，选用的是三个短句："死了，车祸，耶诞节那天喝醉酒。"这三句话是间接引语，作者大可调整一下，写成常规的长句："因为耶诞节那天喝醉了酒，出了车祸死了。"然而，作者没有这样写。缘何？若这样写则显出作者父亲在认真回答作者的提问，那么就写不出作者父亲看报时那种全神贯注的鲜活状态，而选用上引的三个短句且配合倒装语序，则就生动地凸显了作者父亲读报时的那份专注且易于进入状态的形象。可见，作者这样锻句在修辞上是有所追求的，且是成功有效的。

　　可见，长句、短句之用，在特定情境下效果还是有很大区别的。因此，我们在表情达意时是不能不根据特定的情境，在句式上作一番锻选的。

二、各显所长，紧句与松句的锻选：对教授是这样，对职员是这样，对学生是这样

　　　小镇的夜市真热闹，曲曲折折的街道上挤满了人，男男女女成双捉对地，由他们的小巢中涌到街上来。……街边的戏台子上正上演目连救母。扮目连生母的老旦，攒着眉，披头散发哀哀地唱着。有个身材高大，穿着紫罗袍子的男子，高视阔步地穿过看戏的人群。他走到我身边，出其不意地用肘来撞我的胸部。撞得我肋骨隐隐作痛。真是下流无耻，他居然还回过头来对我咧齿而笑，那双眼睛俊中带点邪气。我生气地瞪住他，见他走到一家酒肆前，三个男子迎了出来。远远看见他们四个交头接耳，对我指指点点。然后他们散开，向我包抄而来。不得了！我知道了，他们打算行一种古礼——抢妻！我立即回头，朝街上的人潮挤去。……到了一条宽敞的大街上，他们分四面向我逼近。我惶惑地四望，街上不少行人，都是成双成对的男女。他们脸对着脸，贴着身子缓缓漫步。我这儿明显地摆着，就要发生恃强凌弱的案子了，他们却根本视若无睹。我这才领悟到：<u>街上人再多也没有用</u>。如果这四个人当街绑架我，我就是叫哑了嗓子，这些男女大概眼皮都不会抬一下。因为他们完全耽溺在两个人的小天地之中。

　　这是钟玲《黑原》中的一段文字，读来颇是扣人心弦，不禁为作者的遭遇捏了一把汗。

　　那么，这是为什么呢？没有别的，是由于文中的一个紧句用得好，才造成了这种效果。这个紧句是"街上人再多也没有用"，是作者情急中的心里独白。它是由"即使街上人再多，也没有用"的让步复句紧缩而来。如果作者在文中不用上引的紧句形式来表达，而是写成上述的松句形式，就不能逼真地写出作者当时那种紧张的心理状态，不能写出因紧张而显出的急促的口气，在表达效果上就不会有如此的生动、形象。很明显，在上述的特定语境中，作者所选用的上引紧句形式无疑是最适宜、最有效果的。

　　上面我们说了紧句锻选恰当所产生的特殊表达效果，下面我们再来看看松句锻选的效果：

　　　　在此后的三年内，我在适之先生和锡予（汤用彤）先生领导下学习和工作，度过了一段毕生难忘的岁月。我同适之先生，虽然学术辈分不同，社会地位悬殊，想来接触是不会太多的。但是，实际上却不然，我们见面的机会非常多。他那一间在子民堂东屋里的狭窄简陋的校长办公室，我几乎是常客。作为系主任，我要向校长请示汇报工作，他主编报纸上的一个学术副刊，我又是撰稿者，所以免不了也常谈学术问题，最难能可贵的是他待人亲切和蔼，见什么人都是笑容满面，<u>对教授是这样，对职员是这样，对学生是这样，对工友也是这样</u>。从来没见他摆当时颇为流行的名人架子、教授架子。

　　这是季羡林《站在胡适之先生墓前》一文中的一段文字。其中，"对教授是这样，对职员是这样，对学生是这样，对工友也是这样"几句，选择的是松句形式，表面看来似乎拖沓啰唆，实则包含深意，是一种高妙的修辞策略。它以几个结构相同的单句并列在一起，以句式反复的形式强烈地再现出胡适待人和蔼、一视同仁的风范，读之给人留下了深刻的印象。如果用紧句的形式表达，写成"对教授、职员、学生、工友都是这样"，这样，简则简矣，但上述原文的那种特殊的表达效果便荡然无存了。可见季羡林的锻句是十分讲究的，也是有特别效果的。

　　应该说，紧句和松句本身并无优劣高下之别，各有各的特殊表达效果。什么时候该用紧句，什么时候该用松句，才能产生最好的效果，全由语境决定。适合了特定的语境，就是适宜的，就有好的表达效果。反之，则是不宜的，没有好的效果。运用之妙，存乎一心。

三、各取所需，整句与散句的锻选：温情的花朵，开遍了我记忆的山岗

> 岁月不居，旅苦途长；人生当有履雪原的际遇，雪夜里或有赠予炭火的温情。炭火殷红，像雪夜里盛开的人性金色的花朵；炭火炽热，象征着永不涸竭的人性的暖流。同情者的热泪融化了大地的积雪，慈善者的灵心，创造出暖冬里的春光。
>
> <u>青史的长河，流过我心胸的绿野；温情的花朵，开遍了我记忆的山岗。我感念我所曾获得的炭火的挚情，我冀望我前路中是无数可爱的援手，而在绝崖、危桥、狂流、急滩处，我也会向需要者，将援手慷慨伸出。</u>
>
> <u>哦，朋友，在我如锦的园林，可以不必添花。</u>
>
> <u>哦，朋友，在你生命的雪夜，我要赠你炭火。</u>

这是香港作家王禄松《那雪夜中的炭火》一文中的结束段落，读之不禁令人产生心灵的震撼，心湖之中荡起层层涟漪。

那么，这段文字何以有如此的力量呢？这全赖作者对整句的锻选十分成功。

所谓整句，就是那些句法结构相同、相近的句子，一般由对偶或排比修辞手段组织起来的句子多属此类。反之，便是散句。一般说来，"整句的修辞效果主要是统一和谐，朗朗上口，便于记诵，散的修辞效果主要是富于变化，自然灵活"。[①] 因此，我们说写实践中根据特定的语境，适当地运用整句或散句，是能获取较好的表达效果的。

上面的引文是全文的结尾部分，作者在这几段中几乎全选用了整句来表达，这是寓含深意的，是作者精心锻句的结果。因为这种大量整句在文末异乎寻常的集结，可以造就文章形式上的整齐和谐，使文章别添一种诗情画意，并可以配合全文对现代社会人性美德光辉的深情呼唤主旨的基调，使表达情深意切，以此深刻地打动人心，获取较好的表达效果。如果不选用整句来表达，而是以散句来叙写，就不能企及上述的表达效果。

整句确有很好的表达效果，但有时一味地使用整句也可能显得呆板乏味。因此，在必要的时候，可以有意地打破整齐的格局，用些散句，与整句交错，则反而显得效果更佳些。例如：

[①] 倪宝元主编：《大学修辞》，上海教育出版社 1994 年版，第 128 页。

　　这位牛奶姑娘的话，使我感到惭愧而自卑。后来，我在马致远的《汉宫秋》杂剧里，发现这样质朴动人的描写，那是毛延寿选宫，皇帝爱上了民女昭君唱出的："你便晨挑菜，夜看瓜，春种谷，夏浇麻，情取棘针门，粉壁上除了差法。……"我进而联想到一个人如果只在屋里埋头写作，<u>而不去外面看那流动的云、摇曳的树、青翠的山，和那浩瀚汹涌的大海</u>，他是写不出有生命的作品。因为只有身心健康的人，才会创作出优美真挚的作品。

　　这是台湾作家张放《鸡鸣早看天》一文中的一段文字。其中"而不去外面看那流动的云、摇曳的树、青翠的山，和那浩瀚汹涌的大海"一句，本来可以写成整句："而不去外面看那流动的云、摇曳的树、青翠的山、浩瀚的海（或汹涌的海）。"然而作者没有这样写，而是故意打破可能有的整齐格局，写出了上引的整散错落的句子，这一方面使文章在表达形式上显得富有变化，自然流畅，另一方面也与这段文字主张作家应有丰富多彩的生活视野的意旨密合。如果全用整句来表现，效果就不能及此。

　　整句与散句的运用，没有一定的规律，关键在于说写者在运用时要根据特定的情境，用心体会，适应特定的情境加以运用之，自能达到理想的表达效果。

四、见菜吃饭，主动句与被动句的锻选：虽然他的姓名并不为许多人所知道

　　一个傣族姑娘挑了两箩筐蛋，一个不小心，滑倒在路上，<u>把蛋打得稀烂</u>。

　　这是艾芜《野牛寨》一文中的文字，[①]读来仿佛能够体味出那傣族姑娘一跤所摔的轻重来。

　　那么，这是何故？无他，是因为作者末一句选用的主动句切情切境。"把蛋打得稀烂"，是个"把"字句，属主动句。这一主动句的选用，由于借助介词"把"将动作的受事者"蛋"提到动词"打"之前，并有补语"稀烂"补充说明，就将动作的结果大大强调了，这在表达上就凸显了姑娘一跤摔得很重的情状，同时使四个句子在主语上保持了一致，从而使这段叙写在语气上显得连贯顺畅。如果选用了一般主动句说成"打烂了蛋"，则不能凸显姑娘摔跤之重的情

---

① 此例引见倪宝元：《修辞》，浙江人民出版社1982年版，第195页。

状；如果选用被动句，说成"蛋被打得稀烂"，虽然有了强调的意味，那强调的是蛋而不是姑娘，且末一句的主语变成了"蛋"，与前三句的主语"姑娘"不一致，这就有碍叙述语气的顺畅连贯。略作比较，我们便可见出作者这里的锻句是成功的。

主动句选用恰当能产生好的表达效果，被动句选得好亦然。例如：

> 他的性格，在我的眼里和心里是伟大的，<u>虽然他的姓名并不为许多人所知道。</u>

这是鲁迅《藤野先生》中的一段文字。其中，"虽然他的姓名并不为许多人所知道"一句，也可以用主动句表达说"虽然许多人并不知道他的姓名"。但是，作者却没有用主动句，而是选用了被动句"虽然他的姓名并不为许多人所知道"。这是为何？仔细分析，我们就会发现作者之所以在末一句（复句的偏句）选用被动句，让"他的姓名"作句子的主语，其意是要让末一句的主语"他的姓名"与前句（复句的正句）并列，以构成对比，突出藤野先生性格的伟大及作者对藤野先生的敬意。"如果把后一分句（被动句）改成主动句，句式不对称，对比的作用也不突出了。"①

可见，作者鲁迅这里选用被动句是有所用意的，也是颇具效果的。

主动句与被动句的选用，与其他句子锻选一样，也是需要根据特定情境来决定的。适合了特定情境，就能产生很好的表达效果；否则，便不能达到理想的效果。

五、量体裁衣，肯定句与否定句的锻选：故宫博物院的故事似乎不大能够令人敬服

> 清朝初年的文字之狱，到清朝末年才被从新提起。最起劲的是"南社"里的几个人，为被害者辑印遗集；还有些留学生，也争从日本搬回文证来。待到孟森的《心史丛刊》出，我们这才明白了较详细的状况，大家向来的意见，总以为文字之祸，是起于笑骂了清朝。然而，<u>其实是不尽然的。</u>
>
> 这一两年来，故宫博物院的故事似乎不大能够令人敬服，但它却印给了我们一种好书，曰《清代文字狱档》，去年已经出到八辑。其中的

---

① 郑颐寿：《比较修辞》，福建人民出版社 1982 年版，第 113 页。

案件，真是五花八门，而最有趣的，则莫如乾隆四十八年二月"冯起炎注解易诗二经欲行投呈案"。

这是鲁迅《隔膜》一文中的一段，读之不禁为鲁迅文笔的婉转有致、韵味隽永而感佩不已。

那么，鲁迅这段文字的如此魅力从何而来？仔细体味，我们不难发现，这是缘于否定句运用得好。否定句与肯定句是一对相对的句式，本来也是平常无奇的，无所谓谁好谁劣，各自都有自己的特定表达效果。一般说来，肯定句语气重，口气坚定；否定句语气较轻，口气较为缓和。因此，在锻句时，我们只要根据特定的情境与表达目标，恰切地选用肯定句或否定句，自然能达到我们所企及的修辞目标。

上引鲁迅的两段文字，前一段是说以前学术界普遍认为"清代的文字狱是起于笑骂了清朝"的观点是错误的。但是作者在这段的末一句作结论时，没有选用肯定句，说"其实是错误的"，而是用了一个否定句："其实是不尽然的。"两相比较，很明显，用否定句比用肯定句效果好。因为学术问题很复杂，任何人没有十分的把握、没有掌握充足的材料是不可轻易地下决断的。所以，对于文中提到的清代文字狱的起因，用肯定句表达："其实是错误的"，就显得语气过重，口气生硬了点，不易为接受者所接受。而采用否定句"其实是不尽然的"来表达，就显得语气轻，口气缓，表达上显得婉转，因而也就易于为人所接受。第二段文字中也有一个否定句的运用，也很好。这就是第一句"这一两年来，故宫博物院的故事似乎不大能够令人敬服"。这一句话是指 1932 年至 1933 年间故宫博物院文物被盗卖一事。这件事应该说是非常严重的事态，完全可以用肯定句措辞："这一两年来，故宫博物院的故事很令人气愤（或很难令人敬服）。"但是，如果选择了这样一个肯定的措辞，那么第二句"但它却印给了我们一种好书"就显得突兀，文势上转得过于生硬。而选用了上引的否定句表达，就显得语气较轻，口气较缓，措辞婉转，第二句的转接就显得自然。由此可见，鲁迅的锻句是很讲究的，也是很富有效果的，是值得我们仔细玩味的。

上述鲁迅的两个否定句锻选得好，下面我们看看茅盾对肯定句的锻选：

<u>白杨树是不平凡的树。</u>

这是茅盾《白杨礼赞》一文中的一句。单独看，这一句没有什么好，但是放入全文，则几乎到了无可移易的地步，再也找不出比它更有效的表达了。这句话原文是"白杨不是平凡的树"，后来作者经过反复考虑才将它改定为上引的肯

定句。这是为什么呢？稍加分析，我们便知个中原委。"白杨树是不平凡的树"
和"白杨不是平凡的树"两句，表面上只是将"不"和"是"的语序作了替换，
差别不大。实际上，两字语序一换，两句的句式性质即改变了："白杨树是不平
凡的树"是肯定句，而"白杨不是平凡的树"则是否定句。如果我们孤立地看，
这两句在效果上很难比出个优劣高低来。但是，我们只要一读《白杨礼赞》全
文，在这篇文章所设定的特定语境中，我们便可立即看出这两句在表达效果上的
优劣高下来。因为此文主旨是赞扬白杨树（象征北方农民），如果用否定句"白
杨树不是平凡的树"来表达，语气上就显得轻弱了些，"与全文的主旋律不甚合
拍"，而改成肯定句"白杨树是不平凡的树"，则"语气肯定，有利于突出赞扬
白杨树的主题"。① 这里，我们可以见出大作家在锻句上的苦心。

　　肯定句与否定句各有其特定的表达效果，所以在特定情境下，肯定句与否定
句并用或交错运用，则能获取更好的效果。例如：

> 到靖国神社看樱花，大受刺激。
> 刺耳的日本军歌。
> 刺心的参拜人潮。
> <u>右翼不是一小撮，而是日本社会的主流。</u>

　　这是李士非《东京日记摘抄（1998 年）》中的一段。其中，"右翼不是一小
撮，而是日本社会的主流"，是否定句与肯定句交错并用，真切表达了作者对日
本社会右翼势力日益壮大的深切忧虑之情，强烈地提醒了广大善良的中国人民要
时刻对日本军国主义势力高度警惕，可谓有振聋发聩的效果。如果单用肯定句或
单用否定句，都不能企及上述的表达效果。

　　有时，我们用肯定句还不足以表达某种强烈的情感态度时，可以选用双重否
定句，效果会比用肯定句好些。例如：

> 马寅初的决绝，令我们想起亚里斯多德的名言："我敬爱柏拉图，
> 但我更爱真理。"也就是我们中国人通译的："吾爱吾师，吾尤爱真
> 理。"不过，马寅初终究是侠义中人，他深恐自己的不妥协招致误解，
> 开罪贤达，考虑再三，决定给老朋友一个公开交代。数天后，他为《新
> 建设》杂志撰文，便特意加上一段《对爱护我者说几句话并表示衷心
> 的感谢》：

---

① 郑颐寿：《比较修辞》，福建人民出版社 1982 年版，第 106 页。

　　最后我还要对另一位好朋友表示感忱，并道歉意。我在重庆受难的时候，他千方百计来营救；我一九四九年自香港北上参政，也是应他的电召而来。这些都使我感激不尽，如今还牢记在心。但是这次遇到了学术问题，我没有接受他的真心诚意的劝告，心中万分不愉快，因为我对我的理论有相当的把握，不能不坚持，学术的尊严不能不维护，只得拒绝检讨。希望我这位朋友仍然虚怀若谷，不要把我的拒绝检讨视同抗命则幸甚。

　　读者不难猜测，这位老朋友就是周恩来。在这件公案上，周恩来表现出殚精竭虑，而又左支右绌，让人不胜唏嘘。而马寅初，则让人五内鼎沸，肃然起敬。

　　这是卞毓方《思想者的第三种造型》一文的几个段落。其中，"因为我对我的理论有相当的把握，不能不坚持，学术的尊严不能不维护"，是两个双重否定句，将 1957 年《新人口论》受批判时，承受着巨大的精神心理压力之下的马寅初对真理的执着坚持、对学术尊严的坚决维护的决心表达得十分充分，让人看到了中国"思想者的第三种造型"的真切形象。如果不用双重否定句，则明显达不到上述效果。

　　应该指出的是，我们说双重否定句在表达上具有强调的效果，但是"双重否定句也有比肯定句口气轻的，如'不无道理'、'并非不肯帮忙'，都比较婉转"。不过，"相对而言，这种情况比较少见"。①

---

①　倪宝元主编：《大学修辞》，上海教育出版社 1994 年版，第 134 页。

第九章　勾上连下，自然流畅：
段落衔接的策略

　　我不但是个工作狂——裹胁朋友一起工作的工作狂，生活方面，也有狂在，我身怀大志、志不在温饱，衣、食、住、行方面，后两者比较考究：住大房子，原因之一是补偿我多年蹲小牢房的局促；坐宾士车，原因之一是警告想收买我的人老子有钱。对吃，向不考究，并且喜欢奚落老是喜欢做美食、吃美食的家伙。……至于衣，我更不考究了。我以买百货公司换季时廉价品为主，所以穿的都不考究，也不太合身，因为志在天下，没有耐心量来量去。多年前我同颜宁吃晚餐，饭后搂着她的腰在马路上散步，她忽然笑着说："李先生，你穿的裤子不是你自己的。"我问为什么，她说不合身啊，我闻而大笑。我做"李敖笑傲江湖"节目，电视上永远一袭红夹克，近四百场下来从不改变，大丈夫不靠衣显，由此可见。不过我的红夹克倒是名牌，因为只有那个牌子的式样看来最保守，不怪形怪状。我本有一件，后来在电视中看到郝柏村也穿了一件，我大为着急，因此把同样的都买来了，现在一共四件，可穿一辈子，死后还可留给我儿子。

　　我儿子戡戡四岁半，女儿谌谌两岁半，太太王小屯比我小近三十岁。小屯十九岁时候，我在台北仁爱路碰到她，先看到背影，她身高一米七〇、下穿短裤、大腿极美。她既有一腿，我就有一手，就这样认识了她。后来她念文化大学植物系、中兴大学中文系，成绩优异。她为人聪明、漂亮、善良，喜欢偷吃零食，还会写诗呢。还有，她又脱俗纯真、不喜奢华，因我反对戒指等俗套，我们结婚时没有戒指，她也同意玩笑性的以"易拉罐"上金属环代替。和她认识八年后，在1992年3月8日结婚。……

　　这是台湾作家李敖所著《李敖回忆录》中的两段文字，不仅写得意趣盎然，而且读来感觉非常流畅自然，犹如一股清泉从石间涌出，顺着山势自然流出山间汇成一条潺潺的溪流，令人不由得不佩服李敖的手笔。

　　其实，李敖有此等妙笔，全赖他段落衔接的修辞策略运用得当。李敖上面所写的两段文字在语义上本无必然的逻辑联系,一般情况下根本无法实现两个段落的自然对接。可是,作者通过巧妙经营,以红夹克穿一辈子也穿不坏,可以留给儿子为说头,以"死后还可留给我儿子"为上一段落的结句,从而不露痕迹地以"我儿子"三字为下一段落的起首,实现了与上一段落的巧妙对接,自然而然地逼出下一段落由儿子到女儿,再及太太王小屯情况的全面介绍。尽管作者是蓄意要介绍自己的太太,但读者从作者的运笔中丝毫看不出半点蛛丝马迹,真可谓巧妙至极!

段落衔接的修辞策略有很多,但不管是运用何种段落衔接策略,都应该朝着如何实现段落衔接"勾上连下,自然流畅"的修辞目标而进行。而要实现段落衔接"勾上连下,自然流畅"的修辞目标,基本而有效的修辞策略有三种,下面我们分三节予以介绍。

一、前后蝉联,顶真式衔接:在佛寺里,凡人也常有能体会的智慧

> 我一生饱蕴救世心怀,但救世方法上,却往往出之以愤世骂世,这是才气与性格使然。我有严肃的一面,但此面背后,底子却是玩世,这是别人不太清楚的。正因为玩世,以致明明是严肃的主题却往往被我"以玩笑出之"。所以如此,一来是轻快处世,二来是避免得胃溃疡。被杀头的古人金圣叹曾有"不亦快哉"三十三则,我曾仿其例,一再写"不亦快哉",现在把1989年写的一次抄在下面,以看我严肃中玩世之态:

> 其一:得天下蠢才而骂之,不亦快哉!
> 其一:国民党过去欺负你,现在把它欺负回来,不亦快哉!
> ……
> 其一:与牙医为邻,十多年拔牙不给钱,不亦快哉!

> 牙医张善惠和林丽苹小两口做我邻居二十年,一直相处甚得,我笑说我不同你们吵架,就是要你们永远做"李敖为人很好相处"的证人。以姓名笔画为序,眼前的夫妻档就有丁颖和亚薇、王惠群和朱先琳……苏洪月娇等,都可做我的证人。……

这是《李敖回忆录》中的三段文字,段落之间的衔接自然流畅,犹如行云

流水，令人一读难歇，必欲一气读下而后快。

那么，李敖何以有如此妙笔？这是他运用了段落的"顶真式衔接"修辞策略的结果。

所谓"顶真式衔接"，就是在文章中用前一段落的末尾来作后一段落的起始，从而形成上递下接的交接形式。这种衔接形式又可分为"严式"和"宽式"两种。"严式"则是上一段落的末尾文字与下一段落起始的文字相同；"宽式"则是上一段落的末尾文字与下一段落的起始文字在字面上有部分词语相同。不管是"严式"还是"宽式"，这种顶真式衔接在表达上都有鲜明突出的"勾上连下，自然流畅"的效果或意趣。

本章开始我们所举李敖的两段文字，即属"严式"顶真衔接，我们已作说明。而上引的这三段文字则是李敖所创造的"宽式"顶真衔接妙文。作者由前段说自己生性好玩世，到后一段落说到牙医等朋友能证明自己为人很好相处，两段落在语义上本不易联系搭挂在一起，但是李敖特意在上一段落的末一句安排了"与牙医为邻"一句，自然过渡到下一段落，交代出由牙医夫妇到其他朋友夫妇与自己相处甚得的事实。这里的衔接，全赖上一段落的末一句中的"牙医"二字而不是全句末几字起勾上连下的作用，是"宽式"顶真衔接，亦甚妙。如果作者以三十则"不亦快哉"中的其他任何一则而不是上引末一则作前一段落的末句，那么就不易实现上下两个段落的自然对接了。可见，作者如此衔接，实是用心经营的。

由于"宽式"顶真衔接比较易于经营，且亦能很好地实现勾上连下的段落衔接效果，所以常为修辞者所用。例如：

> 其实把自己的住居题名"向水屋"，也如我获得徐悲鸿的题字一样是很偶然的，那时候由于我的住居面向的是海，因而我用"向水屋"的题目写过一篇描述这所房子的小文章，结果在一些朋友之间，这个住居的名字成了一种观念上的存在；见了面，总是说什么时候要去看看"向水屋"的风光。
>
> 说风光，实在也有一点点。我的住居是在一层顶楼上，屋外有一个宽阔的回廊式的阳台。凭着石栏，可以看见一片无际的天空（这不是在到处立体建筑物的都市中所容易看得完全的），可以看见高耸的狮子山下面伸展过来的一块巨幅的风景画：一簇簇苍翠的树木和一片灰黑的屋顶——一世纪来不曾变动的古风的残留。隐藏在那里面的，是村舍、作坊、酱园、尼庵和庙宇。

　　这是香港作家侣伦《向水屋追怀》中的两段文字。前后两段的衔接，用的即是"宽式"顶真衔接。上一段末尾"风光"二字，被下一段落顺势接过，只在"风光"前加一"说"字，交接得也十分自然，衔接亦属巧妙。

　　用"严式"或"宽式"顶真衔接方法实现前后段落间的对接，都能起到勾上连下、自然流畅的修辞效果，由上引诸例我们足可看得十分清楚了。如果同时或连续在相近段落间交错运用"严式"和"宽式"顶真衔接方法，则效果自然也更好些。例如：

　　　　住在佛寺里，为了看师父早课的仪礼，清晨四点就醒来了。走出屋外，月仍在中天，但在山边极远极远的天空，有一些早起的晨曦正在云的背后，使灰云有一种透明的趣味，灰色的内部也信佛早就织好了金橙色的衬里，好像一翻身就要金光万道了。
　　　　……
　　　　佛鼓敲完，早课才正式开始，我坐下来在台阶上，听着大悲殿里的经声，静静的注视那面大鼓，静静的，只是静静地注视那面鼓，刚刚响过的鼓声又<u>如潮</u>汹涌而来。
　　　　<u>殿里的燕子也如潮地在面前穿梭细语</u>，配着那鼓声。

大悲殿的燕子

　　　　<u>配着那鼓声</u>，殿里的燕子也如潮地在面前穿梭细语。
　　　　<u>我说如潮</u>，是形影不断的意思。大悲殿一路下来到女子佛学院的走廊、教室，密密麻麻的全是燕子的窝巢，每走一步抬头，就有一两个燕窝，有一些甚至完全包住了天花板上的吊灯，包到开灯而不见光。但是出家人慈悲为怀，全宝爱着燕子，在生命面前，灯算什么呢？
　　　　……
　　　　我们无缘见老虎闻法，但有缘看到燕子礼佛、游鱼出听，不是一样动人的吗？
　　　　<u>众生如此，人何不能时时警醒？</u>

木鱼之眼

　　　　<u>众生如此，人何不能时时警醒？</u>
　　　　<u>谈到警醒</u>，在大雄宝殿、大智殿、大悲殿都有巨大的木鱼，摆在佛

案的左侧，它巨大厚重，一人不能举动。诵经时木鱼声穿插其间，我常常觉得在法器里，木鱼是比较沉着的，单调的，不像钟鼓磬铙的声音那样清明动人，但为什么木鱼那么重要？关键全在它的眼睛。

……

因此我们不应忘了木鱼，以及木鱼的巨眼。

以木鱼为例，<u>在佛寺里，凡人也常有能体会的智慧。</u>

低头看得破

<u>在佛寺里，凡人也常有能体会的智慧。</u>

像我在寺里看到比丘和比丘尼穿的鞋子，就不时的纳闷起来，那鞋其实是不实用的。

……

最后我请了一双僧鞋回家，穿的时候我总是想：要低得下头，要看得破！

这是台湾作家林清玄《佛鼓》一文的片断。即是连续在相近段落间交错运用"严式"和"宽式"顶真方法，将各大段落（章）与各小段落（节）皆有机巧妙地勾连于一起。这篇文章除了在内容上从佛鼓、佛殿里的燕子、木鱼、僧鞋等方面谈对佛教的体悟，颇有心得，清纯可读外，在篇章结构修辞技巧上也可见出有颇多用心，即在章节段落衔接上就很有经营，效果也是很好的。第一章的末二段之间的衔接是通过前一段末一句"刚刚响过的鼓声又如潮汹涌而来"中"如潮"二字，引出"殿里的燕子也如潮地在面前穿梭细语，配着那鼓声"一段。这是前一段末句与后一段首句中部分词语相同的"宽式"顶真衔接。而下一章"大悲殿的燕子"中的首句，则完全同于前一章的末一句，属"严式"顶真衔接（此处不是反复，因为作者本意是在勾连上下两章的首尾两个段落）。而第二章的第二段首句"我说如潮"，则又是承第二章第一句中的"如潮"二字来的，属"宽式"顶真衔接。第二章与第三章"木鱼之眼"之间的段落衔接，以"众生如此，人何不能时时警醒"来递接的，属"严式"顶真衔接。第三章的第二段首句"谈到警醒"，是承首句中的"警醒"二字而来，属"宽式"顶真衔接。第三章与第四章"低头看得破"首尾交接是以"在佛寺里，凡人也常有能体会的智慧"句来完成的，也是属"严式"顶真衔接。由于作者巧为经营，整篇文章在章与章之间以及段落与段落之间的对接都十分自然流畅，全文在结构上浑然一体，一气呵成，确是高妙的段落衔接范本。

"宽式"顶真衔接，还有一种情况，就是前段末句和后段首句中用以勾连衔接的词语只在语义上相同或相近，字面上可以不同。例如：

> 下午割了屋前两分地的番薯藤。向晚时起阴，满天乌云自西北弥漫而来，四里外的东北方，不停地电掣雷轰，凌空压来，威力万钧，可怪直到赶完工，黄昏不见人面，竟都不雨。一路上踏着土蜢的鸣声，不由撩起了童年的兴致。摸索着捡起了一截小竹片，选定最接近的一道声穴，于是我重温了<u>儿时</u>的故事。
>
> <u>童年时</u>我是斗土蜢的能手。土蜢是对草蜢而名。在草上叫草蜢。在土里便叫土蜢。公的土蜢最爱决斗。小时候每到此时，家里总饲着两三个洋罐的公土蜢。每罐盛几寸厚的湿土，采几片叶子，饲两三只。若是骁勇善战者，便一罐一只，以示尊优。此时差不多正逢暑假末，整天提着水桶，庭前庭后，田野里去灌。灌时先将土蜢推在洞口的土粒除去，把洞口里的塞土清掉，开始注水，快的一洋罐的水便灌出洞门来，此时早在洞门后两寸许处插了一片硬竹片，用力一按，便把退路截断，然后伸进两指，将土蜢夹出。公母强弱，只靠运气，很难预先判定。要是公的，并且生气活泼雄赳赳的，便喜不自胜，赶紧放进单独的洋罐里，再盖上一片破瓦片，直灌到兴尽才罢休。然后是向别人的土蜢挑战。先挖个三指宽的半尺长的壕沟，形状像条船，各人拿大拇指和食指倒夹着自己土蜢的颈甲，用力摇晃几下，再向土蜢的肚皮上猛吹气。如此反复作法，务使土蜢被弄得头昏昏，且恼怒万分，才各从壕沟的一端将土蜢头朝壕沟底放下去，于是不等过两秒钟，猛烈的决斗便开始了。……

这是陈冠学《田园之秋》中的两段文字。前一段落由眼前土蜢的鸣叫及于后一段落一大段关于童年时代斗土蜢的具体生动、饶富童趣的描写，全靠前段末句中的"儿时"与后段首句中"童年时"两词语的上递下接。"儿时"与"童年时"字面上虽不同，但语义上相同，所以以此前后勾连过渡，衔接也是自然流畅的。

二、与时俱进，语序词衔接：那时，我对古典音乐还是个门外汉

> <u>那时</u>，我对古典音乐还是个门外汉，只觉得片中的音乐凄婉动人，跟那缠绵悱恻的情节非常相配，并不知道是谁的作品。后来，对古典音乐涉猎渐多，才知道它的出处。这二三十年来，我喜欢过很多音乐家的

作品，有很多乐曲我听厌了便不想再听，而对拉哈曼尼诺夫这一首钢琴协奏曲的喜爱却始终不渝，所以连带对那部片子也念念不忘。后来，又认识了他的第二号交响曲。这首交响曲从开头便相当悦耳动听，不像有些交响曲只有一两个旋律是好听的。而第三乐章更是跟他的第二号钢琴协奏曲的风格一样，幽怨而悲怆，扣人心弦。从此以后，拉哈曼尼诺夫的第二号交响乐，便跟柴可夫斯基的第四、五号交响乐、布拉母斯的第一号交响乐，西比流士的第一号交响乐等等一同列为我心爱的交响乐。

　　<u>现在</u>，拉哈曼尼诺夫第二号交响乐的第三乐章正在我的电唱机上演奏着，抒情的、如歌的、华丽的而又忧郁的旋律，一串又一串地飘浮在宁静的午后。透过落地大窗，温煦的阳光把阳台上花木照耀得像是透明似的，使得花儿红得更艳，黄得更鲜，叶子也绿得更翠。我听着，看着，心里也觉得醺然欲醉。

　　这是毕璞《午后的冥想》中的两段叙事文字，两个段落之间的过渡十分自然，读来文从字顺，一气呵成。

　　那么，作者用的是何种修辞策略才达到这一效果的呢？其实很简单，只是语序词衔接策略用得好。

　　所谓"语序词衔接"策略，是一种利用表示时间顺序的语序词来实现几个相关段落的衔接方法，也是常见的一种段落衔接方法，特别是在叙事文字中尤为常见。

　　上引两段叙事文字能够自然地前后承接，关键只在两个表示时序的词语"那时"、"现在"。这两个表时序的语词尽管很普通平常，但在此两个段落衔接中有"四两拨千斤"的作用，不仅使叙事条理不乱，而且两段落间的转接显得自然流畅。这也是平常语词运用得当，同样产生特殊修辞效果的例证。

　　下面我们再来看看多个段落的复杂衔接情况：

　　<u>前几年</u>，多雨的冬夜，我从一份专谈弈事的杂志里，读过许多首属于回忆的诗，据说作者是个弈人，但我毋宁称他为诗人，他写的诗，意境高远而苍凉，这在现代人所写的传统诗里，算是极有分量的作品，我没见过作者，更不知他真实的名字，只知他诗展现的寒冷的江岸，排空浊浪声，烟迷迷的远林，红涂涂的落日，在酒店的茅舍中，爱弈的主人把棋盘当成砧板，盘中不是棋子，而是片片鱼鳞。俄而景象转变，呈现出细柳依墙，蔓草丛生的院落，如烟的春雨落着如同飘着，一双爱古玩字画，更爱弈事的年轻的夫妇，曾将生活谱成诗章，转眼间，柳枯花

落，变成历历的前尘，寒夜里独坐，听北风摇窗，独自拂拭，那况味岂非如浇愁的烈酒?!

一个落雨的春天，清明节前，我到墓场去祭扫一位逝去的友人的墓，看见一个满头斑白的老妇人，坐到他亡夫的坟前，身边放着一只篮子，篮里放着没织成的毛衣毛线、便当和水，她用一把家用的剪刀，细心的修剪墓顶的丛草，我好奇的留下来，看她从早晨工作到傍晚，仿佛她不是在剪草，而是修剪她自己的回忆……谁能把古老的事物真的看得那么遥远呢？人在真正的现实生活中，随时都会遇着这一类隐藏着的、古老的故事。

另一个落雨的暮春，和一位深爱古老事物的女孩在大溪镇上漫步，看那条古趣的街道，参差的前朝留下的房舍，她说起童年时就在那儿上小学，放学时走过这条街，会呆呆的看老木匠雕刻桌椅和油漆木器，时间使老木匠换成新的年轻木匠，而他们雕刻的云朵、龙凤和人物图案，仍然是那样，仿佛在生命与生命之间，有一条深深长长的河流相通着。

她撑着伞，带我去看一些更古老的，一家已圮颓的宗祠，雕花的梁柱落在蔓草里，石碑上排列着一代代有显赫官衔的列祖列宗的名字，也半躺在湮荒的庭园中灌着雨，而崖下的大汉溪仍然流着，和从前一样的流着。她没有说话去诠释和肯定什么，她的笑容展在无边春雨中，染了一些春暮的悲凉……

更远一些时日，有位朋友告诉我：郊区有个卖烧饼的老人，他的妻子早就过世了，留给他一个男孩子，他一个人除了起早睡晚忙生意，还得父兼母职带领他的孩子。日子滚驰过去，似箭非箭，至少在困贫中生活的人，感觉没那么快法，当那男孩留学异邦时，卖烧饼的父亲的生命，已快在时间里燃烧尽了。孩子去后，每年也都来一两封信，告诉老父他成婚了、就业了、购车了、买屋了……成家立业的风光都显在一册彩色相簿上，而卖烧饼的老人死时，紧紧的把那册照他梦想绘成的相簿抱在怀里，他的墓由谁去祭扫呢？

这是台湾作家司马中原《古老的故事》中的文字。作者通过上面所讲的四个"古老的故事"抒发了自己对于人生的深刻体认，情调苍凉、缠绵，发人深省。从逻辑语义上看，作者上面所讲的四个"古老的故事"之间没有什么必然的联系，然而作者却巧妙地将其缩合在一起，且显得有条不紊，自然流畅。这里全靠四个表时序的语序词和词组："前几年，多雨的冬夜"、"一个落雨的春天"、"另一个落雨的暮春"、"更远一些时日"，发挥了勾上连下的作用。尽管这四个表时间的语序词和词组说的不是同一年的事，却因"冬夜"、"春天"、"暮春"、"更远一些时日"在逻辑上是有前后之序的，所以衔接起来，就显得十分顺畅。由此，这几个段落就水乳交融地构成了一个有机的整体，表达自然流畅。

三、搭桥引渡，关联词衔接：其实，报春应是迎春花的事

> "你阿爸啊！被人煮不熟的，一次又一次，教不精！"
>
> 我跟母亲开玩笑："爸就是不精灵鬼怪，所以不会想歪路娶小老婆，这，也不妈您前世修来的福啊！"
>
> <u>真的</u>！父亲虽有音乐家的天赋，可是，没有艺术家的浪漫。如果父亲不开口唱歌、不演奏曲子时，他只是一个朴质木讷的人，他把丰沛的感情全投入歌声和管弦声中，不会像一般"风流才子"处处留情。

这是台湾作家丘秀芷《两老》中的三段文字，叙述的虽是父母生活细事，但读来娓娓动人，生动自然。

何以如此？这实与作者善于运用"关联词衔接"策略进行段落间的组接有着密切关系。

所谓"关联词衔接"策略，是一种利用汉语中勾连复句各分句间不同逻辑关系的特定关联词语来进行段落衔接的方法。这在叙事作品的段落衔接中非常常见，且相当有效。一般说来，充当这一角色的关联词语最常见的有"真的"、"其实"、"当然"、"可是"、"不过"、"于是"、"因此"、"然而"等。

运用"真的"（或"诚然"、"是的"之类）关联词语来实现上下两段落的自然对接，在实际语言实践中十分常见。上引文字中，由母女的对话过渡到对父亲的介绍与评价，过渡相当自然，靠的仅是"真的"二字，既不着痕迹地实现了上下两个段落的对接，又表达出了作者对父亲真切的感情，因为"真的"二字冠于全段之首，为全段文字表述定下了一个主旋律。

运用关联词语"其实"的也很多，例如：

> 今年报春最早的是杏花。那株老树，每年繁华枝头，自抽芽、含苞、怒绽、到新叶扶疏，不过短短十数日吧，竟是那般殷勤缱绻，将春留住，使得我在营营匆匆之中，尚有几许欣慰，免却了负春之疲。然则，去年春夏之交，不知何故，招来妒春绿色小虫，把满树枝叶噬败摧害，春残如是，很是令人在伤感之余，不能忍受的，遂将枝叶悉数斫斩，独剩老干萧条。心想，今年是定然看不见"红杏枝头春意闹"的

了，孰知其仍属后院中首先抽芽，喜报春消息的呢！不服老的精神，原也系予人如春之感的一种表现，我简直在讶佩之余，更肃然起敬了。

　　其实，报春应是迎春花的事。可惜清雅如此的名字，竟被英文 Dog-wood 把美感破坏一尽，气愤之下，我未在园中栽培。洋人总是在该讲求"名"的时候而不讲求，不懂以名饰美怡悦之趣。大众食品的"热狗"（Hot dog），便是一例（中国菜名中有"蚂蚁上树"一味，焚琴煮鹤以至如此，始作俑者，真该掘墓鞭尸才是）。而名姓中竟有以"木匠"（Carpenter）、"铁匠"（Blacksmith）、"鞋匠"（Shoemaker）、"沉溺爱河"（Lovejoy）等为之的，真可谓"匠气十足"、"贻笑大方"。

这是旅美华裔作家庄因《春愁》一文中的两个段落。这两段文字，前段文字是赞美自己园中杏花之喜报春的可爱和不服老的精神，后段由迎春花英文名的不美写到英语世界的人不懂名饰之美的遗憾。两段文字在内容上大不相关，但作者运用一个关联词语"其实"，就顺利地实现了两段文字的对接，自然流畅。此可谓善运笔者。

运用"当然"、"可是"之类关联词语来实现段落间衔接的，也很多。例如：

　　第二次去时，新年刚过了不久，但一开始就很紧张，很少有余暇及心情去欣赏那里的风景。尤其是最初的一、二个月，读书、写信、想家，几乎占据了整个时间。常常倾听屋檐下水晶的羌笛，吹起我八千里的乡愁。到了三月中旬，雨夹雪雪夹雨的天气忽然停止。草坪透出了绿意，然后是嫩黄的蒲公英和它的花球。榆树上展出了一袋袋的新褶裙，白杨垂着一束束紫色的马尾，各色的郁金香，一朵朵不慌不忙地开出。知更、蓝鸟、画眉，各有他们的秋千和谱子。当我低着头匆匆走过林荫道时，春天常常在我顶空落下一串半熟的鸟啭，似乎故意要引起我心中的共鸣：

　　　　早春落在我头顶，
　　　　一串椭圆的鸟鸣。

　　　　使我不得不抬起头来，
　　　　看它临风初咏的姿态。

　　　　使我注意到远处的山岭，

　　　　刚解开了她的裳襟。

　　　　在那雪水融融的溪边，
　　　　野菫诞生于向阳的一面。

　　　　一球蒲公英险将我击中，
　　　　那许是爱蜜丽的戏弄。
　　　　<u>当然</u>，在这样的春天，神秘、异国的春天，使我自然而然地想到另一位我所喜爱的诗人。
　　　　<u>可是</u>落矶山的夏天，也是清新可喜的。那时，我的学分快念满了，而论文还未开始，经过了半年紧张生活，在清静的暑校中，我去旁听英诗。作了一次心灵的散步，大脑的假期。许多亲切的名字和诗句，重新敲打我记忆的琴键；把烦人的数字和图表，暂搁在一边。

　　这是夏菁《落矶山下》一文中的三段文字，由落矶山（大陆译为"落基山"）的春天，写到夏天，再及听英诗，作心灵的散步，行文如行云流水一般，各段落间转接十分自然。这里，两个关联词语"当然"、"可是"的上下勾连，功不可没。
　　运用"不过"的，也很常见。例如：

　　　　母亲读"天书"怎么又怨到父亲头上去了呢？原来父亲白天在公学校教书，夜晚却到山脚下庄上教化乡里子弟读汉文。每逢周六周日，又骑"自转车"到"大墩"——台中市区偷学"正音"和"广东曲"（即今天的平剧和国乐）。母亲气父亲不肯拨出时间来教她念四书。
　　　　<u>不过</u>，幸好母亲天资聪颖，居然后来居上，很快的能读四书，也曾吟诗，比伯母们学得多。可是她仍然永远记父亲这一笔账，说他情愿教别人，不肯花时间教自己的妻子。

　　这是丘秀芷《两老》中的两段文字，前段说父亲不肯教母亲读"四书"，却教别人；后段说母亲自学后来居上，能读"四书"，能吟诗。两段文字之间用"不过"一词顺利地实现了对接，显得自然流畅，叙述井然。
　　运用关联词"于是"来衔接前后段落的，虽平常却有效。例如：

　　　　下了糖厂的五分车，眼睛往四下里搜寻，却看不见平妹的影子。我稍感意外。也许她没有接到我的信，我这样想，否则她是不能不来的，她是我妻，我知道她最清楚。也许她没有赶上时间，我又这样想：那么我在路上可以看见她。

　　于是我提着包袱，慢慢向东面山下自己的家里走去。已经几年不走路了，一场病，使我元气尽丧，这时走起路来有点吃力。

这是钟理和《贫贱夫妻》一文中的文字。这两段的叙写在内容上关联性很大，如果不加关联词语衔接亦可。但作者用"于是"一词一接，则使两个段落上下过渡得更自然，语势上更趋顺畅，显然这里的关联词"于是"之用，效果是明显的。

用"因此"（或"所以"）勾连前后两个段落的，亦属多见。例如：

　　我认为死是悲哀的，无奈的，无助的。拿它一点办法都没有。

　　因此，在死的面前我感到绝望，因而在这绝望的面前，我的生，我亲戚朋友的生，以及一切世人的生，以及一切生物的生，都有着一种哀恻的色彩，好像是晔白的日光照不透的，隐隐存在着。

这是孟东篱《死的联想》中的两段文字，前段是作者对死之无法回避的悲哀观点，后段谈自己对于人类及一切生物生之隐存的哀恻，两者在逻辑上一为因，一为果，因此作者以关联词"因此"将两段绾合于一起，在语义与语势上都显得顺贴自然，效果显然。

以关联词"然而"（或"但是"）来勾连前后段落的，也相当普遍。例如：

　　所以中国的国魂里大概总有这两种魂：官魂和匪魂。这也并非硬要将我辈的魂挤进国魂里去，贪图与教授名流的魂为伍，只因为事实仿佛是这样。社会诸色人等，爱看《双官诰》，也爱看《四杰村》，望偏安巴蜀的刘玄德成功，也愿意打家劫舍的宋公明得法；至少是受了官的恩惠时候则艳美官僚，受了官的剥削时候便同情匪类。但这也是人情之常；倘使连这一点反抗心都没有，岂不就成为万劫不复的奴才了？

　　然而国情不同，国魂也就两样。记得在日本留学时候，有些同学问我在中国最有大利的买卖是什么，我答道："造反。"他们便大骇怪。在万世一系的国度里，那时听到皇帝可以一脚踢落，就如我们听说父母可以一棒打杀一般。为一部分士女所心悦诚服的李景林先生，可就深知此意了，要是报纸上所载非虚。今天的《京报》即载着他对某外交官的谈话道："予预计于旧历正月间，当能与君在天津晤谈；若天津攻击竟至失败，则拟俟三四月间卷土重来，若再失败，则暂投土匪，徐养兵力，以待时机"云。但他所希望的不是做皇帝，那大概是因为中华民国之故罢。

这是鲁迅《学界的三魂》中的两段文字，前段论证中国的国魂里确实存在的两种魂：官魂与匪魂；后段转入"国情不同，国魂也就两样"的论点及对军阀李景林皇帝做不成要当土匪的谈话的讽刺上来。两段文字意思上有转变，故作者以一"然而"转接之，自然流畅，前后两段语气亦顺畅贯通。

运用关联词语来实现段落间的衔接，比较简捷，虽然普通，但颇有效。很多段落间尽管可以不用关联词语衔接，逻辑关系也很清楚，但在语势的贯通和表达的自然流畅方面则不及用关联词语来得好。因此，恰切地选用关联词语来实现段落间的衔接，是很有必要的，而且从上述诸例分析看也确有相当好的修辞效果。

第十章　千丈的绳子，还须从头搓起：
篇章起首的策略

　　说禽兽交合是恋爱未免有点亵渎。但是，禽兽也有性生活，那是不能否认的。它们在春情发动期，雌的和雄的碰在一起，难免"卿卿我我"的来一阵。固然，雌的有时候也会装腔作势，逃几步又回头看，还要叫几声，直到实行"同居之爱"为止。禽兽的种类虽然多，它们的"恋爱"方式虽然复杂，可是有一件事是没有疑问的：就是雄的不见得有什么特权。

这是鲁迅《男人的进化》一文的起首。看了这段文字，你想再读下去吗？
想！
那么，为什么想？
写得好，有味道。
中国有句老话，叫做"好的开头，是成功的一半"，又有俗语"千丈的绳子，还须从头搓起"。可见，事情的开头有多么重要！
对于文章来说，道理也是一样。一篇文章，如果有个好的起首，一般总能给读者留下一个先入为主的深刻印象，让人有读下去的欲望。如此，自然算得上是篇好文章了。上面我们所举鲁迅文章的开头一段，之所以一读之下，便有让人欲罢不能，必欲一气读下而后快之感，就是它的起首成功，是鲁迅在篇章起首语言策略上苦心经营的结果。
有关篇章起首（即开头）对于一篇文章的重要性，其实前人早有论述。记得清人方东树《昭昧詹言》有云："诗文以起为最难，妙处全在此。精神全在此。必要破空而来，不自人间，令读者不测其所开塞之妙。"其实，不仅中国的古人懂得这个道理，外国作家中也多有与此不谋而合的见解。如法国作家狄德罗在谈戏剧创作时曾说："一个剧本的第一幕也许是最困难的一部分。要由它开端，要使它能够发展，有时候要由它表明主题，而总要它承前启后。"（《论戏剧艺术》）苏联著名作家高尔基亦谈到作品开头之难及其重要性："最难的是开头，也就是第一句。就像在音乐中一样，第一句可以给整篇作品定一个调子，通常要费很长时间去寻找它。"（《高尔基论文学》）① 由此可见，对于篇章起首，我们是不能不讲求一点语言策略的。

那么，篇章起首到底有哪些有效的语言策略呢？

一般说来，文章的起首方式是没有什么一定规律的，因为不同的作者有不同的行文风格和入题爱好倾向，有些人可能习惯于开门见山，而另一些人则可能喜欢"从昆仑山发脉"，以缓笔或侧笔上题。另外，不同的文体和不同的文章内容也会对作者选择起首方式有不同程度的制约或影响。因此，文章起首的具体方式方法也就只能是多种多样的。但是，从整体来说，比较有效且常为古往今来的人们所沿用的起首方式，则还是有限的，可以归纳出来。大致说来，从起首文字与全文主题或内容有否直接关系上区分，可将起首方式分为"开门见山"式与"款款入题"式；从表达效果上考察，则可区分为"平淡质朴"式与"新颖奇特"式。② 下面就分而述之。

一、打开窗户说亮话，"开门见山"式：昨夜睡中，我又梦到了母亲

> 人们遇到要支持自己主张的时候，有时会用一枝粉笔去搽对手的脸，想把它弄成丑角模样，来衬托自己是正生。但那结果，却常常适得其反。

章士钊先生现在是在保障民权了，段政府时代，他还曾保障文言。他造过一个实例，说倘将"二桃杀三士"用白话写作"两个桃子杀了三个读书人"，是多么的不行。这回李焰生先生反对大众语文，也赞成"静珍君之所举，'大雪纷飞'，总比那'大雪一片一片纷纷的下着'来得简要而有神韵，酌量采用，是不能与提倡文言文相提并论"的。

我也赞成必不得已的时候，大众语文可以采用文言，白话，甚至于外国话，而且事实上，现在也已经在采用。但是，两位先生代译的例子，却是很不对劲的。那时的"士"，并非一定是"读书人"，早经有人指出了；这回的"大雪纷飞"里，也没有"一片一片"的意思，这不过特地弄得累坠，掉着要大众语丢脸的枪花。

白话并非文言的直译，大众语也并非文言或白话的直译。在江浙，

---

① 转引自温浚溟主编：《艺林妙语》，上海文艺出版社1995年版，第302页。

② 参见倪宝元主编：《大学修辞》，上海教育出版社1994年版，第413页。相关的提法，本书对其所作的分类标准和名称都作了较大的调整修正。

倘要说出"大雪纷飞"的意思来，是并不用"大雪一片一片纷纷的下着"的，大抵用"凶"，"猛"或"厉害"，来形容这下雪的样子。倘要"对证古本"，则《水浒传》里的一句"那雪正下得紧"，就是接近现代的大众语的说法，比"大雪纷飞"多两个字，但那"神韵"却好得远了。

一个人从学校跳到社会的上层，思想和言语，都一步一步的和大众离开，那当然是"势所不免"的事。不过他倘不是从小就是公子哥儿，曾经多少和"下等人"有些相关，那么，回心一想，一定可以记得他们有许多赛过文言文或白话文的好话。如果自造一点丑恶，来证明他的敌对的不行，那只是他从隐蔽之处挖出来的自己的丑恶，不能使大众羞，只能使大众笑。大众虽然智识没有读书人的高，但他们对于胡说的人们，却有一个谥法：绣花枕头。这意义，也许只有乡下人能懂的了，因为穷人塞在枕头里面的，不是鸭绒：是稻草。

这是鲁迅《"大雪纷飞"》一文的全篇，读了起首一段，我们便知全文主要意旨。简洁明了，直截了当，干净利落，立马就给人一种"君子坦荡荡"的感觉，使人不得不信服他的观点。

那么，何以有这种效果呢？这就是鲁迅运用"开门见山"式起首策略的结果。

所谓"开门见山"式起首策略，即于文章的开头，或直接亮出全文的主旨或者作者的基本观点，或直接交代文章的主要内容或者相关内容，以使接受者有一个先入为主的深刻印象的起首方式。"开门见山"式起首，虽然很平常，但确是一种很有效的起首策略。因为这种起首方式能使接受者易于把握文章的主旨或内容，从而实现表达者传达自己的思想或感情，引发接受者接受或产生共鸣的交际目标。能够达成这样的接受效果，自然就是表达者（作者）运用修辞成功了。

在上引一文中，鲁迅于文章开头一段就全盘交代了全文主旨。"五四"新文化运动时期，章士钊为了反对白话文和大众语、维护文言文，曾造过一个实例，将"二桃杀三士"译成"两个桃子杀了三个读书人"的白话来丑诋白话文；20世纪30年代《新垒》月刊主编李焰生也反对大众语文，也赞成"静珍君之所举，'大雪纷飞'，总比那'大雪一片一片纷纷的下着'来得简要而有神韵"。鲁迅此文即是通过此二例批驳守旧派人士"自造一点丑恶，来证明他的敌对的不行"的方法是可笑的，结果适得其反，自己出丑。很明显，上引此文的起首一段文字，已将全文主旨说得很清楚了。下面的四个段落，只是举例和论述，证明首段的观点而已。由于此文首段即开门见山地点出了全文主旨，使读者一开始便对作者全文的观点有了一个先入为主的印象，等到读完下文四段的论述，则更加深了对首段所提示的全文主旨的认识和深刻印象，就会情不自禁地赞成作者的观点，与作者达成思想和情感的共鸣。可见，这种"开门见山"式的起首修辞策略是成功的。

"开门见山"式起首策略看起来平淡无奇，但它实际上是一种"大巧若拙"的修辞策略，是没有技巧的技巧，运用起来效果明显，所以很多有名的作家都喜欢选择这种起首策略。例如：

> 昨夜睡中，我又梦到了母亲。

这是台湾作家张过《昨夜，慈母又入梦》一文的首句，也是开门见山地交代了全文主旨。此文是作者于"离开母亲四十多年了，在此一段悠长的岁月中，除了不时睡中梦到母亲，平日母子之间信息渺然。还有在想象中，母亲必是朝夕倚门瞻望，从日出望到日落，从月亏望到月圆，企盼她的独子归去"的刻骨思念的情形下写成的深情忆母之作。为了凸显作者对其二十四岁即守寡，独力抚育作者长大，现时在祖国大陆的老母的深切思念之情，作者采用了"开门见山"式的起首策略，凌空起势，突兀入题："昨夜睡中，我又梦到了母亲"，表达直接，深切的情意、刻骨的思念，于朴质的语言中展露得淋漓尽致，使人读之情不自禁地为之震撼。很明显，这一起首策略是非常成功的。如果采用"款款入题"等其他起首方式，其所产生的接受效果就难以企及作者这里所采用的"开门见山"式起首方式的效果。

二、风摆荷叶细移步，"款款入题"式：台北的雨季，温漉漉、冷凄凄、灰暗暗的

> 仿佛记得一两个月之前，曾在一种日报上见到记载着一个人死去的文章，说他是收集"小摆设"的名人，临末还有依稀的感喟，以为此人一死，"小摆设"的收集者在中国怕要绝迹了。
>
> 但可惜我那时不很留心，竟忘记了那日报和那收集家的名字。
>
> 现在的新的青年恐怕也大抵不知道什么是"小摆设"了。但如果他出身旧家，先前曾有玩弄翰墨的人，则只要不很破落，未将觉得没用的东西卖给旧货担，就也许还能在尘封的废物之中，寻出一个小小的镜屏，玲珑剔透的石块，竹根刻成的人像，古玉雕出的动物，锈得发绿的铜铸的三脚癞虾蟆：这就是所谓"小摆设"。先前他们陈列在书房里的

时候，是各有其雅号的，譬如那三脚癞虾蟆，应该称为"蟾蜍砚滴"之类，最末的收集家一定都知道，现在呢，可要和它的光荣一同消失了。

那些物品，自然决不是穷人的东西，但也不是达官富翁家的陈设，他们所要的，是珠玉扎成的盆景，五彩绘画的瓷瓶。那只是所谓士大夫的"清玩"。在外，至少必须有几十亩膏腴的田地，在家，必须有几间幽雅的书斋；就是流寓上海，也一定得生活较为安闲，在客栈里有一间长包的房子，书桌一顶，烟榻一张，瘾足心闲，摩挲赏鉴。然而这境地，现在却已经被世界的险恶的潮流冲得七颠八倒，像狂涛中的小船似的了。

然而就是在所谓"太平盛世"罢，这"小摆设"原也不是什么重要的物品。在方寸的象牙版上刻一篇《兰亭序》，至今还有"艺术品"之称，但倘将这挂在万里长城的墙头，或供在云冈的丈八佛像的足下，它就渺小得看不见了，即使热心者竭力指点，也不过令观者生一种滑稽之感。何况在风沙扑面，狼虎成群的时候，谁还有闲工夫，来赏玩琥珀扇坠，翡翠戒指呢。他们即使要悦目，所要的也是耸立于风沙中的大建筑，要坚固而伟大，不必怎样精；即使要满意，所要的也是匕首和投枪，要锋利而切实，用不着什么雅。

美术上的"小摆设"的要求，这幻梦是已经破掉了，那日报上的文章的作者，就直觉的地知道。然而对于文学上的"小摆设"——"小品文"的要求，却正在越加旺盛起来，要求者以为可以靠着低诉或微吟，将粗犷的人心，磨得渐渐的平滑。这就是想别人一心看着《六朝文絜》，而忘记了自己是抱在黄河决口之后，淹得仅仅露出水面的树梢头。

这是鲁迅《小品文的危机》一文中的前几个段落。全文到底要表达什么意旨，读了第一段，不知道，读了第二段，还不知道，但这并不使读者不耐烦，反而饶有兴味，悠然读下去，觉得别有意趣。

那么，这是何故？这是因为鲁迅这里运用了一种叫做"款款入题"式的起首策略。

所谓"款款入题"式起首策略，就是于文章开始并不急于宣示文章主旨，而是采取先讲一个故事，或先说与主题无直接关系甚或没有关系的内容，然后慢慢自然导入正题，亮出文章意旨的一种起首方式。这种起首方式，也是常见常用的，但不失为一种有效的起首策略。如果我们对中国古典小说有所了解的话，就会知道，在宋元话本小说及明清拟话本小说中，这是一种最基本的起首修辞策略。它的做法是常常于小说的开首讲一个与小说内容有关甚或无关的故事，或由一首诗词起首，然后再入正题，可算是"款款入题"式起首修辞策略的典型范本。一般说来，"款款入题"式起首策略，由于表达上起笔舒缓，有相当的铺垫，因而在接受上往往有娓娓道来，引人入胜的效果。特别是那些铺垫引渡得好的文字，往往能激发接受者步步深入，穷其究竟的阅读欲望，这对表达者所欲达到的修辞目标明显是很有利的。因此，很多作家采用这种起首策略，也是很有道理的。

上引文字，鲁迅写到第六段才终于上题，谈到文章主旨要谈的"小品文"问题。这篇文章写于1933年，文章主旨文末有明确宣示："小品文就这样的走到了危机。但我所谓危机，也如医学上所谓'极期'（Krisis）一般，是生死的分歧，能一直得到死亡，也能由此至于恢复。麻醉性的作品，是将与麻醉者和被麻醉者同归于尽的。生存的小品文，必须是匕首，是投枪，能和读者一同杀出一条生存的血路的东西；但自然，它也能给人愉快和休息，然而这并不是'小摆设'，更不是抚慰和麻痹，它给人的愉快和休息是休养，是劳作和战斗之前的准备。"由此可见，作者前五段谈镜屏、扇坠、象牙雕刻等"小摆设"，目的是要引出第五段末几句："何况在风沙扑面，狼虎成群的时候，谁还有闲工夫，来赏玩琥珀扇坠，翡翠戒指呢。……所要的也是匕首和投枪，要锋利而切实，用不着什么雅。"由此逼出小品文要摆脱危机，应该直面现实，要成为批判现实的匕首和投枪的主旨。由于作者用了相关内容（五段文字）作了铺垫，引渡巧妙，就自然顺畅地引领读者步步深入地接近作者预设的目标——了解全文真正用意，以此达成了与作者思想情感的共鸣。

下面我们再来看一例：

台北的雨季，温漉漉、冷凄凄、灰暗暗的。

满街都裹着一层黄色的胶泥。马路上、车轮上、行人的鞋上、腿上、裤子上、雨衣雨伞上。

我屏住一口气，上了37路车。车上人不多，疏疏落落的坐了两排。所以，我可以看得见人们的脚和脚下的泥泞——车里和车外一样的泥泞。

人们瑟缩的坐着，不只是因为冷，而是因为湿，这里冬季这"湿"的感觉，比冷更令人瑟缩，这种冷，像是浸在凉水里，那样沉默专注而又毫不放松的浸透着人的身体。

这冷，不像北方的那种冷。北方的冷，是呼啸着扑来，鞭打着、撕裂着、呼喊着的那么一种冷。冷得你不只是瑟缩，而且冷得你打战，冷得你连思想都无法集中，像那呼啸着席卷荒原的北风，那么迅疾迷离而捉不住踪影。

对面坐着几个乡下来的。他们穿着尼龙夹克，脚下放着篮子，手边竖着扁担。他们穿的是胶鞋。胶鞋在北方是不行的。在北方，要穿"毡窝"。尼龙夹克，即使那时候有，也不能阻挡那西北风。他们非要穿大棉袄或老羊皮袍子不可的。头上不能不戴一顶毡帽或棉风帽。旁边有一个人擤了一筒鼻涕在车板上，在北方，冬天里，人们是常常流鼻涕的，那是因为风太凛冽。那让人喘不过气来的猛扑着的风，总是催出人们的鼻涕和眼泪。

车子一站一站的开着。外面是灰濛濛的阴天，覆盖着黄湿湿的泥地。北方的冬天不是这样的。它要么就是一片金闪闪的晴朗，要么就是一片白晃晃的冰雪。这里的冷，其实是最容易挨过去的，在这里，人们即使贫苦一点，也不妨事的，不像北方……

车子在平交道前煞住，我突然意识到，我从一上了车子，就一直在想着北方。

那已经不是乡愁，我早已没有那种近于诗意的乡愁，那只是一种很动心的回忆。回忆的不是那金色年代的种种苦乐，而是那茫茫的雪、猎猎的风；和那穿老羊皮袍、戴旧毡帽、穿"老头乐毡窝"的乡下老人，躬着身子，对抗着呼啸猛扑的风雪，在"高处不胜寒"的小镇车站的天桥上。

那老人，我叫他"大爹"，他是父亲的堂兄。……

这是台湾作家罗兰《那岂是乡愁》中的几段文字。作者用了八段文字才切入正题，回忆自己在祖国大陆的"大爹"在风雪中的小站天桥上顶风接回自己的往事。作者之所以不从第九段开始写起，而是费辞地从台北的雨季、台北人雨天的衣着、台北公车上几个乡下人的衣和鞋以及台北的冷、台北的风与北方的不同写起，目的是由此景引彼景，借景生情，自然而然地凸显出作者对北方故乡、对大爹的深切怀念之情，乡愁的浓烈逼人而来，令读者不得不一口气读毕，了解作者全文的用意。因此，这种起首策略，尽管有点费辞，却能引人入胜。同时，舒缓的节奏，足够的铺垫，正好匹配全文深情的格调氛围，令读者在作者深情娓娓的叙述中深切感受到作者对故乡、对大爹的深情深意，达成与作者的情感共鸣。可见，作者的这种起首方式，和上例鲁迅的起首方式一样，也是一种修辞策略，达到了很好的效果，是成功的策略。

三、淡淡罗衫淡淡裙，"平淡质朴"式：在电影院里，我们大概都常遇到一种不愉快的经验

> 《诗经》在中国文学上的位置，谁也知道，它是世界最古的有价值的文学的一部，这是全世界公认的。

这是胡适《谈谈〈诗经〉》一文的起首。纯粹的大白话，好像什么技巧也没有，读来却别有一种韵味，就如他的许多古典小说考证的文字一样，令人着迷感叹。

那么，胡适的这一起首文字何以有此魅力呢？这是他运用了"平淡质朴"式的起首修辞策略，运用得当、得体的结果。

所谓"平淡质朴"式起首策略，是指在文章的开头部分以质朴无华的语言文字叙写，几乎不用什么华丽的词藻，也不用什么修辞策略来刻意图妙谋巧的一种起首方式。这种起首策略看似平常，实际是另一种修辞境界——"朴"，是"所谓'繁华落尽见真醇'。是李白所标榜的'清水出芙蓉，天然去雕饰'。这种'朴'的境界，没有刻意雕琢，表面上并不怎么惹眼，似乎也不见绚烂夺目的绝妙好辞，可是细细体味之下，却是真挚感人，余韵无穷。正如同西施之美，粗服乱头，难掩国色天香"①。只有真正懂得"朴"之价值的大家，才懂得这种"平淡质朴"的起首策略的意义。著名诗人艾青曾说过："朴素是对于词藻的奢侈的摒弃，是脱去了华服的健康的袒露；是挣脱了形式的束缚的无羁的步伐；是掷给空虚的技巧的宽阔的笑。"（《论诗》）正因为如此，很多文学大家都喜欢采用"平淡质朴"式起首方式。

上引文字是胡适《谈谈〈诗经〉》一文的开头部分。这篇文章在正文前有段说明的文字："这是民国十四年九月在武昌大学讲演的大意，曾经刘大杰君笔记，登在《艺林旬刊》（《晨报副刊》之一）第二十期发表；又收在艺林社《文学论集》。笔记颇有许多大错误。现在我修改了一遍，送给顾颉刚先生发表在《古史辨》里。"作为一篇文学讲演，又作为修改后发表出来的文章，本来是应该讲究些修辞策略的，将起首写说得生动些才是。然而胡适没有。仅以上引的一个主谓句，两个判断句起首，平淡质朴，但表达上显得清楚，有力。同时，与全文学术讲演的内容十分合拍，有一种"繁华落尽见真淳"的质朴自然美。很明显，胡适的这种起首策略是成功的。

---

① 沈谦：《修辞学》，台湾空中大学 1996 年版，第 4 页。

胡适的学术文章以平实的大白话行文但不乏韵味而闻名，他的朋友梁实秋的散文亦以具同样风格而见称。而且梁实秋的散文和胡适的学术文章一样，起首常采"平淡质朴"式。例如：

在电影院里，我们大概都常遇到一种不愉快的经验。在你聚精会神的静坐着看电影的时候，会忽然觉得身下坐着的椅子颤动起来，动得很匀，不至于把你从座位里掀出去，动得很促，不至于把你颠摇入睡，颤动之快慢急徐，恰好令你觉得他讨厌。大概是轻微地震罢？左右探察震源，忽然又不颤动了。在你刚收起心来继续看电影的时候，颤动又来了。如果下决心寻找震源，不久就可以发现，毛病大概是出在附近的一位先生的大腿上。他的足尖踏在前排椅撑上，绷足了劲，利用腿筋的弹性，很优游的在那里发抖。如果这拘挛性的动作是由于羊癫疯一类的病症的暴发，我们要原谅他，但是不像，他嘴里并不吐白沫。看样子也不像是神经衰弱，他的动作是能收能发的，时作时歇，指挥如意。若说他是有意使前后左右两排座客不得安生，却也不然。全是陌生人无仇无恨，我们站在被害人的立场上看，这种变态行为只有一种解释，那便是他的意志过于集中，忘记旁边还有别人，换言之，便是"旁若无人"的态度。

这是梁实秋《"旁若无人"》一文的起首一段，批评电影院中那些"旁若无人"者的行为。这段起首文字几乎没有用任何修辞手法来刻意营构，也没有用什么典雅的词句，全以平白朴素的大白话叙而出之，但在表达效果上显得幽默辛辣，意味无穷，真可谓是达到了"质朴真淳，自然高妙"的化境。可见，"平淡质朴"式起首方式，也是一种很高明的修辞策略，而且是只有真正的大家才能运用得好的策略，是一种"大巧若拙"的策略。

四、小头鞋履窄衣裳，"新颖奇特"式：长短句的词起于何时呢？是怎样起来的呢

长短句的词起于何时呢？是怎样起来的呢？

这是胡适的学术论文《词的起源》中的开头一段，读之与一般学术论文的格调品位大不一样。何也？这是胡适采用了"新颖奇特"式起首修辞策略的结果。

　　所谓"新颖奇特"式起首策略，是一种特别讲究修辞技巧，力求文辞灵动巧妙，注重表达的新异性的起首方式。这种起首策略，由于表达上的生动性、鲜活性的特征，易于迅速抓住接受者的注意力，使之咀嚼品味，印象深刻，往往有一种先声夺人的效果。因此，很多修辞者都喜欢采用这一起首策略。

　　上引胡适《词的起源》一文的起首文字，即属此类策略的运用。此文是一篇论述和考证词的起源的学术论文，作者却以上引的两个设问句起首，这是明显在追求一种先声夺人的表达效果。因为这一起首的两句是两个运用了设问修辞策略的修辞文本，表达上有一种加强语意，吸引接受者注意力的效果。由于此文是一篇学术论文，此类表达方式一般不可能运用，这就加强了这一起首方式的新异性特质，令读者印象特别深刻。同时，易于引发读者对后文乏味枯燥的考证论述的兴味，以期让读者对自己所得出的考证结论有一个深刻的印象。如果作者不以这种突破常规的奇特方式起首，而是依学术论文的规范模式进行，读者特别是一般读者就无多少兴味读下去了。很显然，胡适此文所采用的起首策略是充满智慧的。

　　胡适是文学大家和学术大师，他自有不同于常人的手笔。下面我们再来看看他的得意弟子李敖手段又如何：

> 1935 年的世界是一个多变的世界。这一年在世界上，波斯改国号叫伊朗了、英国鲍尔温当首相了、墨西哥革命失败了、意大利墨索里尼身兼八职并侵略阿比西尼亚了、法国赖伐尔当总理了、挪威在南极发现新大陆了、德国希特勒撕毁凡尔赛条约扩张军力了、捷克马萨利克辞掉总统职务了、土耳其凯末尔第三次连任总统了、菲律宾脱离美国独立了。这一年在中国，祸国殃民的蒋介石内斗内行，大力"剿共"，逐共中原；但外斗外行，对日本鬼子卵翼的政权，瞪眼旁观、无能为力：在长城以内，殷汝耕成立了冀东政府；在长城以外，溥仪头一年就称帝于"满洲国"，那正是 1931 年"九一八事变"后两年半，也正是蒋介石丧权辱国、贯彻"不抵抗主义"后两年半，1935 年到了，两年半变成了三年半，"满洲国"使中国东北变成了"遗民"地区，而我，就是"遗民"中的一位。
>
> 1935 年 4 月 25 日，我生在中国东北哈尔滨。……

　　这是李敖在其所著《李敖回忆录》一书的起首一段，采用的也是"新颖奇特"式起首策略。一般说来，回忆录这种文体应该平实地记事叙事就可以了。但是，在李敖笔下，回忆录的开头一段写得极其奇特，读之令人终生难忘。由十个

"了"组成的句式构成了奇特的排比修辞文本，给读者以强烈的视觉刺激，使之留下深刻的印象，真可谓是先声夺人，突出强调了 1935 年是多事不寻常的年头，极大地引发了读者对这年出生的传主李敖不平凡的人生历程产生浓厚的兴味，急欲一口气读完其回忆录，了解其传奇的一生。如果李敖不以上引"新颖奇特"的起首策略，而是按常规回忆录的写法，说："1935 年是多事的一年，这年 4 月 25 日，我出生于中国东北哈尔滨。"那么，读者一定没有多少兴味读完本回忆录的。可见，"新颖奇特"式起首策略确实很有效果，特别是对于那些篇幅较长或内容比较枯燥的作品，新颖奇特的起首尤其重要，上述二例都有力地证明了这一点。

应该指出的是，上述诸例的归类，我们都是每次以一个标准来看的。如果某种起首方式同时以不同标准、从不同角度来看，则可能同时属于两种起首策略。如《李敖回忆录》的起首文字，如果我们以表达效果为标准，它是属于"新颖奇特"式；若以与全篇主旨或内容有无直接关系为标准，则属于"款款入题"式。其他诸例亦应作如是观。

第十一章　马屁股上放鞭炮，最后一击：
篇章结尾的策略

好几年前，《读者文摘》有一篇说鼾的小文。于分析描述打鼾的种种之后，篇末画龙点睛的补上一笔："鼾声是不是讨人厌，问寡妇。"

这是梁实秋《鼾》一文的结尾。

读到这里，你会了然无念，不再回味一番吗？

不可能！

为什么不可能？

有余味，让你放不下，不能不回味。

中国有句老话，叫做"善始善终"。如果一个人做了一辈子好事，或创造了很多丰功伟业，晚年因为做了一件坏事或不检点的事，那叫"晚节不保"，一辈子的功业都毁于一旦。如果一个人做一件事情，开始干得极认真，极漂亮，临结束放松了要求，马马虎虎收场，这件事也白干了，人们会说他"虎头蛇尾"，那么他就前功尽弃了。

对于文章来说也是一样，一个好的开头能给人一个先声夺人的印象，这固然重要；但一个好的结尾，结得让人意犹未尽，浮想联翩，回味无穷，同样是非常重要的。

关于结尾的重要性，中国历来的文章学家和修辞学家都是十分重视的。元人杨载《诗法家数》有云："诗结尤难，无好结句，可见其人终无成也。"明人谢榛《四溟诗话》论律诗亦有此意："律诗无好结句，谓之虎头鼠尾。"明人王骥德《曲律》论曲有云："尾声以结束一篇之曲，须是愈著精神，末句更得一极俊语收之，方妙。"清人李渔《闲情偶寄·词曲部》论"大收煞"时说："收场一出，即勾魂、摄魄之具，使人看过数日而犹觉声音在耳、情节在目者，全亏此曲撒娇，作临去秋波那一转也。"这些虽然只是就诗、曲等而言，实际上对所有文体的文章都是适用的，即所有文体的文章都应该特别重视结尾。不仅中国的古人懂得结尾的重要性，外国人对此也有深刻的体认。如苏联文学理论家爱森斯坦就曾指出："在该结束的地方结束，这是一种伟大的艺术。"(《爱森斯坦论文选集》)① 一篇文章不仅要在结尾时收得住，而且要收得好，这确是一种为文的高度艺术，是值得修辞学家们深入研究的课题。

结尾的方式，在不同文体、不同内容的文章中，对于不同的作者，都会有很多处理模式。不过，从修辞的角度看，真正具修辞学价值且历来为修辞学家较为肯定的结尾模式，主要有"卒章显其志"、"曲尽音绕梁"和"清水出芙蓉"、"浓抹百媚生"两组四种。前一组两种，是从结尾是否直接宣示全文主旨的角度区分出来的结尾类型，后一组是就结尾的表现风格来分类的。② 下面我们就分而述之。

一、日出远岫明，"卒章显其志"式：现在却只有这位老禅师独自静坐了

　　当初，白蛇娘娘压在塔底下，法海禅师躲在蟹壳里。现在却只有这位老禅师独自静坐了，非到螃蟹断种的那一天为止出不来。莫非他造塔的时候，竟没有想到塔是终究要倒的么？

　　活该！

这是鲁迅《论雷峰塔的倒掉》一文的结尾文字。结得坦诚，结得真诚，达意不含糊其辞，传情不忸怩作态，"明明白白我的心"，坦露"一份真感情"，读之让人为之深切感动，情不自禁与之产生情感与思想的共鸣。

那么，何以至此？这是鲁迅运用"卒章显其志"式的结尾策略的结果。

所谓"卒章显其志"式的结尾策略，是一种于全文结尾时，用简要的语句概括全文主旨以宣示于接受者的结尾方式。这种结尾方式虽然显得直露了点，有"言止意尽"之嫌，但它有一个根本而显明的优点，就是易于令接受者迅速准确地把握文章的主旨，从而让接受者产生情感或思想的共鸣。同时，在表达上亦有画龙点睛、清楚有力的效果。因此，这种结尾模式看起来平常，实则也是一种很好的修辞策略。所以，很多文章大家常常运用之。

上引鲁迅《论雷峰塔的倒掉》一文的结尾部分，即属此类。此文由听说杭州雷峰塔倒掉的消息引起，讲了许仙与白蛇娘娘以及白蛇与法海和尚斗法失败被

---

① 转引自温滠主编：《艺林妙语》，上海文艺出版社 1995 年版，第 303 页。

② 参见倪宝元主编：《大学修辞》，上海教育出版社 1994 年版，第 416 页。相关的提法，本书对其所作的分类标准和名称都作了较大的调整修正。

压于塔下的故事，再讲到法海和尚被玉皇大帝斥怪追拿而躲入蟹壳内不得出来的民间传说。如果作者仅仅拉杂地讲完这些故事就收束全文，那么这篇文章也就没有什么意义，接受者也不能从中获取什么教益，那么，这篇文章的修辞目标就没有实现，是失败的。但是，由于作者在故事讲完后于全文之末缀上了上引的这两段文字作结语，立即就深化了主题，揭示了全文的主旨，表明了作者的态度——象征压迫中国妇女的雷峰塔应该倒掉，象征压迫妇女的封建势力的法海应该不能再逞狂。这样，接受者就能迅速了知全文主旨，了解作者的情感态度，特别是"活该"尾二字的斩钉截铁语气，更能深深感染接受者，使其与作者达成情感与思想的共鸣。很明显，鲁迅的这种结尾策略是成功的，若采用其他结尾策略，恐难企及上述的表达效果。

下面我们再来看看另一位文学大师梁实秋的手笔：

> 馋非罪，反而是胃口好、健康的现象，比食而不知其味要好得多。

这是梁实秋《馋》一文的结尾部分，也是采用"卒章显其志"式。这篇谈吃的小品文，全文讲了很多古今与美食及馋相关的故事，最后，作者亮出了自己对"馋"这一人们普遍认为不太光彩观念的相反见解。很明显，这种概括性的结语具有画龙点睛的效果，作者的观点思想由此显得清楚明白，表达有力，不含糊，不闪避，旗帜鲜明，易于接受者把握，也易于接受者迅速接受作者所欲传达的思想或情感，实现作者的修辞目标。如果作者不"卒章显其志"地将自己的观点亮出，接受者就不能真正了知作者对"馋"的看法，因而作者意欲传达给接受者的思想也就不能传达，那么文章所欲达到的交际目标也就不能实现。因此，我们认为梁实秋此文的结尾策略也是成功的。

二、作别语依依，"曲尽音绕梁"式：我最近在周遭的世界中又发现了另一种畜牲

> 那时候，已经是深秋了。那天晚上十点多钟从南部一个小镇的火车站上了火车开进城里，天又冷雨点又很密。大家都有点酒意。朋友说，今天晚上非去一去不可。
>
> 在翰诗德的地道车站门口还等不到计程车。雨把酒意都给搔掉了。那是一个很高尚的住宅区。酒馆没有关门，酒馆里流出来的灯光很古典。我们走了好长一段路才叫到一部计程车。开到那条路上又摸不清门牌。我们下车走了一段路才找到那幢古老的房子。树影婆娑，杂草乱石

把整个前院点缀得很伤感。

开门的就是他。我一眼看到他的手指又瘦又长又白，像钢琴的琴键。他说他们刚去参加了音乐会回来。他立即替我们弄酒。朋友说他人很健谈，很冲动。我也觉得他整个人像钢琴琴键上飞舞的手指。

地板铺上厚厚的兽皮。两间客厅，一间摆满了一壁的书，有几部是文革前内地版的书，一间厅里摆着两架大钢琴，一套软得教你一坐下来就想到梦的椅子。

喝酒抽烟的时候我们谈到文革，谈到那个翻译家的死。我们后来又谈到他的新夫人，谈到潘金莲，谈到李瓶儿，谈到南朝鲜北朝鲜。新夫人下楼的时候我们已经喝掉了半瓶威士忌。

新夫人像毕卡索写的人像。她人很长，头发很直，穿一套很松的衣服，大概是睡衣。毕卡索素描的线条总是很瘦很长。我觉得她像一盏密室中的烛光：看起来很定，其实随时会跳跃，会熄灭。

我有点担心。就像我担心他怎么有足够的英文单字去应付日常的对话一样。不过，我们的交谈马上从国语转为英语了。因为新夫人除了会说她的国家的话之外，只会说英语。当然，她的英语也并不太好。据说她在纽约待了很久。可是，因为"纽约"这两个字的发音，他们夫妇俩那天晚上几乎就翻脸了。我不知道他们两个的距离为什么会那么远。我只觉得两个不同种族的人结婚到底会有一大段距离。事实上，新夫人一下楼，我们的话题就改变了。

窗外的雨好像越来越大了。我隐约听到树叶在风中说话。我忽然想到《红楼梦》。我忽然想到黛玉的小心眼儿。我忽然觉得如果这座房子是在金陵，如果新夫人不是外国人而是中国人的话，窗外的雨声也许会很诗意。

可是，我最近听说他们已经吹了。

这是董桥《雨声并不诗意》一文的全篇，文短而内涵丰富、发人深省。尤其是结尾一句结得意味深长，让人味之再三，不禁为之称妙。

何以至此？这是作者善于运用"曲尽音绕梁"式的结尾修辞策略的结果。

所谓"曲尽音绕梁"式结尾策略，是一种不直白宣示全文主旨，而是以含蓄蕴藉的文字来暗示，接受者必须通过作者所给定的结尾文字认真体味咀嚼才能得其真意所在的结尾方式。这种结尾策略，在表达上有一种"曲尽音绕梁"，言有尽而意无穷，义生言外，发人深省，耐人寻味的效果，令人味之无穷，可以极大地调动接受者的接受兴味，从而提升表达的实际效果。因此，这种结尾策略是一种很有效的修辞策略，运用者很多。

　　通读上引董桥《雨声并不诗意》全篇，我们不难看出这篇短文的主旨是在说不同文化背景的人结婚，婚姻不易和谐长久。但是，作者在结尾时没有这样直白地点出这层意思，而是说"我最近听说他们已经吹了"，轻描淡写的一笔，仅仅说了一个听说的消息。可是，读者透过这婉转的一句结束语，再结合上段中"如果新夫人不是外国人而是中国人的话，窗外的雨声也许会很诗意"一句假设语，就不难体味出全文的深刻含义。很明显，作者上述的结尾是一种"曲尽音绕梁"式的结尾方式，结得含蓄、深沉，耐人寻味，又发人深思，可谓余味曲包，深刻隽永。

　　下面我们再看一例：

外一章

　　　除了这头猪、这头牛、这条狗，我最近在周遭的世界中又发现了另一种畜牲，它是一种二条腿的……

　　这是台湾作家吴锦发《畜牲三章》的结尾，亦采用了"曲尽音绕梁"式的模式。这篇文章除上引的所谓"外一章"作结尾外，全文分三个部分，分别写了关于"一头叛逆的猪"、"一头懦弱的牛"、"一条高贵的狗"三个故事。猪的故事是通过一头病猪的遭遇描写，意在抒写台湾农民对当局牺牲农民利益而发展工业的愤怒之情；牛的故事旨在通过写自家牛的懦弱及种种卑劣行径来暗写中国人的民族性格中的弱点；狗的故事是通过一条狗因病被主人抛弃，死也不肯躲到别人家屋檐下、不肯吃他人施舍的食物而终于活活饿死、冷死的故事，赞扬了狗的品德及其给人类的教益："狗死后不久，我便写了一封措辞强硬的辞职信给那一家最近羞辱了我的公司"，"这条狗是我生命中重要的导师，它教导了我坚持与死亡的哲学"。本来全文的标题即是"畜牲三章"，写完了三章，全文就应结束。可是作者却以上引的"外一章"作全文的结尾，说："我最近在周遭的世界中又发现了另一种畜牲，它是一种二条腿的……"那么，这二条腿的"畜牲"是什么，与前文所写的猪、牛、狗相比，又是如何呢？作者都没有给出答案，只是以省略号来处理。这种结尾，很明显是一种"曲尽音绕梁"式结尾方式。它表达的含蓄，寓意的深远，都是令人味之再三，不同人生经历的读者自会各有不同的解读。

三、空山新雨后，"清水出芙蓉"式：还是那棵老梅树，最初的梅花已经开放

> 原来我俯在摊开的先生的《野草》上做了一个秋夜的梦。
> 窗外还有雨声，秋夜的雨滴在芭蕉叶上的声音，滴在檐前石阶上的声音。
> 可是在先生的书上，我的确看到了他那颗发光的燃烧的心。

这是巴金《秋夜》一文的结尾段落。结得自然，结得质朴，却能深切地表达作者对鲁迅真挚的崇敬之情，让人感动。

那么，这是为什么？这是作者善于运用"清水出芙蓉"式结尾策略的结果。

所谓"清水出芙蓉"式结尾策略，是一种不用任何积极修辞手法而只以平实质朴的语言表而出之的结尾方式。这种结尾方式表面看去甚是平常无奇，细细体味却显"质朴真淳"，是李白所说的"清水出芙蓉，天然去雕饰"的境界。因此，这种结尾方式往往在许多文章大家手里运用得非常好。

上引巴金的文字，共有三句，作者将之与其他段落隔开，是作为一个整体来作结尾的。这三句话没有运用任何一种积极修辞手法，全是平实的叙写，行文如平湖之水，涟漪不兴，但却静水流深，读之分明见出作者对鲁迅先生的无限景仰的深情。真可谓是达到了"清水出芙蓉，天然去雕饰"的境界，是"繁华落尽见真淳"。

下面我们再看一例：

> 一阵微风吹过。"爱莲堂"前那株腊梅，蓓蕾满枝。还是那棵老梅树，最初的梅花已经开放。高高的树干，带着一丛繁密的蜡黄色梅花，伸向园子的上空，伸向一望无际的长空碧野，似乎正在向苍天诉说一个过去的故事。

这是何为《园林城中一个小庭园》一文的结尾。这篇文章是写现代文学家和著名盆景艺术家周瘦鹃醉心盆景艺术，并广受海内外名人赞赏，20世纪60年代以后由于"文革"的冲击，精心培育的名贵盆景被毁，老人为此遭受了巨大的精神打击，于1968年心碎地死去之事。故事结束，作者以上引文字为全文作结。这段文字，虽然毫无积极修辞手法的运用，只纯以平实白描的语言叙写周瘦鹃"爱莲堂"前的腊梅开放的情状，但寓意深刻，读之令人深思，具有形象隽永的情味，深具"清水出芙蓉"的韵致。

四、凝妆上翠楼，"浓抹百媚生"式：弯曲的小树，长大是否会直呢

> 这便是这班穷酸八股秀才的人生哲学，这便是穷酸才子的宗教。女诗人女词人双卿便是这个穷酸宗教里的代天下女子受苦难的女菩萨。她便是这班穷酸才子在白昼做梦时"悬想"出来的"绝世之艳，绝世之慧，绝世之幽，绝世之贞"的佳人。

这是胡适《贺双卿考》一文的结语。读之与一般的学术文章的格调意趣大相径庭，更与考证的论文风格与模式大异其趣。可是，读之却让人为之神情一振，为之拍案叫好。

那么，这是何故？只有一个解释：胡适结尾策略运用得好，他用的是"浓抹百媚生"式的结尾修辞策略。

所谓"浓抹百媚生"式结尾策略，是一种于文末刻意进行积极修辞营构，以期取得生动奇特效果的结尾方式。这种结尾策略，由于积极修辞手法运用所产生的独特效果，恰似"马屁股上放鞭炮"，于全文最后一击，往往能使接受者留下深刻的印象。所以，很多刻意追求最后一击效果的修辞者，往往都喜欢采用这种结尾策略。

上引胡适《贺双卿考》是篇考证的学术论文，按常规应该是以平实风格的语言结尾，说成："贺双卿是实无其人的，她只是穷酸秀才们杜撰出来聊以自慰的梦中佳人。"如果这样收束全文，观点结论倒是很清楚，符合学术论文的惯例。但在接受效果上肯定不及上引的结语来得生动奇特而给人印象深刻。因为上引的结语是以两个排比修辞手法组成的修辞文本，观点表述的方式奇特，突破常规，同时排比在表意上的"广文义"、"壮文势"的效果很明显，这就强化了作者结论表达的力度，给接受者的印象更为深刻些。自然，这是非常成功的结尾策略。不过，这种结尾策略只有诸如胡适这样的大家才运用得好，一般修辞者往往运用不好而坠入弄巧成拙、画虎类犬的境地。

下面我们再来看看梁实秋的手笔如何：

> 谚云："树大自直"，意思是说孩子不需要管教，小时恣肆些，大了自然会好。可是弯曲的小树，长大是否会直呢？我不敢说。

这是梁实秋散文《孩子》一文的结尾，也是采用"浓抹百媚生"式结尾策略。这篇文章全文讲了很多有关中外孩子懒、刁、泼等恶习的故事，其目的是要

说明一个主旨："孩子应该管教，不能任其恶习发展，这样才能成为有用之人。"然而，这层意思，作者却没有在全文的结尾以平实的语言直白地点出，而是以上引的文字表而出之。而上引文字是运用了"引用"、"设问"、"推避"三种修辞策略而建构的修辞文本，表达婉转而有力，发人深省，耐人寻味，明显比平实结尾效果要好得多。所以，梁实秋的这一结尾策略也是成功的。

应该指出的是，上述诸例的归类，我们每次都是以一个标准为据来进行的。如果某种结尾方式同时以不同标准、从不同角度来看，则可能同时属于两种不同的结尾方式。如上面梁实秋《孩子》一文的结尾，从是否直接宣示主旨的标准看，属于"曲尽音绕梁"式；从表现风格看，则属于"浓抹百媚生"式。其他诸例，亦应作如是观。

参考文献

［1］陈望道：《修辞学发凡》，上海教育出版社 1997 年版。

［2］黄庆萱：《修辞学》，台湾三民书局 1979 年版。

［3］沈谦：《修辞学》，台湾空中大学印行 1996 年版。

［4］沈谦：《林语堂与萧伯纳——看文人妙语生花》，台湾九歌出版社 1999 年版。

［5］倪宝元：《修辞》，浙江人民出版社 1982 年版。

［6］倪宝元主编：《大学修辞》，上海教育出版社 1994 年版。

［7］谭永祥：《汉语修辞美学》，北京语言学院出版社 1992 年版。

［8］李定坤：《汉英辞格对比与翻译》，华中师范大学出版社 1994 年版。

［9］吴礼权：《中国言情小说史》，台湾商务印书馆 1995 年版。

［10］吴礼权：《委婉修辞研究》，复旦大学博士学位论文，1997 年。

［11］吴礼权：《修辞心理学》，云南人民出版社 2002 年版。

［12］吴礼权：《传情达意：修辞的策略》，吉林教育出版社 2004 年版。

［13］吴礼权：《现代汉语修辞学》，复旦大学出版社 2006 年版。

［14］胡裕树主编：《现代汉语》（增订本），上海教育出版社 1999 年版。

［15］朱东润主编：《中国历代文学作品选》（上编第二册），上海古籍出版社 1979 年版。

［16］朱东润主编：《中国历代文学作品选》（中编第二册），上海古籍出版社 1982 年版。

［17］张拱贵主编：《汉语委婉语词典》，北京语言文化大学出版社 1996 年版。

［18］汪国胜等编：《汉语辞格大全》，广西教育出版社 1993 年版。

［19］温湲主编：《艺林妙语》，上海文艺出版社 1995 年版。

［20］王得后、钱理群编：《鲁迅杂文全编》，浙江文艺出版社 1996 年版。

［21］《辞海》（缩印本），上海辞书出版社 1990 年版。

［22］《现代汉语词典》（修订本），商务印书馆 1997 年版。

后 记

　　我们都知道，人是动物，但人是高级动物。之所以高级，就在于人有语言。有了语言，人们相互之间才可以交流思想，沟通感情；有了语言，人类才可以协同行动，促进社会发展；有了语言，人类思想文化科技成果才得以传承，人类社会才得以快速发展。

　　我们也知道，只要是正常的人，一般来说都具备语言能力，都能将自己的思想或情感用语言传达出来。但是，我们都不得不承认，有语言能力并不意味着每个人都能将自己的思想或情感准确、圆满地表达出来。事实上，日常生活中言不达意或把话说反说糟的人比比皆是，至于准确、圆满、有效地将自己的思想感情表达出来并产生良好的效果，让接受者愉快地接受或留下深刻难忘的印象，实在不是一件容易的事。要想把话说好，就需要掌握一定的语言运用规律，即有效提高说写效果的相关语言表达策略。

　　那么，有效的语言表达策略有哪些呢？这就是本书所要探讨和向读者介绍的内容。台湾学者沈谦教授说："中华民族有两样绝活：美食与美辞。"中国人钟情于美食，闻名于世；中国人讲究美辞，众所周知。早在先秦时代，大圣人孔子就有名言："言之无文，行而不远"；《周易·系辞上》有云："鼓天下之动者，存乎辞"；荀子则说："言语之美，穆穆皇皇"；汉代学者刘向《说苑》则提出了这样一个口号："辞不可不修，说不可不善"；南朝梁文学理论家刘勰《文心雕龙·论说》说得更是煽情："一人之辩，重于九鼎之宝；三寸之舌，强于百万之师。"这些说法，并不都是夸大其词，本书引言部分的论述，也证实了这些先哲所言极是。中国的历代先哲不仅深刻地认识到注意表达策略的重要性，而且很多人都躬行实践，创造了很多精妙的语言文本，他们成功的语言表达策略是值得我们学习与借鉴的。

　　正是基于这一认识，本书精选历代先哲和当代时贤运用表达策略非常成功的语言文本为对象，进行了分析概括，归纳出十一类语言表达策略运用模式。每一模式之下统辖相关几种常用有效的语言表达策略（因篇幅所限，不可能周遍），运用典型的文本作为分析对象，力图深入浅出地阐释各文本的精义奥蕴所在，以修辞学、心理学等基本原理为利器，讲述各文本运用表达策略成功的学理，希望以此让读者知其然，更知其所以然，由此可以活学活用，学以致用，立竿见影，迅速有效地提高自己的语言表达水平，使自己的思想情感表达更圆满，使自己的言说更精彩动人，使自己的文章魅力无穷。

本书理论上除了借鉴前贤的一些修辞学理论见解外，更主要的是源于笔者的《修辞心理学》（日本世川良一基金课题项目）和《现代汉语修辞学》（教育部高校教材改革项目）的最新心得体会。本书的写作预设目标是中等文化程度的大众读者群，所以，书中对于所引用分析的古代作品，都以通俗浅显且生动的语言随文而作化解，读者即使阅读古代文言有障碍而跳过文言引例不读，也丝毫不影响阅读的完整性，这是基于对广大不熟悉文言作品的读者而作的现实考虑和写作安排。尽管本书的写作目标是将学术著作通俗化、大众化、轻松化，但在学术规范上仍不想放弃应有的原则，即对于所引用的前贤时贤学术观点，即使是半句话或几个字，也要在行文中注明。对于书中用到的例证，原则上采用笔者自己搜集的第一手资料，如果有必要采用他人用过的典范例证，一般也要去重新查对复核，并补全前后文，以避免重新出现前人断章引用所出现的阐释偏差。对于少数一时无从查对复核的语料则在文内以相关形式表明。这是对他人语料搜集工作的尊重。一般著作转用资料不作交代，我个人认为应该交代，这是我个人的理念，我自己也这样坚持着。对于其他按体例无法注解的，如历史人物生卒年月及生平简况叙述之类，则落实在全书开列的参考文献及资料上。对于引用到的笔者自己在其他著作中所提出的观点，同样予以注明，绝不因为是自己的观点就理所当然地不加注明，因为是自己的不同著作，自然是应该注解明确的。上述这些，普通读者可能觉得太过于拘泥学术著作的老套，有些"八股腔"，与本书意在通俗化、大众化、轻松化的预设目标有些不协调，好像还未脱离学术著作的刻板形式，有些乏味无趣。其实，这样做，并未影响到读者的阅读，所以权衡再三，我觉得还是这样做比较好。希望读者不至于因为我的理念和坚持而减少阅读的兴味，也希望读者由这本小书得到启发，能够在说写表达中自觉地运用相关表达策略，使自己的表达确能更上一层楼。若此，则这本小书的预设目标即已达到，吾愿亦足矣！

这本小书的写作缘起是这样的，2000 年 11 月国家广播电视总局、中国广播电视学会、主持人节目研究委员会在上海举办了一次"全国广播电视节目主持人充电班"，承蒙上海电视台著名节目主持人叶惠贤先生推荐和国家广播电视总局武颖女士的邀请，我给学员们作了一次题为"语言表达策略与语言接受心理"的讲座。课后，这些电视"名嘴"的学员们都希望我将讲稿复印给他们，由于讲稿写得匆忙，也不完整，很多东西都是讲课时即兴所发挥的，要复印给这些电视"名嘴"们似乎应该每句话每个观点都要经得起推敲，我是学者出身，专业的训练使我自然而然地要保持学者的严谨，所以就许诺他们，等我改好后出版面世，届时大家可以批评指正。其实，我当时说这话时压根儿就是敷衍大家，根本没考虑要将此讲稿修改出版面世。但我这人似乎天生的不适合说谎，哪怕是"善意的谎言"，说完此话回家就感到心里不安，就自怨起自己为什么不实话实说，讲究什么"表达的策略"，这下把自己给绕进去出不来了。于是，就弄假成真，想真的把这篇讲演稿修改成书面世。可是，当时手头还有别的学术著作在写，妻子蒙益正身怀六甲，2001 年 2 月 28 日我们的儿子降生，自然事情就陡然添了不少。不过幸亏有岳父母帮助，我还可以继续我的研究和正常工作，所以就时不时地想起那话题，要将讲义变成著作。这念头难以打消，正如钱钟书先生在《围城》中所作的一个比喻：想打消已起的念头比打胎还难。所以，我就想办法今年一定要安排出一些时间完成这一心愿，不要做空口许诺的人，也不要让自己心里不安。正好今年 9 月间，恰逢上海文化出版社社长郝铭鉴先生要编一套语言类丛书，郝先生是有名的出版家，非常有眼光，常常能策划出特别成功的书系，这次承蒙他信任，给了我这次难得的机会，真是大出意外。于是我就排除万难，终于鼓足勇气写起来，且答应于今年 11 月底前交稿。

我之所以一定要写这本小书，细究起来，原因有二：一是要了却心愿，不要因念头难释而备受心理折磨；二是想写点轻松的东西以纾解一下多年来一直纠缠于所谓的"学术著作"写作而产生的疲惫感，因为我已出版了十余部学术专著，写得有点沉闷了，就像吃多了西餐大菜或山珍海味，突然想吃点咸菜泡饭。还有，我在读研究生时（那已是遥远的 20 世纪 80 年代末的事了）曾写过一本叫《言辩的智慧》的小书，前后印了多次，据说大陆版发行了近五万册，后又将版权卖给了台湾，在台湾发行得也相当成功。那本小书就是以轻松笔触来写中国古代先哲的语言智慧的，根据发行情况和受人欢迎的程度来看，似乎是颇为成功的。尽管有此"前科"经验，但毕竟是写惯了"八股式"的学术论著，又是过了十多年，现在一切都变了，心境也不同了。当时做学生是一无所有，所以一无所惧，敢下笔，也放得开，如今再次"作奸犯科"，未必就能超过十多年前做学生的自己。所以，对于这本《语言策略秀》是否能写得成功，心里很是打鼓。由于经历、处境、心境等的改变，这次再操笔写这本轻松的通俗读物的过程中时时感到"心有余而力不足"，写得并不十分顺手，所以写出来的这本小玩意儿就有点像旧式女人的小脚放大脚的情形，又像是旧时的正经太太要学姨太太的时髦装束，显得有些扭怩而不自然。希望读者诸君海涵，下次若有机会再写这类书，我一定努力写得像样点，不让读者太失望，至少能让大家从中获取点阅读的快慰。从现在开始我就加油吧！

吴礼权
2001 年 11 月 15 日于复旦园

增订版后记

去年 10 月底，我刚从台湾回来，突然接到上海文化出版社编辑林爱莲女士电话，说要再版我 2002 年出版的一本名曰《妙语生花：语言策略秀》的小书，问我有没有兴趣作些增订。其时，我正夜以继日地忙着对即将出版的《中国修辞史》一书作最后的修改，同时还要为这部书的结项工作做必要的准备，因为它有幸成为上海市哲学社会科学重大课题项目。尽管如此，我听到林爱莲女士说给我修订的机会，还是一口答应了下来。

这本小书成稿于 2001 年底，出版于 2002 年 9 月。面世后，读者反应还算不错。在互联网上，既可时常看到一些网上书店介绍叫卖这本小书的，也可看到不少网站的网页将书中的某些章节摘引转载以供大家欣赏的（可以肯定这是违反知识产权的行为）。在大学校园里，也能时常看到一些学生在传看这本小书。记得 2002 年上半年，我在复旦大学给学生开设《语言策略研究》时，我在上面讲，却见一些学生在桌子底下看这本书。被我发现后，他们就从容、大方地拿出来"秀"给我看，并说非常欣赏我在书中的表述方式，对书中辅以插图的方式也倍加欣赏。大概因为这种种原因的促成吧，这本小书面世几个月内，便又有了一次加印的机会。

正当我深受鼓舞，心中暗自庆幸心力没有白费之时，2003 年暑假期间，吉林教育出版社副社长张景良先生从东北飞往上海，找到我，跟我商量，希望我也能为他们出版社写一本类似于《妙语生花：语言策略秀》的普及读物。我当时非常犹豫，认为自己其实还不具备这种实力，因为能写好普及读物的，其实应该是学术大师一类的人物，在我这个年龄（未届不惑之年）是不敢下笔的。张社长跟我是多年的老朋友，曾有多次学术著作出版的合作，他就拿上海文化出版社给我出的《妙语生花：语言策略秀》来鼓励我。后来，张社长又两次带着出版社的意见专程飞来上海。这样，我就感动地欣然答应了，并略略谈了一下写作计划，拟了几个可供参考的题目。结果，吉林教育出版社的领导，从社长到总编，一致赞成这个计划，并要给我出一套，首批三本，分别是《传情达意：修辞的策略》、《能说会道：表达的艺术》、《口若悬河：演讲的技巧》，总名为"中华语言魅力丛书"，也采用上海文化出版社所出的《妙语生花：语言策略秀》的方式，辅以插图。由于有了写《妙语生花：语言策略秀》的经验，我自己又有数百万字的语料库，所以经过近半年的努力，终于完成了任务。2004 年 1 月底，这套风格与《妙语生花：语言策略秀》相近的丛书便出版面世了。出版不久，让我始料不及的是，它不仅得到了学术界的肯定（国家教育部语用研究所研究员、著名语言学家陈建民先生还专门撰文予以评论，极力赞赏），而且也得到了读者的广泛欢迎。2004 年 3 月，吉林教育出版社在上海书城为此套丛书开了一个发布会，上海书城也邀请我为读者作了一次讲座与签售。结果，听者踊跃，讲堂站坐全满，签售场面颇为热烈。购书的除了青年学生外，还有不少中年妇女与老人，说是买给自己孩子读的。

写完了这套丛书三本后，我因另有学术研究课题任务，后续的几本就搁下了。之后，我又应日本京都外国语大学之请前往日本，从 2005 年 3 月至 2006 年 3 月，担任为期一年的专任教授，进行教学与研究合作。从此，不仅将续写丛书之想抛到了九霄云外，而且也压根儿不再想以前所写的那套丛书到底怎么样了。不意，2006 年 1 月，当我正在日本过新年时，吉林教育出版社的张景良先生给我发邮件，告诉我说，我的那套丛书得了 2005 年度吉林省最高图书奖——长白山优秀图书一等奖。2006 年 8 月，我应吉林大学文学院之邀，担任"第二届汉语词汇学国际学术会议"大会主席之一，前往长春出席会议。其间，吉林教育出版社领导获知，全体社领导宴请我，并告诉我另外一个消息："中华语言魅力丛书"又获奖了，被评为吉林省最受读者欢迎的十本书。听到这个消息，我既感欣慰，从心底感激吉林教育出版社，又由此及彼，饮水思源地想到了上海文化出版社。

因为如果没有当初上海文化出版社给我机会，没有总编郝铭鉴先生与责编林爱莲女士的支持，也就没有这本《妙语生花：语言策略秀》的问世；而没有这本书的问世，也就没有吉林教育出版社"中华语言魅力丛书"三种的问世。而今，上海文化出版社又给了我增订这本小书的机会，自然更让我感动不已。正因为如此，接到责编林爱莲女士的电话后，我就立即抛开琐务，着手修改增订之事。经过近两个月的努力，现在总算完成。

下面我就将这次增订的部分，向新老读者作个说明。原书旧有的六章，内容基本保持不动，只是略略更换了一些新例证与新材料。另外，在每一章的起首部分增加了一段类似"引言"的文字，以对全章内容作一简约的介绍与说明。增订的重点是第七章至第十一章，完全是这次新写的，当然也融入了我近年来研究的心得。所谈的内容，分别是"炼字（遣词）的策略"、"句子锻选的策略"、"段落衔接的策略"、"篇章起首的策略"、"篇章结尾的策略"。这五个部分虽然与写作关系更为密切，但也与口语表达密不可分。众所周知，口语表达与书面写作，其实只是表达的工具不同，一个用嘴巴、用声音，一个用纸笔、用文字而已。两者想要达到预期的表达效果，都是需要讲究语言策略的，而且所要讲究的语言策略也是共通的。这本小书本来就是兼顾口语表达与书面写作的，因此，这五个部分无论如何是要涉及的。不然，就有不完整的缺憾。事实上，这本小书自从 2002 年面世之后，就不断有朋友与读者跟我提到了这一点，这也是我这次要增加后五章的缘由所在。

值此小书再版之际，衷心感谢上海文化出版社给我的这次机会！感谢上海文化出版社领导及出版社相关同仁的大力支持！感谢责编林爱莲女士辛勤的工作。林女士与我同是复旦的校友，而且还是中文系的系友。从辈分上说，她是我的前辈与学长。这次增订，林女士给了我很多建设性意见，让我受益匪浅。如果读者朋友觉得这次增订的部分有什么可取之处，那是应该归功于林爱莲女士的；如果增订得不好，那完全是我自己未能领会林女士意思的结果，怪我悟性太差，修改不力。

最后，衷心感谢一切关爱我、支持我的所有学界前辈、时贤！衷心感谢读过我的这本小书以及其他学术著作的一切读者朋友多年来对我的支持与鼓励！有了大家的支持、厚爱、鼓励，才有我今天的一点点进步。

吴礼权
2007 年 1 月 10 日于复旦园

再版后记

这本名曰《语言策略秀》的小书，初版名曰《妙语生花：语言策略秀》，于2002年9月由上海文化出版社出版。之后加印过多次，印数达数万册，读者反响相当好。所以，2007年上海文化出版社主动提出让我增订一下，补充一些内容，使之更完善。当时，我的《现代汉语修辞学》刚由复旦大学出版社出版不久，其中就有专门的章节谈到炼字、锻句、开头、结尾的修辞策略等内容。于是，根据多年来读者的反馈意见，就将增订的重点放在这几个部分。这样便有了增订本的第七章至第十一章，即"炼字（遣词）的策略"、"句子锻选的策略"、"段落衔接的策略"、"篇章起首的策略"、"篇章结尾的策略"等五章。这是结合《现代汉语修辞学》中与此相关的章节内容，融入我当时最新的研究心得，进行加工提炼而成的，在文字上力求生动活泼，深入浅出，以符合普及读物的要求。增订工作完成于2007年底，2008年6月由上海文化出版社出版发行。事实证明，这几个部分增加进去后，确实为全书增添了亮色，使内容架构更趋合理。所以，出版后颇受好评。

2011年3月，我突然收到香港商务印书馆编辑毛永波先生的电子邮件。我与毛先生在复旦大学读硕士时是前后届，将近二十年没有联系了。因此，突然收到他的来函，吃了一惊，不知他如何知道我的联络方式。但经过电子邮件一来二往，终于了解到他早由北京商务印书馆调到了香港商务印书馆。这次来函联络，是因为他读到了我的许多学术著作及相关的学术随笔，并了解到其在读书界的反响。他一口气举出了香港商务印书馆要引进版权的许多书目，最终因为许多想引进的书目的版权期限未到，我暂时无法授权。最后，经过反复考虑，我挑了一本版权期限将到的《语言策略秀》，将其繁体字的版权授权给了香港商务印书馆。香港商务印书馆将之改名为《中文活用技巧：妙语生花》重新编排，于2012年3月在香港出版发行。出版半年后，香港商务印书馆会计科跟我结算版税收入，仅半年就销售掉一千多册。这在香港这种弹丸之地，实在不是一个小数目了。前不久，看《文汇报》上一位香港作家介绍说，去年刚获得诺贝尔文学奖的莫言，其小说在20世纪80年代引进到香港后，直到他获奖之前的几十年时间，才卖出几百本而已。可见，香港的读书市场是多么小。我的这本小书进入香港书市能有如此成绩，实在让我受宠若惊，深受鼓舞。之后，我又将几本版权期限将到的书授权给了香港商务印书馆，现在正在编辑出版之中。

当暨南大学出版社人文编辑室主任杜小陆先生了解到这些信息后，问我这本小书的简体字版权有没有授权别的出版社，我告知没有。于是，我们便约定将其授权给暨南大学出版社。这次重版，我没有时间对其进行再修订，等积累了一定量的读者反馈意见后，再抽时间予以修订。

最后，衷心感谢暨南大学出版社领导的大力支持！衷心感谢暨南大学出版社人文编辑室主任杜小陆先生的建议与支持！衷心感谢本次再版本的责任编辑杜小陆先生与周明恩先生和校对黄斯女士的辛勤劳动。

吴礼权

2013 年 3 月 12 日

吴礼权主要学术论著一览

一、主要学术著作

1. 《游说·侍对·讽谏·排调：言辩的智慧》（专著），浙江人民出版社，1991 年 10 月版。

2. 《中国历代语言学家评传》（合著），复旦大学出版社，1992 年 1 月版。

3. 《世界百科名著大辞典·语言卷》（合著），山东教育出版社，1992 年 11 月版。

4. 《中国智慧大观·修辞卷》（专著），浙江人民出版社，1993 年 8 月版。

5. 《言辩的智慧》（繁体版，专著），台湾国际村文库书店，1993 年 8 月版。

6. 《中国笔记小说史》（繁体版，专著），台湾商务印书馆，1993 年 8 月版。

7. 《中国言情小说史》（专著），台湾商务印书馆，1995 年 3 月版。

8. 《中国修辞哲学史》（专著），台湾商务印书馆，1995 年 8 月版。

9. 《中国语言哲学史》（专著），台湾商务印书馆，1997 年 1 月版。

10. 《中国笔记小说史》（简体版，专著），（北京）商务印书馆，1997 年 8 月版。

11. 《公关语言学》（合著），北京工业大学出版社，1998 年 3 月版。

12. 《中国现代修辞学通论》（专著），台湾商务印书馆，1998 年 7 月版。

13. 《阐释修辞论》（合著，并列第一作者），首都师范大学出版社，1998 年 7 月版。

14. 《中国修辞学通史·当代卷》（合著，第一作者），吉林教育出版社，1998 年 9 月版。

——获第三届陈望道修辞学奖二等奖（最高奖），2000 年 3 月；第十二届"中国图书奖"，2000 年 11 月。

15. 《修辞心理学》（专著），云南人民出版社，2002 年 1 月版。

——获复旦大学 2003 年度"微阁中国语言学科奖教金"著作二等奖，2003 年 9 月。

16. 《妙语生花：语言策略秀》（专著），上海文化出版社，2002 年 9 月版。

17.《修辞的策略》（专著），吉林教育出版社，2004年1月版。

——获2005年吉林省长白山优秀图书一等奖（吉林省政府奖）；吉林省首届"新华杯"读书节读者最喜爱的十种吉版图书，2006年12月；吉林省新闻出版奖图书精品奖，2007年1月。

18.《表达的艺术》（专著），吉林教育出版社，2004年1月版。

——获2005年吉林省长白山优秀图书一等奖（吉林省政府奖）；吉林省首届"新华杯"读书节读者最喜爱的十种吉版图书，2006年12月；吉林省新闻出版奖图书精品奖，2007年1月。

19.《演讲的技巧》（专著），吉林教育出版社，2004年1月版。

——获2005年吉林省长白山优秀图书一等奖（吉林省政府奖）；吉林省首届"新华杯"读书节读者最喜爱的十种吉版图书，2006年12月；吉林省新闻出版奖图书精品奖，2007年1月。

20.《中国历代语言学家》（合著），上海文化出版社，2004年2月版。

21.《大学修辞学》（合著），福建人民出版社，2004年10月版。

22.《假如我是楚霸王：评点项羽》（专著），台湾远流出版公司，2005年6月版。

23.《古典小说篇章结构修辞史》（专著），台湾商务印书馆，2005年12月版。

24.《现代汉语修辞学》（专著），复旦大学出版社，2006年11月版。

25.《语言学理论的深化与超越》（主编），云南人民出版社，2007年1月版。

26.《20世纪的中国修辞学》（合著），中国人民大学出版社，2007年12月版。

——获上海市第十届哲学社会科学优秀成果奖（2008—2009）著作三等奖。

27.《中国修辞史》（副主编，下卷第一作者），吉林教育出版社，2007年4月版。

——获2007年国家新闻出版总署"第一届中国出版政府奖图书奖提名奖"；2008年上海市第九届哲学社会科学优秀成果著作类二等奖；2010年全国"高等学校科学研究优秀成果奖（人文社会科学）"一等奖。

28.《委婉修辞研究》（专著），山东文艺出版社，2008年4月版。

29.《语言策略秀》（增订本）（专著），上海文化出版社，2008年6月版。

30.《名句经典》（专著），吉林教育出版社，2008年6月版。

——获第二届吉林省新闻出版奖精品奖，2010年1月。

31.《中国经典名句小辞典》（专著），吉林教育出版社，2008年8月版。

32.《中国经典名句鉴赏辞典》（专著），吉林教育出版社，2009年7月版。

33.《表达力》（专著），台湾商务印书馆，2011年8月版。

34.《清末民初笔记小说史》（专著），台湾商务印书馆，2011年8月版。

35.《现代汉语修辞学》（修订版）（专著），复旦大学出版社，2012年6月版。

36.《中文活用技巧：妙语生花》（专著），香港商务印书馆，2012年3月版。

37.《远水孤云：说客苏秦》（长篇历史小说），简体版，云南人民出版社，2011年9月版；繁体版，台湾商务印书馆，2012年6月版。

38.《冷月飘风：策士张仪》（长篇历史小说），简体版，云南人民出版社，2011年11月版；繁体版，台湾商务印书馆，2012年6月版。

二、主要学术论文

1.《试论孙炎的语言学成就》，核心期刊《古籍研究》1987年第4期。

2.《试论汉语委婉修辞格的历史文化背景》，核心期刊《修辞学习》1987年第6期。

3.《中国现代史上的广东语言学家》（合作），《岭南文史》1988年第1期。

4.《试论古汉语修辞中的层次性》，《淮北煤炭师范学院学报》1988年第4期。

5.《"乡思"呼唤着"月夜箫声"——香港诗人杨贾郎〈乡思〉〈月夜箫声〉赏析》，《语文月刊》1988年第5期。

6.《中国哲学思想在汉语辞格形成中的投影》，《营口师专学报》1989年第1期。

7.《试论吴方言数词的修辞色彩》，《语文论文集》，上海百家出版社，1989年10月版。

8.《试论黄遵宪的诗歌创作与成就》，《岭南文史》1990年第2期。

9.《〈经传释词〉在汉语语法学上的地位》（合作），核心期刊《复旦学报》1991年第1期；中国人民大学《语言文字学》1991年第1期转载。

10.《〈西湖二集〉：一部值得研究的小说》，核心期刊《明清小说研究》1991年第2期。

11.《情·鬼·侠小说与中国大众文化心理》，核心期刊《上海文论》1991年第4期。

——获"第一届全国青年优秀社会科学成果奖"优秀论文奖（中国社会科

学院），1994 年 11 月。

12.《点化名句的艺术效果》，《学语文》1992 年第 4 期。

13.《情真意绵绵，绮思响"雨巷"——谈戴望舒〈雨巷〉一诗的修辞特色》，核心期刊《修辞学习》1992 年第 5 期。

14.《回顾·反思·展望——复旦大学组织全国部分青年学者关于中国修辞学研究的过去现状及未来的讨论综述》，《鞍山师范学院学报》1993 年第 4 期。

15.《语言美学发轫》，综合类核心期刊《复旦学报》1993 年第 5 期。

16.《汉语外来词音译艺术初探》，核心期刊《修辞学习》1993 年第 5 期。

17.《论〈文则〉在中国修辞学史上的地位》，《鞍山师范学院学报》1994 年第 2 期。

18.《汉语外来词音译的特点及其文化心态探究》，综合类核心期刊《复旦学报》1994 年第 3 期。

19.《旧学商量加邃密，新知培养转深沉——评王希杰新著〈修辞学新论〉》，核心期刊《修辞学习》1994 年第 3 期。

20.《试论赋的修辞特点》，核心期刊《修辞学习》1995 年第 1 期。

21.《先秦时代中国修辞哲学论略》，核心期刊《上海文化》1995 年第 2 期。

22.《试论汉语委婉修辞手法的范围》，《南昌大学学报》1995 年第 3 期。

23.《关于中国修辞学发展的历史分期问题》，核心期刊《修辞学习》1995 年第 3 期；中国人民大学《语言文字学》1995 年第 10 期转载。

24.《王引之〈经传释词〉的学术价值》，核心期刊《古籍整理研究学刊》1995 年第 4 期；中国人民大学《语言文字学》1996 年第 4 期转载。

25.《修辞结构的层次性与修辞解构的层次性》，《延边大学学报》1995 年第 4 期；中国人民大学《语言文字学》1996 年第 4 期转载。

26.《两汉时代中国修辞哲学论略》，综合类核心期刊《江淮论坛》1995 年第 5 期；中国人民大学《语言文字学》1996 年第 2 期转载。

27.《〈经传释词〉对汉语语法学的贡献》，《中西学术》（第 1 辑），学林出版社，1995 年 6 月版。

28.《创意造言的艺术：苏轼与刘攽的排调语篇解构》，台湾《国文天地》1995 年第 11 卷第 6 期（总第 126 期）。

29.《旧瓶装新酒：一种值得深究的语言现象》，香港《词库建设通讯》1995 年第 4 期（总第 6 期）。

30.《改革开放与汉语的发展变化学术研讨会综述》，1995 年 11 月《上海社联年鉴》。

31.《〈经传释词〉之"因声求义"初探》，核心期刊《古籍研究》1996 年第 1 期。

——获 1998 年上海市（1996—1997 年度）哲学社会科学优秀成果奖三等奖。

32.《谐译：汉语外来词音译的一种独特型态》，《长春大学学报》1996 年第 1 期。

33.《英雄侠义小说与中国人的阿 Q 精神》，台湾《国文天地》1996 年第 11 卷第 8 期（总第 128 期）。

34.《论修辞的三个层级》，《云梦学刊》1996 年第 1 期。

35.《音义密合：汉语外来词音译的民族文化心态凸现》，《西安外国语学院学报》1996 年第 2 期。

36.《咏月嘲风的绝妙好辞——晏子外交语篇的文本解构》，核心期刊《修辞学习》1996 年第 2 期。

37.《论汉语外来词音译的几种独特型态》，《雁北师范学院学报》1996 年第 4 期。

38.《触景生情的语言机趣——陶縠与钱俶外交语言解构》，台湾《国文天地》1996 年第 12 卷第 6 期（总第 138 期）。

39.《〈语助〉与汉语虚词研究》，《平原大学学报》1996 年第 4 期。

40.《关于〈声类〉的性质与价值》，核心期刊《古籍整理研究学刊》1996 年第 6 期。

41.《论夸张的次范畴分类》，核心期刊《修辞学习》1996 年第 6 期。

42.《新世纪中国修辞学的发展和我们的历史使命》，综合类核心期刊《复旦学报》1997 年第 1 期。

43.《论委婉修辞生成与发展的历史文化缘由》，核心期刊《河北大学学报》1997 年第 1 期。

44.《清代语言学繁荣发展原因之探讨》，《云梦学刊》1997 年第 1 期；中国人民大学《语言文字学》1997 年第 8 期转载。

45.《论中国修辞学研究今后所应依循的三个基本方向》，核心期刊《修辞学习》1997 年第 2 期；中国人民大学《语言文字学》1997 年第 6 期转载。

46.《80 年代以来中国修辞学理论问题争鸣述评》，《黄河学刊》1997 年第 2 期。

47.《论委婉修辞的表现形式与表达效应》，核心期刊《湘潭大学学报》1997 年第 3 期。

48.《中国修辞哲学论略》，核心期刊《云南师范大学学报》1997 年第 4 期。

49.《论夸张表达的独特效应与夸张建构的心理机制》，核心期刊《扬州大学学报》1997 年第 4 期。

50.《训诂学居先兴起原因之探讨》，《语文论丛》（第 5 辑），上海教育出版社，1997 年 6 月版。

51.《语言美学的建构与修辞学研究的深化》（第一作者，与宗廷虎教授合作），核心期刊《修辞学习》1997 年第 5 期。

52.《"夫人"运用的失范》，核心期刊《语文建设》1997 年第 6 期。

53.《论〈马氏文通〉在中国语言学史上的地位》，《江苏教育学院学报》1998 年第 1 期。

54.《论委婉修辞生成的心理机制》，核心期刊《修辞学习》1998 年第 2 期。

55.《论孔子的修辞哲学思想》，《雁北师范学院学报》1998 年第 3 期。

56.《"水浒"现象与历史变迁》，《人民政协报》1998 年 4 月 27 日第 3 版《学术家园》。

57.《二十世纪中国现代修辞学发展的省思》，核心期刊《社会科学》（上海）1998 年第 5 期。

58.《修辞心理学论略》，综合类核心期刊《复旦学报》1998 年第 5 期；中国人民大学《心理学》1998 年第 11 期转载。

59.《中国现代修辞学研究走向语言美学建构的历史嬗变进程》，核心期刊《云南师范大学学报》1998 年第 6 期。

60.《二十世纪的汉语修辞学》（与宗廷虎教授合作），北京大学百年校庆丛书《二十世纪的中国语言学》，北京大学出版社，1998 年 6 月版。

61.《关于中国修辞学发展的历史分期及各个时期研究成就的估价问题》，《郑子瑜〈中国修辞学史稿〉问世十周年纪念论文集》（宗廷虎教授主编），中国社会出版社，1998 年 2 月版。

62.《潘金莲形象的意义》，台湾《古今艺文》1998 年第 25 卷第 1 期。

63.《进一步沟通海峡两岸的修辞学研究》，核心期刊《修辞学习》1998 年第 4 期。

64.《吴方言数词的独特语用效应》，《修辞学研究》（第 8 集），南海出版公司，1998 年 6 月版。

65.《中国风格学源流研究的理论与实践意义》，核心期刊《湘潭大学学报》1998 年第 6 期。

66.《语言理论新框架的建构与 21 世纪中国语言学的发展》，云南省一级学术期刊《学术探索》1999 年第 1 期。

67.《修辞学转向与现代语言学理论》，核心期刊《修辞学习》1999 年第 2 期。

68.《论夸张》,《第一届中国修辞学学术研讨会论文集》,台湾师范大学,1999 年 6 月版。

69.《论修辞文本建构的基本原则》,核心期刊《扬州大学学报》1999 年第 2 期。

70.《平淡情事艺术化的修辞策略》,《徐州师范大学学报》1999 年第 2 期。

71.《修辞主体论》,《锦州师范学院学报》1999 年第 2 期。

72.《方言研究:透视地域文化的重要途径》,云南省一级学术期刊《学术探索》1999 年第 3 期。

73.《〈请读我唇〉三人谈》(与宗廷虎教授、陈光磊教授合作),核心期刊《语文建设》1999 年增刊。

74.《看文人妙笔生花,让生命得到舒畅——评沈谦教授〈林语堂与萧伯纳〉》,台湾《中国语文》1999 年第 4 期(总第 508 期)。

75.《修辞学研究新增长点的培植与催化》(与宗廷虎教授合作),核心期刊《修辞学习》1999 年第 4 期。

76.《借代修辞文本建构的心理机制》,全国人文和社会科学核心期刊《云南师范大学学报》1999 年第 6 期;《高等学校文科学报文摘》2000 年第 2 期选摘。

77.《论中国现代修辞学发展嬗变之历程(上)》,日本京都外国语大学《研究论丛》第 54 号(1999 年)。

78.《〈金瓶梅〉的语言艺术》,《经典丛话·金瓶梅说》,江西教育出版社,1999 年 1 月版。

79.《中国古典言情小说模式与中国传统文化心理》,台湾《国文天地》2000 年第 1 期(总第 181 期)。

80.《论中国现代修辞学发展嬗变之历程(下)》,日本京都外国语大学《研究论丛》第 55 号(2000 年)。

81.《评黎运汉著〈汉语风格学〉》(与宗廷虎教授合作),《文汇读书周报》2000 年 12 月 9 日第 2 版。

82.《论比拟修辞文本的表达与接受心理》,《深圳教育学院学报》2000 年第 2 期。

83.《照花前后镜,花面交相映——论中国文学中的双关修辞模式》,台湾《国文天地》2000 年第 4 期(总第 184 期)。

84.《委婉修辞的语用学阐释》,《语文论丛》(第 6 辑),上海世纪出版集团·上海教育出版社,2000 年 9 月版。

85.《修辞学研究的深化与修辞学教材的改革创新》,核心期刊《修辞学习》

2001 年第 1 期。

86. 《比喻修辞文本的心理分析》，《平顶山师专学报》2001 年第 3 期。

87. 《论精细修辞文本的心理机制》，《锦州师范学院学报》2001 年第 3 期。

88. 《异语修辞文本论析》，核心期刊《修辞学习》2001 年第 4 期。

89. 《语言的艺术：艺术语言学的建构》，核心期刊《云南师范大学学报》2001 年第 5 期。

90. 《论旁逸修辞文本的建构》，《湘潭师范学院学报》2001 年第 5 期。

91. 《论拈连修辞文本》，《湖北师范学院学报》2001 年第 4 期。

92. 《论结尾的修辞策略》，《江苏教育学院学报》2002 年第 1 期。

93. 《顶真式衔接：段落衔接的一种新模式》，核心期刊《修辞学习》2002 年第 2 期。

94. 《论顶真修辞文本的类别系统与顶真修辞文本的表达接受效果》，《平顶山师专学报》2002 年第 4 期。

95. 《论锻句与修辞》，《锦州师范学院学报》2002 年第 5 期。

96. 《吞吐之间，蓄意无穷——留白的表达策略》，台湾《国文天地》2002 年第 18 卷第 3 期（总第 207 期）。

97. 《关于建立言语学的思考》（合作），核心期刊《长江学术》（第 3 辑），长江文艺出版社，2002 年 11 月版。

98. 《论事务语体的修辞特征及其修辞基本原则》，《平顶山师专学报》2003 年第 1 期。

99. 《从统计分析看"简约"与"繁丰"的修辞特征及其风格建构的原则》，核心期刊《修辞学习》2003 年第 2 期。

100. 《与时俱进：语言学由理论研究走向应用研究的意义》，《楚雄师范学院学报》2003 年第 2 期。

101. 《基于计算分析的法律语体修辞特征研究》，核心期刊《云南师范大学学报》2003 年第 6 期。

102. 《论学习修辞学的意义》，《平顶山师专学报》2004 年第 1 期。

103. 《论起首的修辞策略》，核心期刊《湖南科技大学学报》2004 年第 2 期。

104. 《论口语体的基本修辞特征和修辞基本原则》，《语文论丛》（第 8 辑），上海世纪出版集团·上海教育出版社，2004 年 1 月版。

105. 《平淡风格与绚烂风格的计算统计研究》，核心期刊《云南师范大学学报》2004 年第 2 期。

106. 《韵文体刚健风格与柔婉风格的计算研究》，《湖北师范学院学报》

2004 年第 3 期。

107.《庄重风格与幽默风格的计算统计研究》,《渤海大学学报》2004 年第 5 期。

108.《中国修辞学：走出历史偏见和现实困惑》,核心期刊《福建师范大学学报》2004 年第 6 期。

109.《从〈汉语修辞学〉修订本与原本的比较看王希杰教授修辞学的演进》,《修辞学新视野》,中国文联出版社,2004 年 12 月版。

110.《从计算分析看文艺语体的修辞特征及其修辞基本原则》,《修辞学论文集》(第七集),新华出版社,2005 年 5 月版。

111.《评谭学纯、朱玲〈修辞研究：走出技巧论〉》,核心期刊《福建师范大学学报》2005 年第 2 期。

112.《关于建立言语学的思考》(合作),《言语与言语学研究》,崇文书局,2005 年 8 月版。

113.《话本小说"正话"结构形式及其历史演进的修辞学研究》,《语言研究集刊》(第二辑),上海辞书出版社,2005 年 8 月版。

114.《话本小说"篇首"的结构形式及其历史演进》,核心期刊《云南师范大学学报》2005 年第 4 期。

115.《话本小说"题目"的形式及其历史演进》,《平顶山学院学报》2005 年第 6 期。

116.《话本小说"头回"的结构形式及其历史演进的修辞学研究》,综合类核心期刊《复旦学报》2006 年第 2 期；中国人民大学《中国古代、近代文学研究》2006 年第 7 期全文转载。

117.《论修辞学与语法学、逻辑学及语用学的关系》,《平顶山学院学报》2006 年第 4 期。

118.《汉语外来词音译的四种特殊类型》,《词汇学理论与应用》(三),商务印书馆,2006 年 3 月版。

119.《由汉语词汇的实证统计分析看林语堂从中西文化对比的角度对中国人思维特点所作的论断》,《跨越与前进——从林语堂研究看文化的相融与相涵国际学术研讨会论文集》,台湾东吴大学,2006 年 10 月版。

120.《八股文篇章结构形式的渊源》,日本京都外国语大学《研究论丛》,2006 年（平成十八年七月）第 67 期。

121.《评朱玲〈文学文体建构论〉》,核心期刊《福建师范大学学报》2007 年第 1 期。

122.《修辞学的科学认知观与中国现代修辞学的发展》,载《继往开来的语言学发展之路：2007 学术论坛论文集》，语文出版社，2008 年 1 月版。

123.《八股文"收结文"之"煞尾虚词"类型及其历史演进》，载《修辞学论文集》（第十一集），中国社会科学出版社，2008 年 4 月版。

124.《比喻造词与中国人的思维特点》，综合类核心期刊《复旦学报》（社科版）2008 年第 2 期；《高等学校文科学术文摘》2008 年第 3 期转摘。

125.《〈史记〉史传体篇章结构修辞模式对传奇小说的影响》，核心期刊《福建师范大学学报》2008 年第 1 期。

126.《"用典"的定义及其修辞学研究》，核心期刊《武汉大学学报》（人文科学版）2008 年第 1 期。

127.《段落衔接的修辞策略》，《平顶山学院学报》2008 年第 4 期。

128.《南北朝时代列锦辞格的转型与发展》，《楚雄师范学院学报》（月刊）2009 年第 8 期。

129.《从〈全唐诗〉所存录五代诗的考察看"列锦"辞格发展演进之状况》，核心期刊《湖南科技大学学报》（社科版）2010 年第 1 期。

130.《学术史研究与学科本体研究的延展与深化》，《外国语言文学》（季刊）2010 年第 1 期。

131.《从〈全唐诗〉的考察看盛唐"列锦"辞格的发展演变状况》，《阜阳师范学院学报》（社科版）2010 年第 1 期。

132.《从〈全唐诗〉所录唐及五代词的考察看"列锦"辞格的发展演进之状况》，《楚雄师范学院学报》（月刊）2010 年第 1 期。

133.《不迷其所同而不失其所异——论黎锦熙先生的汉语修辞学研究》（第一作者），核心期刊《北京师范大学学报》（社科版）2010 年第 5 期。

134.《"列锦"修辞格的源头考索》，核心期刊《长江学术》2010 年第 4 期。

135.《修辞学与汉语史研究》，核心期刊《福建师范大学学报》（哲学社会科学版）2010 年第 4 期。

136.《"列锦"辞格在初唐的发展演进》，《平顶山学院学报》2010 年第 3 期。

137.《还原海峡两岸现代汉语词汇差异的真实面貌》，《楚雄师范学院学报》（月刊）2011 年第 1 期。

138.《艺术语言的创造与语言发展变化的活力动力》，《楚雄师范学院学报》（月刊）2011 年第 5 期。

139.《网络词汇成活率问题的一点思考》（第一作者），核心期刊《江苏大学学报》（社会科学版）2011 年第 3 期。

140.《名词铺排与唐诗创作》,《蜕变与开新——古典文学国际学术研讨会论文集》,台湾东吴大学,2011 年 7 月版。

141.《海峡两岸词汇"同义异序"现象的理据分析兼及"熊猫"与"猫熊"成词的修辞与逻辑理据》,载郑锦全、曾金金主编《二十一世纪初叶两岸四地汉语变迁》,台湾新学林出版社,2011 年 12 月版。

142.《晚唐时代"列锦"辞格的发展演进状况考察》,《平顶山学院学报》2012 年第 1 期。

143.《关于中国修辞学研究走向的几点思考》,《北华大学学报》(社会科学版)2012 年第 1 期。

144.《海峡两岸现代汉语词汇"同义异序"、"同义异构"现象透析》,综合类核心期刊《复旦学报》(社科版)2012 年第 2 期。

145.《王力先生对汉语修辞格的研究》,核心期刊《北京大学学报》(哲社版)2012 年第 4 期。

146.《由〈全唐诗〉的考察看中唐"列锦"辞格发展演进之状况》,核心期刊《湖南科技大学学报》(社科版)2012 年第 4 期。